DESCUBRE 2

Lengua y cultura del mundo hispáni

Testing Program

VISTA®
HIGHER LEARNING

ISBN: 978-1-68004-662-5

1 2 3 4 5 6 7 8 9 PP 21 20 19 18 17 16

Table of Contents

TESTS

EXAMS

PERFORMANCE TASKS AND ASSESSMENT   301

AUDIO SCRIPTS

OPTIONAL TEST SECTIONS

ANSWER KEY

Introduction

Descubre Testing Program

The **Descubre nivel 2** Testing Program contains quizzes for each **Contextos** section and **Estructura** grammar point, six tests for each lesson, two versions of a cumulative final exam, oral testing suggestions, optional testing sections, and scripts for the listening activities. All components of the printed Testing Program are available on the Instructor side of the Supersite in RTF.

Vocabulary and Grammar Quizzes

The **Descubre nivel 2** Testing Program offers two Quizzes for each lesson's **Contextos** section and every grammar point in **Estructura**. Each **Quiz A** uses discrete answer formats, such as multiple-choice, fill-in-the-blanks, matching, and completing charts, while **Quiz B** uses more open-ended formats, such as asking students to write sentences using prompts or respond to a topic in paragraph format. There is no listening comprehension section on the **Quizzes**. Each quiz is one to two pages in length and is based on a 20-point scale. These quizzes are ideal for spot-checking student comprehension of lesson vocabulary or a specific grammar topic. They can be completed in 5–10 minutes.

The Lesson Tests

The lesson tests consist of three different sets of testing materials per lesson, with two versions per set. **Tests A** and **B** are four pages long; they contain open-ended questions requiring students to write sentences and paragraphs, as well as discrete-answer activities. Versions **A** and **B** are interchangeable, for purposes of administering make-up tests.

Tests **C** and **D** are briefer and also interchangeable. **Tests A, B, C,** and **D** have been updated and edited to simplify the instructions to students.

Tests **E** and **F** are a third interchangeable pair that test students' mastery of lesson vocabulary and grammar. This pair uses discrete answer formats, such as matching, multiple-choice, and fill-in-the-blanks. **Tests E** and **F** can be assigned on the Supersite and are graded by computer. All of the **Tests** contain a listening comprehension section.

Each **Test** begins with a listening section that focuses on the grammar, vocabulary, and theme of the lesson. For this section, you may either read from the script in the Testing Program or play the recording on the Testing Program MP3s, available on the Supersite and on the Teacher's Resource DVD. For **Tests A** and **B** and **Tests E** and **F**, the recordings consist of narrations presented in a variety of formats, such as commercials, radio broadcasts, voicemail messages, television broadcasts, and descriptive monologues. The accompanying exercises focus on global comprehension and, where appropriate, students' ability to understand key details. You should therefore prompt students to read the items in the listening comprehension section before playing the audio or reading the script aloud. For **Tests C** and **D**, students must listen to and answer personalized questions, which are designed to incorporate the lesson's theme and vocabulary while prompting students to respond using the new grammar structures.

After the listening section, you will find test activities that check students' knowledge of the corresponding lesson's active vocabulary and grammar structures. For **Tests A** and **B**, activities combine open-ended questions with discrete answer items. Formats include, but are not limited to, art-based activities, personalized questions, sentence completion, and cloze paragraphs. For **Tests C** and **D**, primarily open-ended formats are used, and for **Tests E** and **F**, discrete answer items are used.

All tests incorporate a reading section. Readings are presented as various forms of realia, such as advertisements, articles, or personal correspondence. Each reading is accompanied by a set of questions designed to test students' overall comprehension of the text.

Tests A, B, C, and **D** end with a writing activity that emphasizes personalized communication and self-expression. Students are asked to produce a brief writing sample designed to elicit the vocabulary and grammar of the corresponding textbook lesson within a realistic context.

Tests A, B, E, and **F** are four pages each and are based on a 100-point scale. They are designed to take about 25–30 minutes. **Tests C** and **D** are two pages each and are based on a 50-point scale. They should take students about 15–20 minutes. Point values for each test section are provided in parentheses at the end of each direction line.

The Cumulative Final Exams

The final exams follow the same general organization as **Tests A** and **B**. Each **Exam** begins with a listening comprehension section, continues with achievement- and proficiency-oriented vocabulary and grammar checks, and ends with a reading activity and a personalized writing task. The exams are cumulative and comprehensive, encompassing the main vocabulary fields, key grammar points, and principal language functions covered in the corresponding textbook lessons. Scripts for the listening passages are located in the same separate section of this Testing Program as the scripts for the **Tests**.

Like **Tests A** and **B**, each **Exam** is based on a 100-point scale. Point values for each activity are provided in parentheses at the end of each direction line. The exams are six pages each and are designed to take 40–50 minutes.

The Optional Test Sections

For instructors who wish to evaluate students in areas outside the scope of the **Tests** and **Exams,** five optional sections are provided for each set of tests and exams. Four brief activities separately review the **Fotonovela** video, the **Panorama** textbook section, the **Panorama cultural** video, and the **Flash cultura** video. In addition, an alternate listening section is provided for **Tests A** and **B** and **Exams A** and **B**, in which students answer personalized questions instead of listening to a narration and completing a comprehension exercise. Each activity should take 5–7 minutes.

The Testing Program MP3s, and Test Files

The Testing Program includes the quizzes, tests, exams, audioscripts, optional test sections, and answer key in RTF, as well as the audio recordings for the tests and exams in MP3 files.

The Oral Testing Suggestions

Suggestions for oral tests are offered for groups of three lessons. The suggestions consist of two options: personalized questions and situational role-plays. As is standard for proficiency-oriented assessments, the situations are given in English so as not to reveal to students the Spanish vocabulary fields and structures they are intended to elicit. The questions, on the other hand, are provided in Spanish to allow you to use them readily without time-consuming advance preparation.

Some Suggestions for Use

While the materials in the quizzes, tests, and exams reflect the content of the corresponding lessons in the **Descubre nivel 2** Student Text, you may have emphasized certain vocabulary topics, grammar points, or textbook sections more than others. It is therefore strongly recommended that you look over each test or exam before you administer it, to ensure that it reflects the vocabulary, grammar, and language skills you have stressed in class. Additionally, you should feel free to modify any test or exam by adding an optional test section or adapting an existing activity so that the testing material meets the guidelines of "testing what you teach." The editable RTF Test Files on the Supersite are a useful tool for this purpose.

You can alleviate many students' test anxieties by telling them in advance how many points are assigned to each section and what sorts of activities they will see. You may even provide them with a few sample test items. If, for example, you are going to be administering **Test A** for **Lección 1**, you may want to show students items from **Test B**.

When administering the listening sections of the tests or exams, it is a good idea to begin by going over the direction lines with students so that they are comfortable with the instructions and the content of what they are going to hear. You might also want to give them a moment to look over any listening-based items they will have to complete and let them know if they will hear the narration or questions once or twice. If you read from the scripts yourself instead of playing the Testing Program MP3s, it is recommended that you read each selection twice at a normal speed, without emphasizing or pausing to isolate specific words or expressions.

Like many instructors nationwide, you may want to evaluate your students' oral communication skills at the end of each semester or quarter. For ideas and information, see the Oral Testing Suggestions section in this Testing Program.

*The **Descubre** Authors and the Vista Higher Learning Editorial Staff*

Oral Testing Suggestions

As you begin each oral test, remind students that you are testing their ability to understand and produce acceptable Spanish, so they must give you as complete an answer as possible. It is strongly recommended that you establish a tone in which the test takes on, as much as possible, the ambience of natural communication, rather than that of an interrogation or artificial exchange in which the instructor asks all the questions and students answer them. To put students at ease, start with small talk in Spanish, using familiar questions such as **¿Cómo estás?** and commenting on the weather or time of day. During the test, it is also a good idea to give students verbal or gestural feedback about the messages they convey, including reactions, comments, signs of agreement or disagreement, or transitions in the form of conversational fillers. Finally, as you end the test, it is recommended that you bring students to closure and put them at ease by asking them simple, personalized questions.

If the oral test revolves around a situation, you can have two students interact, or you can play the role of one of the characters. To build students' confidence and comfort levels, you might want to begin the interaction so that students have some language to react to.

Many evaluation tools or rubrics exist for the grading of oral tests. The following is a simplified rubric, which you should feel free to adjust to reflect the type of task that students are asked to perform, the elements that you have stressed in your classes, and your own beliefs about language learning.

Oral Testing Rubric

Fluency	1	2	3	4	5	**24–25**	Excellent (A)
Pronunciation	1	2	3	4	5	**21–23**	Very Good (B)
Vocabulary	1	2	3	4	5	**18–20**	Average (C)
Structure	1	2	3	4	5	**15–17**	Below Average (D)
Comprehensibility	1	2	3	4	5	**Below 15**	Unacceptable (F)

Oral Testing Suggestions for *Lecciones 1–3*

Preguntas

- De niño/a, ¿practicabas algún deporte? ¿Cuál?
- Hace cinco/diez años, ¿qué hacías con tus amigos/as (hermanos/as)?
- ¿Dónde vivías de niño/a? ¿Cómo era tu casa? ¿Cómo era tu dormitorio?
- Cuando eras niño/a, ¿te enfermabas con frecuencia? ¿Qué síntomas tenías?
- ¿Alguna vez se te rompió un hueso? ¿Qué ocurrió?
- ¿Tienes bicicleta/carro? ¿Con qué frecuencia la/lo usas? ¿Adónde vas en ella/él?
- ¿Qué le aconsejas a alguien que quiere aprender a navegar en Internet?
- En tu opinión, ¿es importante que haya una computadora en todas las salas de clase? ¿Por qué?
- ¿Se escriben tú y tus amigos/as (parientes) por correo electrónico o por mensajes de texto? ¿Se llaman por teléfono? ¿De qué se escriben y/o hablan?
- ¿Qué es lo que más/menos te gusta del barrio donde vives y por qué?
- ¿Cuál es el quehacer doméstico que más odias?

Situación

You telephone a friend to tell him or her about a movie you just saw or a book you just read. Recount the main events of the story and describe emotions, conditions, or other important background information. Answer any questions your friend may have.

Oral Testing Suggestions for *Lecciones 4–6*

Preguntas

- ¿Estás preocupado/a por el medio ambiente? ¿Qué problemas ves en tu ciudad?
- ¿Qué haces para proteger el medio ambiente?
- ¿Crees que es mejor vivir en un pueblo o en una ciudad? ¿Por qué?
- ¿Qué tipo de casa/apartamento esperas tener algún día? ¿Por qué?
- ¿Cómo llegas de este edificio a tu residencia estudiantil/apartamento/casa?
- ¿Qué diligencias tuviste que hacer el sábado pasado? ¿Qué diligencias vas a hacer el sábado que viene?
- ¿Has sufrido muchas presiones este semestre? ¿Cuáles?
- ¿Es importante llevar una vida sana? ¿Por qué y cómo se puede hacer?
- ¿Qué le aconsejas a alguien que fuma mucho? ¿Y a alguien que tiene que adelgazar?
- ¿Eres vegetariano/a? ¿Conoces a alguien que sea vegetariano/a?
- ¿Qué le recomiendas a la gente que quiere mantenerse en forma?

Situación

Imagine that a Spanish-speaking exchange student is asking you for directions to a popular restaurant or store in town. Provide directions that will get the student there in the most direct manner possible, and answer any questions the student has about your directions.

Oral Testing Suggestions for *Lecciones 7–9*

Preguntas

- ¿Cómo será tu vida dentro de cinco años?
- ¿Qué tipo de trabajo tendrás después de graduarte del colegio? ¿Y de la universidad?
- ¿Te gustaría más un teletrabajo o un trabajo tradicional en una oficina?
- ¿Qué actividad haces que se puede considerar artística?
- ¿Qué tipos de espectáculos (de música) prefieres?
- ¿Qué harías si fueras el/la director(a) de la escuela? ¿Por qué?
- ¿Qué harías si aquí hubiera un terremoto/tornado/huracán?
- Si tuvieras un millón de dólares, ¿qué harías?
- Si tuvieras tres meses de vacaciones, ¿adónde irías y con quiénes? ¿Por qué?
- ¿Qué te habría gustado hacer el año pasado que no pudiste hacer?
- ¿Qué te habría gustado hacer en esta clase?

Situación

You and your significant other are planning your dream house. Talk to each other about what it will be like, explaining your preferences about the neighborhood it will be in, and the rooms and furnishings it will have.

CONTEXTOS

Quiz A

Lección 1

1 Seleccionar Select the item that does not belong. (5 x 1 pt. each = 5 pts.)

1. a. el hospital   b. el medicamento   c. la clínica   d. la sala de emergencias
2. a. la rodilla   b. el brazo   c. la oreja   d. la gripe
3. a. doler   b. olvidar   c. lastimarse   d. dañar
4. a. alérgico   b. accidente   c. darse con   d. torcerse
5. a. síntoma   b. congestionado   c. oído   d. mareado

2 Emparejar Match the words and expressions. One item from Column B will not be used. (6 x 1 pt. each = 6 pts.)

A	B
_____ 1. tomar la temperatura	a. la farmacia
_____ 2. la receta	b. la fiebre
_____ 3. romper un hueso	c. la infección
_____ 4. estornudar	d. el ojo
_____ 5. sacar un diente	e. la radiografía
_____ 6. los antibióticos	f. el dentista
	g. la nariz

3 ¿Lógico o ilógico? Indicate whether each statement is **lógico (L)** or **ilógico (I)**. (5 x 1 pt. each = 5 pts.)

_____ 1. Si tienes dolor de cabeza, puedes tomar unas pastillas.

_____ 2. Para hacerte un examen médico, debes ir a un consultorio.

_____ 3. El cuello es la parte del cuerpo con la que escuchas música.

_____ 4. Si una persona se cae, probablemente está embarazada.

_____ 5. La tos puede ser un síntoma del resfriado.

4 Completar Fill in the blanks. (4 x 1 pt. each = 4 pts.)

1. El _____ envía sangre (*sends blood*) al resto del cuerpo.

2. Un _____ trabaja en un hospital y ayuda (*helps*) a los médicos.

3. El _____ es la parte del cuerpo que está entre el pie y la pierna.

4. Si una persona está _____, quiere decir que no sufre ninguna enfermedad.

CONTEXTOS

Quiz B

Lección 1

1 Asociaciones Write two body parts that you associate with each action. Include the definite article, and don't repeat words. (4 x 2 pts. each = 8 pts.)

> **modelo**
> cepillarse el pelo: **las manos, la cabeza**

1. tocar el saxofón: _____

2. comer: _____

3. ver un concierto de rock: _____

4. nadar: _____

2 Más asociaciones Write one word or expression that you associate with each item.
(4 x 1 pt. each = 4 pts.)

> **modelo**
> el síntoma: **mareado / congestionado / la tos**

1. la radiografía: _____

2. 101,5°F: _____

3. la farmacia: _____

4. el resfriado: _____

3 Escribir Imagine that you are working in a hospital emergency room. Write a paragraph about four patients that are waiting to be seen. Include their symptoms and what happened to them. (4 pts. for grammar + 4 pts. for vocabulary and style = 8 pts.)

_____

_____

_____

_____

_____

_____

_____

_____

_____

_____

ESTRUCTURA 1.1   Lección 1

Quiz A

1 Verbos Complete the chart. (10 x 0.5 pt. each = 5 pts.)

infinitivo	yo	tú	nosotras	ustedes
lastimarse	(1)	(2)	nos lastimábamos	(3)
(4)	(5)	eras	(6)	(7)
(8)	sufría	(9)	(10)	sufrían

2 Completar Fill in the blanks with the imperfect form of the appropriate verbs. (5 x 1 pt. each = 5 pts.)

1. El enfermero le _____ la temperatura al paciente. (tomar, ir)

2. De niño, tú no _____ ni brócoli ni espinacas. (llevar, comer)

3. Nosotros _____ a España todos los años. (ir, tocar)

4. Mis primos siempre _____ películas en ese cine. (ver, hacer)

5. En mi escuela primaria _____ doscientos estudiantes. (ocurrir, haber)

3 Oraciones Write sentences in the imperfect using the information provided. (5 x 1 pt. each = 5 pts.)

> **modelo**
>
> Nosotros / ir / farmacia   **Nosotros íbamos a la farmacia.**

1. Marcos / estar / preocupado / por ti _____

2. yo / poner / música / las fiestas _____

3. a ustedes / doler / garganta _____

4. ellas / mirar / televisión / mientras / nosotros / dormir / siesta _____

   _____

5. ¿cuánto / años / tener / tú / en el año 2007? _____

4 Después del trabajo Complete the paragraph with the imperfect form of the verbs from the box. One verb will not be used. (5 x 1 pt. each = 5 pts.)

caminar	poder	sentirse	ser	tener	vivir

Anoche (1) _____ las diez y media cuando por fin salí del hospital. Renata,

María (mis compañeras de trabajo) y yo (2) _____ muy cansadas y también

(3) _____ hambre. María dijo que como (*since*) ella (4) _____ cerca,

nosotras (5) _____ ir a su casa para comer unos sándwiches.

Quizzes

ESTRUCTURA 1.1   Lección 1

Quiz B

1 Completar Fill in the blanks with the imperfect form of the appropriate verbs. (6 x 1 pt. each = 6 pts.)

1. Mis tíos siempre _____ películas en ese cine. (ver, hacer)

2. En mi escuela _____ trescientos estudiantes. (ocurrir, haber)

3. De niña, tú no _____ verduras. (llevar, comer)

4. La enfermera le _____ la temperatura al niño. (tomar, ir)

5. Mi familia y yo _____ a España todos los años. (ir, tocar)

6. _____ la una de la tarde. (decir, ser)

2 Oraciones Write sentences in the imperfect using one element from each column. (5 x 1 pt. each = 5 pts.)

tú	buscar	inyecciones
los enfermeros	doler	mareado/a
mis amigos y yo	poner	la garganta
usted	sentirse	una fiebre muy alta
yo	tener	antibióticos
	tomar	¿?

1. _____

2. _____

3. _____

4. _____

5. _____

3 Escribir Describe a year from your childhood using at least five verbs in the imperfect. Include your age, a physical description, and what you did and did not do. (5 pts. for grammar + 4 pts. for style and creativity = 9 pts.)

modelo
En el año... yo tenía...

ESTRUCTURA 1.2   Lección 1

Quiz A

1 Escoger Select the correct answer. (6 x 0.5 pt. each = 3 pts.)

1. Ayer _____ un accidente cerca de mi casa.
   a. hubo   b. había

2. Cuando mi padre _____ joven, _____ al parque todos los días.
   a. fue; fue   b. era; iba

3. Pilar _____ ojos azules y pelo largo.
   a. tuvo   b. tenía

4. Esta mañana yo _____, _____ y _____ para la escuela.
   a. me levantaba; me duchaba; salía   b. me levanté; me duché; salí

5. La película _____ a las diez.
   a. terminó   b. terminaba

6. Mi familia y yo _____ la cena en el patio y de repente _____ a llover.
   a. comíamos; empezaba   b. comíamos; empezó

2 Completar Fill in the blanks with the appropriate preterite or imperfect form of the verbs.
(10 x 0.5 pt. each = 5 pts.)

1. La semana pasada yo _____ (ir) a la clínica San José por primera vez.

   La sala de espera _____ (ser) grande y las sillas muy cómodas, pero

   yo _____ (tener) que esperar mucho tiempo.

2. Ignacio _____ (conducir) muy rápido cuando un policía lo

   _____ (ver).

3. Cuando Juliana me _____ (llamar), yo_____(ducharse)

   y entonces no _____ (contestar) el teléfono.

4. El verano pasado, cuando mi familia y yo _____ (viajar) por Suramérica,

   (nosotros) _____ (decidir) visitar las Torres del Paine en Chile.

3 Conversación Fill in the blanks with the appropriate preterite or imperfect form of the verbs from the box. Use each verb once. (7 x 1 pt. each = 7 pts.)

casarse	preparar
estar	probar
hacer	saber
ir	

ROCÍO ¿Sabes qué, Sofía? Creo que Rafael ya no es el mismo hombre de antes. Lo veo tan diferente desde que él (1) _____ con Lola.

SOFÍA ¿Sí? ¿Por qué lo dices?

ROCÍO Bueno, tú sabes que Rafael nunca (2) _____ nada de comida cuando (3) _____ soltero.

SOFÍA ¡Es verdad! Pobre Rafael, que no (4) _____ ni hervir (*boil*) agua.

ROCÍO Bueno, el viernes pasado yo (5) _____ a su casa, y mientras Lola hablaba por teléfono, Rafael (6) _____ unas chuletas de cerdo.

SOFÍA ¡No lo puedo creer! Bueno, pero... ¿(7) _____ (tú) las chuletas?

4 Oraciones Write sentences using the information provided. Use the preterite or the imperfect, as appropriate, and make any necessary changes. (5 x 1 pt. each = 5 pts.)

> *modelo*
> Mariana / preparar / comida / cuando / (tú) / llamar
> **Mariana preparaba la comida cuando llamaste.**

1. de pequeña / mi familia y yo / ir / la playa / todos los veranos

   _____

2. a mí / siempre / gustar / nadar / mar

   _____

3. un día / yo / conocer / Carolina, / una chica / dominicano

   _____

4. Carolina / tener / ocho años / y / ser / muy / simpático

   _____

5. Carolina y yo / ser / buenas amigas / por muchos años

   _____

ESTRUCTURA 1.2   Lección 1

Quiz B

1 Completar Fill in the blanks with the preterite or imperfect form of the verbs from the box. Use each verb once. (10 x 0.5 pt. each = 5 pts.)

conducir	decidir	ir	tener	viajar
contestar	ducharse	llamar	ver	ser

1. La semana pasada yo _____ a la clínica San José por primera vez. La sala de espera

   grande y las sillas muy cómodas, pero yo _____ que esperar mucho tiempo.

2. Cuando Ignacio me _____, yo _____ y entonces

   no _____ el teléfono.

3. El año pasado, cuando mi familia y yo _____ por México,

   (nosotros) _____ visitar las pirámides del Sol y de la Luna.

4. Juliana _____ muy rápido cuando un policía la _____.

2 Frases Complete each sentence using the preterite or the imperfect. (5 x 1 pt. each = 5 pts.)

1. Ayer mis padres _____

2. De niño/a, yo _____

3. Mi familia y yo cenábamos y de repente _____

4. Eran las diez de la noche cuando _____

5. Yo miraba la televisión mientras _____

3 Escribir Write an advertisement for a new allergy pill. Include the story of someone who transformed his/her life with this pill. Describe what he/she used to be like, what he/she did and did not do, what he/she is like today, and what he/she does now. (6 pts. for grammar + 4 pts. for style and creativity = 10 pts.)

_____

_____

_____

_____

_____

_____

_____

ESTRUCTURA 1.3   Lección 1

Quiz A

1 ¿Lógico o ilógico? Indicate whether each of the doctor's statements is **lógico (L)** or **ilógico (I)**.
(5 x 1 pt. each = 5 pts.)

_____ 1. "En este hospital se prohíben exámenes médicos".

_____ 2. "Esta mañana se me rompió la mano; tuve que cancelar todas las citas de esta semana".

_____ 3. "Se necesitan medicinas porque hay pacientes enfermos".

_____ 4. "En mi consultorio se regalan radiografías".

_____ 5. "A un enfermero se le cayeron unas botellas; por eso el paciente se quitó los zapatos".

2 Emparejar Rewrite the sentences in Column A using **se**. Then match the sentences in Column A to the locations in Column B. (5 x 2 pts. each = 10 pts.)

> *modelo*
>
> **_e_** Buscamos médicos bilingües. **Se buscan médicos bilingües.**

A

_____ 1. No pueden hablar por teléfono. _____

_____ 2. Vendo auto usado. _____

_____ 3. Enseñamos francés, italiano y español. _____

_____ 4. Ofrecemos clases de natación. _____

_____ 5. Servimos los mejores postres de la ciudad. _____

B

a. una escuela de lenguas extranjeras

b. una gasolinera (*gas station*)

c. un gimnasio

d. una biblioteca

e. un hospital de Miami

f. un restaurante

3 Oraciones Write sentences using the information provided. Use **se** + preterite. (5 x 1 pt. each = 5 pts.)

> *modelo*
>
> Fernanda y yo / perder / receta
>
> **A Fernanda y a mí se nos perdió la receta.**

1. el doctor Salinas / caer / radiografías _____

2. ustedes / olvidar / gafas / en / casa _____

3. yo / quedar / aspirinas / en / mochila _____

4. las enfermeras / dañar / termómetro _____

5. ¿cómo / (tú) / romper / dedos del pie? _____

        Lección 1   Estructura 1.3   Quiz A

ESTRUCTURA 1.3

Quiz B

1 Oraciones Rewrite the sentences using **se**. (5 x 1 pt. each = 5 pts.)

> *modelo*
> Servimos los mejores postres de la ciudad.
> **Se sirven los mejores postres de la ciudad.**

1. Mandamos (*We send*) dinero a países extranjeros.

   _____

2. Enseñamos francés, italiano y español.

   _____

3. Buscamos médicos bilingües.

   _____

4. No pueden hablar por teléfono.

   _____

5. Vendo auto usado.

   _____

2 Combinar Write sentences using one element from each column. Use **se** + the preterite.
(6 x 1 pt. each = 6 pts.)

yo	**caer**	**dedos**
ustedes	**dañar**	**radiografías**
el doctor Restrepo	**olvidar**	**receta**
mis amigos y yo	**perder**	**tobillo**
tú	**quedar**	**aspirinas**
las enfermeras	**romper**	**silla de ruedas** (*wheelchair*)
usted		**¿?**

1. _____
2. _____
3. _____
4. _____
5. _____
6. _____

3 Escribir A new student has just joined your Spanish class. Write eight sentences with information he/she needs to know about the class. Use **se** + the present tense with verbs from the box. (5 pts. for grammar + 4 pts. for style and creativity = 9 pts.)

bailar	jugar
comer bien	leer
escribir	mirar
estudiar	prohibir
hablar	vender

_____

_____

_____

_____

_____

_____

_____

_____

_____

_____

_____

_____

_____

_____

_____

_____

_____

_____

_____

_____

ESTRUCTURA 1.4

Lección 1

Quiz A

1 Transformar Use **-mente** to form adverbs. (5 x 1 pt. each = 5 pts.)

> *modelo*
> seguro **seguramente**

1. frío _____ 3. básico _____ 5. calmado _____

2. feliz _____ 4. triste _____

2 ¿Lógico o ilógico? Indicate whether each statement is **lógico (L)** or **ilógico (I)**. If the statement is **ilógico**, replace the underlined adverb to make it **lógico**. (4 x 1 pt. each = 4 pts.)

_____ 1. Soy una persona optimista; <u>a menudo</u> pienso en cosas positivas. _____

_____ 2. Mariela sufre muchos dolores de cabeza. Debe trabajar <u>más</u>. _____

_____ 3. *Fiebre* se escribe <u>así</u>: efe - i - e - b grande - ere - e. _____

_____ 4. A Felipe no le gustan mucho las películas; va al cine <u>constantemente</u>. _____

3 Conversaciones Fill in the blanks with the appropriate adverbs. (7 x 1 pt. each = 7 pts.)

1. —Éstas son las pastillas que usted debe tomar. Recuerde, son cuatro pastillas al día; debe tomarlas...

   —Perdone, doctora, ¿puede hablar más _____ (a tiempo / despacio)? Es que

   con este dolor de cabeza _____ (apenas / perfectamente) escucho.

2. —¿Te enfermas _____ (casi / con frecuencia)?

   —_____ (Bastante / Sinceramente), me enfermo una vez al año.

3. —¿Qué te dijo el médico?

   —Que debo nadar _____ (pronto / por lo menos) una hora, tres veces por semana

   porque _____ (a veces / así) siento dolor en los huesos. La natación es muy

   buena para la circulación y _____ (además / menos) no lastima los huesos.

4 Adverbios Fill in the blanks with words from the box. Two words will not be used. (4 x 1 pt. each = 4 pts.)

a tiempo	muchas veces	rápido	casi	poco	tarde

1. Mi amigo Onofre y yo estudiamos medicina. A nuestra profesora de biología le importa mucho la

   puntualidad. Si los estudiantes llegan (1) _____, ella está de buen humor; pero si no,

   ¡ojo (*watch out*)! (2) _____ Onofre y yo llegamos (3) _____ a clase, y ahora

   ella bajó nuestras notas (*grades*). ¡Vamos a tener que caminar (4) _____ a clase!

ESTRUCTURA 1.4   Lección 1

Quiz B

1 Conversaciones Fill in the blanks with the appropriate adverbs. (8 x 1 pt. each = 8 pts.)

1. —¿Te enfermas _____ (casi / con frecuencia)?

   —_____ (Bastante / Sinceramente), me enfermo una vez al año.

   —¡Qué saludable eres! _____ (Pronto / Siempre) te acuestas temprano, ¿verdad?

2. —Éstas son las pastillas que usted debe tomar. Recuerde, son cuatro pastillas al día; debe tomarlas con mucha agua y después…

   —Perdone, doctor, ¿puede hablar más _____ (a tiempo / despacio)? Es que con este dolor de cabeza _____ (apenas / perfectamente) escucho.

3. —¿Qué te dijo el doctor Domínguez?

   —Que debo nadar _____ (pronto / por lo menos) media hora, cuatro veces a la semana.

   —Y eso, ¿por qué?

   —Ah, porque _____ (a veces / así) siento dolor en los huesos.

   —Es verdad. La natación es muy buena para la circulación de la sangre (*blood*) y _____ (además / menos) no lastima los huesos.

2 Completar Fill in the blanks with appropriate adverbs. (4 x 1 pt. each = 4 pts.)

1. Mario sufre muchos dolores de cabeza. Debe trabajar _____ .

2. Soy una persona optimista; _____ pienso en cosas positivas.

3. A Elena no le gustan mucho las películas; _____ va al cine.

4. *Fiebre* se escribe _____: efe - i - e - b grande - ere - e.

3 Escribir Write a paragraph describing the personality and behavior of a movie or television character. Use at least eight adverbs. (4 pts. for grammar + 4 pts. for style and creativity = 8 pts.)

> **modelo**
> Homer Simpson no es nada activo. Apenas trabaja y…

_____

_____

_____

_____

_____

_____

Nombre _____ Fecha _____

CONTEXTOS

Lección 2

Quiz A

1 Emparejar Match the definitions in Column A to the words in Column B. One item from Column B will not be used. (5 x 1 pt. each = 5 pts.)

A	B
_____ 1. Lo usas para cambiar de canal.	a. carretera
_____ 2. Es la acción de prender un coche.	b. arroba
_____ 3. La puedes usar para grabar un evento.	c. control remoto
_____ 4. Toda dirección electrónica tiene este símbolo.	d. arrancar
_____ 5. Es un sinónimo de *autopista*.	e. cámara de video
	f. arreglar

2 Seleccionar Select the item that does not belong. (4 x 1 pt. each = 4 pts.)

1. a. reproductor de MP3 b. estéreo c. archivo d. reproductor de CD
2. a. red b. sitio web c. Internet d. circulación
3. a. ratón b. descompuesto c. monitor d. pantalla
4. a. estacionar b. escanear c. descargar d. grabar

3 Analogías Complete the analogies. (6 x 1 pt. each = 6 pts.)

> **modelo**
> lento : rápido :: bajarse de : **subirse a**

1. guardar : borrar :: prender : _____
2. conducir : manejar :: capó : _____
3. composición : pluma :: mensaje electrónico : _____
4. carro : manejar :: impresora : _____
5. coche : carro :: garaje : _____
6. disco compacto : reproductor de CD :: DVD : _____

4 Completar Fill in the blanks. (5 x 1 pt. each = 5 pts.)

1. Un policía te puede _____ si manejas demasiado rápido.
2. Si llevas muchas maletas en el carro, puedes ponerlas en el _____.
3. Mientras conduces, debes poner las dos manos en el _____.
4. Se debe _____ el aceite del carro con frecuencia.
5. Los carros tienen cuatro _____; las bicicletas tienen sólo dos.

CONTEXTOS
Lección 2

Quiz B

1 Definiciones Write the word that corresponds to each definition. (5 x 1 pt. each = 5 pts.)

1. La puedes usar para grabar un evento, como una boda. _____

2. Mientras conduces, pones las dos manos en esto. _____

3. Es la acción de prender un coche. _____

4. Es un sinónimo de *autopista*. _____

5. Toda dirección electrónica tiene este símbolo. _____

2 Más definiciones Write a definition for each word. (6 x 1 pt. each = 6 pts.)

1. la licencia de conducir

   _____

2. la pantalla táctil

   _____

3. el control remoto

   _____

4. estacionar

   _____

5. el teclado

   _____

6. escanear

   _____

3 Escribir Write a paragraph about the importance of cell phones in your life. Mention who you call, whether you prefer to talk on the phone or text and why, what special functions your cellphone has (camera, Internet, etc.), and whether you think children should have cellphones.
(4 pts. for grammar + 5 pts. for vocabulary and style = 9 pts.)

_____

_____

_____

_____

_____

_____

_____

_____

_____

| 14 | **Lección 2   Contextos**   Quiz B

ESTRUCTURA 2.1 Lección 2

Quiz A

1 Completar Fill in the blanks using words from the box. Three words will not be used.
(8 x 0.75 pt. Each = 6 pts.)

almuerza	la	ponlos	vayas
almuerces	lo	revísalo	ve
llámalo	pongas	sal	

1. —Voy a poner estos discos compactos en la mochila.

   —No, no los _____ ahí. _____ en la mesa.

2. —Quiero almorzar pizza hoy.

   —No _____ en Telepizza. Los ingredientes no son muy frescos (*fresh*).
   Mejor _____ a comer en el café Napolitano.

3. —No sé qué hacer. Mi carro no arranca y tengo que ir al trabajo esta tarde.

   —No _____ lleves al taller enseguida. ¿Estás seguro de que tiene aceite?
   _____ primero.

4. —¿Debo ir a la fiesta con Andrés o con Óscar?

   —No _____ ni con Andrés ni con Óscar. ¿Conoces a Fernando?
   _____ para ver si puede ir contigo.

2 Mandatos familiares Write familiar commands. Follow the model. (10 x 1 pt. each = 10 pts.)

> **modelo**
> sentarse en la silla
> **Siéntate en la silla.**

1. mirar los carros _____

2. no comer eso _____

3. ser bueno _____

4. venir aquí _____

5. no tener miedo _____

6. no tocar el monitor _____

7. darme un beso _____

8. quedarse allí _____

9. no apagar el televisor _____

10. dormirse ahora _____

2 La abuela Ricardo is helping his grandmother, who doesn't know much about computers. Fill in the blanks with appropriate familiar commands. Include direct and indirect objects where possible. (4 x 1 pt. each = 4 pts.)

ABUELA Beatriz me acaba de mandar (*just sent me*) un mensaje electrónico con una foto de mi nieta.
(1) _____ qué hago para ver la foto. ¿Hago clic aquí para abrirla?

RICARDO Sí, abuelita. (2) _____ clic ahí, donde dice "archivo adjunto (*attachment*)".

ABUELA Ya lo hice... ¡Ay, qué bonita! ¿La descargo ahora?

RICARDO Sí, (3) _____.

ABUELA Y ahora borro el mensaje de Beatriz, ¿verdad?

RICARDO No, no (4) _____. Así puedes contestarle el mensaje.

ESTRUCTURA 2.1

Quiz B

1 Completar Fill in the blanks with familiar commands. (8 x 0.75 pt. each = 6 pts.)

1. —Quiero almorzar pizza hoy.

—No _____ (almorzar) en Telepizza. Los ingredientes no son muy frescos (*fresh*).

Mejor _____ (salir) a comer en el café Napolitano.

2. —Voy a poner estos discos compactos en la mochila.

—No, no _____ (ponerlos) ahí. _____ (Ponerlos) en

la mesa.

3. —¿Debo ir a la fiesta con Andrés o con Óscar?

—No _____ (ir) ni con Andrés ni con Óscar. ¿Conoces a Fernando?

_____ (Llamarlo) para ver si puede ir contigo.

4. —No sé qué hacer. Mi carro no arranca y tengo que ir al trabajo esta tarde.

—No _____ (llevarlo) al taller enseguida. ¿Estás seguro de que tiene aceite?

_____ (Revisarlo) primero.

2 El perro Use the verbs from the box to write twelve familiar commands that Mr. Amaro gives his dog.
(12 x 0.5 pt. each = 6 pts.)

acostarse	darme	jugar	seguir	subirse
bajarse	dormirse	molestar	sentarse	traerme
comer	ir	quedarse	ser	venir

modelo

Bájate de la cama
No te acuestes ahora.

1. _____
2. _____
3. _____
4. _____
5. _____
6. _____
7. No _____
8. No _____
9. No _____
10. No _____
11. No _____
12. No _____

3 Escribir Write a conversation in which one person tells another how to open an e-mail attachment containing a photo. Use three affirmative commands, two negative commands, direct and indirect objects, and verbs from the box. (5 pts. for grammar + 3 pts. for style and creativity = 8 pts.)

abrir	cerrar	guardar
apagar	descargar	hacer clic
borrar	escribir	prender

_____

_____

_____

_____

_____

_____

_____

_____

_____

_____

_____

_____

_____

_____

_____

_____

_____

_____

_____

_____

_____

ESTRUCTURA 2.2

Lección 2

Quiz A

1 Emparejar Match the sentence parts. (5 x 1 pt. each = 5 pts.)

A

_____ 1. Vamos a Argentina

_____ 2. Le doy cien dólares

_____ 3. Olivia estudia

_____ 4. No quiero conducir

_____ 5. Mañana Jaime sale

B

a. para Buenos Aires.

b. por esa calle.

c. para ser dentista.

d. para conocer Buenos Aires.

e. por el trabajo que hizo.

2 Completar Fill in the blanks with **por** or **para**. (6 x 1 pt. each = 6 pts.)

1. Esa llave es _____ el carro nuevo.

2. Tenemos que hacer la tarea _____ mañana.

3. A mi madre le encantan las frutas, _____ ejemplo, el mango.

4. _____ mí, la tecnología es una maravilla.

5. Eduardo está enfermo; _____ eso no vino a clase hoy.

6. Ayer estuve en el cibercafé _____ tres horas.

3 Conversación Fill in the blanks with **por** or **para**. (5 x 1 pt. each = 5 pts.)

JOSÉ Ahora Alejandro García juega (1) _____ los Tigres.

TOMÁS Sí, lo sé. No me gusta ese jugador. Creo que sólo juega (2) _____

tener dinero.

JOSÉ Es verdad. ¿Sabes qué? Ayer vi en la tele que Alejandro se lastimó el pie.

(3) _____ eso, Víctor Trujillo va a jugar (4) _____

él en el partido de mañana.

TOMÁS Víctor sí que es un jugador excelente. Además juega (5) _____ el amor

al deporte.

4 Oraciones Write sentences using **por** or **para** with the information provided. Use the present tense.
(4 x 1 pt. each = 4 pts.)

> *modelo*
>
> Yo / estar / nervioso / prueba
> **Yo estoy nerviosa por la prueba.**

1. Héctor / trabajar / los miércoles / la noche

    _____

2. Maribel / manejar / a / cien / kilómetros / hora

    _____

3. este / reproductor de MP3 / ser / mi hermano

    _____

4. fin / nosotros / encontrar / la autopista

    _____

ESTRUCTURA 2.2   Lección 2

Quiz B

1 Conversación Fill in the blanks with **por** or **para**. (6 x 1 pt. each = 6 pts.)

JOSÉ Ahora Alejandro García juega (1) _____ los Tigres.

TOMÁS Sí, lo sé. No me gusta ese jugador. Creo que sólo juega (2) _____ dinero.

JOSÉ Es verdad. ¿Sabes qué? Ayer vi en la tele que Alejandro se lastimó el pie. No puede jugar

(3) _____ dos semanas. (4) _____ eso, Víctor Trujillo

va a jugar (5) _____ él en el partido de mañana.

TOMÁS Víctor sí que es un jugador excelente. Además juega (6) _____ divertirse.

2 Frases Complete the sentences using **por** or **para**. (6 x 1 pt. each = 6 pts.)

1. Prefiero estudiar...

_____

2. El año pasado compré un regalo...

_____

3. Mis amigos y yo siempre hablamos...

_____

4. Tengo que escribir una composición...

_____

5. Mi padre trabaja...

_____

6. El año que viene mi familia va...

_____

3 Escribir Write a conversation between a mechanic and a customer with car problems. Use **por** and **para** at least two times each in your conversation. (6 pts. for grammar + 2 pts. for style and creativity = 8 pts.)

_____

_____

_____

_____

_____

_____

_____

    | 21 |

ESTRUCTURA 2.3   Lección 2

Quiz A

1 Escoger Select the correct answer. (4 x 1 pt. each = 4 pts.)

1. Los primos _____ bien.
   a. se miran
   b. se conocen

2. Ustedes _____ todos los viernes.
   a. se odian
   b. se ven

3. Mauricio y Eva _____ por teléfono.
   a. se llaman
   b. se abrazan

4. Mis amigos y yo vamos a _____ a las seis de la tarde.
   a. entendernos
   b. encontrarnos

2 ¿Amor imposible? Fill in the blanks using words from the box. Two words will not be used.
(5 x 1 pt. each = 5 pts.)

nos besamos	se escuchan
nos comprendemos	se hablan
nos saludamos	se odian
se abrazan	

RAÚL   Ay, Juliana, desde que nosotros (1) _____ ayer, no pienso en otra cosa.

JULIANA   Pero, Raúl, sabes que nuestro amor es imposible. ¡Nuestras familias

      (2) _____ !

RAÚL   No me importa. Sé que no hay otra chica como tú en el mundo (*world*). Es que (nosotros)

      (3) _____ tan bien…

JULIANA   Bueno... quizás, si mi padre y tú (4) _____ tranquilamente y

      (5) _____ , tú y yo podemos seguir.

3 Completar Fill in the blanks with the reciprocal reflexive form of the appropriate verbs. Use the present tense. (5 x 1 pt. each = 5 pts.)

1. Armando y Victoria _____ en la puerta de la escuela. (odiar, encontrar)

2. Eladio y yo _____ con un beso. (saludar, mirar)

3. Mis tíos no _____ y por eso van a separarse. (conocer, querer)

4. Los profesores _____ con las tareas. (ayudar, escribir)

5. Tú y yo _____ regalos de Navidad. (llamar, dar)

4 Oraciones Write sentences using the information provided. Use the reciprocal reflexive in the indicated tense. (6 x 1 pt. each = 6 pts.)

> *modelo*
> los amigos / encontrar / parque (pretérito)
> **Los amigos se encontraron en el parque.**

1. Nicolás y su esposa / regalar / carros nuevos / para su aniversario (pretérito)

   _____

2. Enrique y yo / ayudar / cuando / (nosotros) tener problemas (presente)

   _____

3. Belinda y tú / mostrar / las fotos de las vacaciones (imperfecto)

   _____

4. los novios / conocer / en una fiesta (pretérito)

   _____

5. de niño / mis amigos y yo / ver / todos los días (imperfecto)

   _____

6. usted y yo / no llevarse bien / y / por eso / no / hablar (presente)

   _____

Quizzes

ESTRUCTURA 2.3

Lección 2

Quiz B

1 ¿Amor imposible? Fill in the blanks with the reciprocal reflexive form of the verbs from the box. Use each verb once. (6 x 1 pt. each = 6 pts.)

besar	comprender	dar	encontrar	escuchar	odiar

RAMÓN Ay, Julia, desde que nosotros (1) _____ ayer, no pienso en otra cosa.

JULIA Pero, Ramón, sabes que nuestro amor es imposible. ¡Nuestras familias

(2) _____ !

RAMÓN No me importa. Sé que no hay otra chica como tú en el mundo (*world*). Es que (nosotros)

(3) _____ tan bien…

JULIA Bueno... quizás, si mi padre y tú conversan y (4) _____ tranquilamente, tú y yo podemos seguir.

RAMÓN Julia, estoy seguro de que al fin ellos van a (5) _____ la mano.

JULIA Espero que sí. No me gusta que mis padres no sepan (*don't know*) que (nosotros)

(6) _____ todas las tardes en este café.

2 Preguntas Answer the questions using complete sentences. (4 x 1 pt. each = 4 pts.)

1. ¿Cuándo se dieron regalos tú y tu familia el año pasado?

_____

2. ¿Dónde se conocieron tus padres?

_____

3. ¿Cuánto tiempo hace que ellos se conocen?

_____

4. ¿Dónde se vieron tú y tu mejor amigo/a la semana pasada? ¿Dónde se van a ver este fin de semana?

_____

3 Escribir Using reciprocal reflexives, write eight sentences describing what friends do for each other in an ideal friendship. (8 pts. for grammar + 2 pts. for style and creativity = 10 pts.)

1. _____
2. _____
3. _____
4. _____
5. _____
6. _____
7. _____
8. _____

ESTRUCTURA 2.4

Lección 2

Quiz A

1 Transformar Fill in the blanks with stressed possessive adjectives, then write the corresponding possessive pronouns. Follow the model. (8 x 0.5 pt. each = 4 pts.)

> **modelo**
> usted: <u>la</u> computadora <u>suya</u>   <u>la suya</u>

yo: (1) _____ televisores _____   (2) _____

ella: (3) _____ teléfono celular _____   (4) _____

tú: (5) _____ cámaras digitales_____   (6) _____

nosotros: (7) _____ página web _____   (8) _____

2 Completar Fill in the blanks with words from the box. Two words will not be used. (5 x 1 pt. each = 5 pts.)

mías	suyas
mío	suyo
nuestra	tuyos
nuestro	

1. Por la calle de Susana pasan muchos carros, pero en la calle _____ no hay nada de tráfico.

2. ¿Dónde pusiste los zapatos _____, Malena?

3. Aquí preparo las lecciones _____, porque mañana tengo clase.

4. Ramiro me prestó el radio _____.

5. Y a ustedes, ¿quién les regaló las cámaras _____?

3 Oraciones Write sentences using the information provided. Use the present tense and make any necessary changes. (5 x 1 pt. each = 5 pts.)

> **modelo**
> los teléfonos celulares / tuyo / tener / Internet
> **Los teléfonos celulares tuyos tienen Internet.**

1. Ofelia / y / Claudia / encantar / manejar / los carros / suyo

   _____

2. tú / no / deber / leer / los mensajes / mío

   _____

3. ¿por qué / tu padre / ir / a / vender / la computadora / suyo?

   _____

4. los primos / nuestro / no / saber / usar / una pantalla táctil

   _____

5. ¿ser / tuyo / estos / cuadernos?

   _____

4 Conversaciones Fill in the blanks with stressed possessive adjectives and possessive pronouns. (6 x 1 pt. each = 6 pts.)

1. —Ya imprimí todos mis archivos.

   —¿Sí? Luis Fernando también imprimió _____. Entonces voy a apagar la impresora.

2. —No sé dónde están las gafas _____. No puedo conducir sin ellas.

   —Búscalas en la sala. Creo que las vi en la mesa.

3. —Se me dañó el coche otra vez. Felipe, ¿hoy tienes _____?

   —No. _____ también está en el taller.

4. —¿Conoces la tienda TodOficina?

   —No, pero mi hermano sí la conoce. Él recibe un descuento (*discount*) en esa tienda porque una amiga _____ trabaja allí.

5. —Compré mi reproductor de MP3 en el centro comercial. ¿Dónde compraron el reproductor de MP3 de ustedes?

   —Compramos _____ en el Almacén Gigante.

ESTRUCTURA 2.4

Lección 2

Quiz B

1 **Conversaciones** Fill in the blanks with stressed possessive adjectives and possessive pronouns.
(6 x 1 pt. each = 6 pts.)

1. —Se me dañó el coche otra vez. Felipe, ¿hoy tienes _____?

   —No. _____ también está en el taller.

2. —Compré mi reproductor de MP3 en el centro comercial. ¿Dónde compraron el reproductor de MP3 de ustedes?

   —Compramos _____ en el Almacén Gigante.

3. —No sé dónde están las gafas _____. No puedo conducir sin ellas.

   —Búscalas en la sala. Creo que las vi en la mesa.

4. —Ya imprimí todos mis archivos.

   —¿Sí? Luis Fernando también imprimió _____. Entonces voy a apagar la impresora.

5. —¿Conoces la tienda TodOficina?

   —No, pero mi hermano sí la conoce. Él recibe un descuento (*discount*) en esa tienda porque una amiga _____ trabaja allí.

2 **Preguntas** Answer the questions using possessive pronouns. Use complete sentences.
(5 x 1 pt. each = 5 pts.)

1. ¿Dónde te gusta comprar la ropa tuya? _____

   _____

2. Y tus amigos, ¿dónde compran su ropa? _____

   _____

3. Te molesta si tu novio/a lee los mensajes tuyos? ¿Por qué? _____

   _____

4. ¿Te gustaría (*Would you like*) leer sus mensajes? Explica. _____

   _____

5. En la clase de español de ustedes, ¿quién sabe más de tecnología? _____

   _____

3 Escribir Choose one or more of the topics below, and write a paragraph describing what you and your best friend do differently. Use possessive adjectives and pronouns. (6 pts. for grammar + 3 pts. for style and creativity = 9 pts.)

- los estudios
- la familia
- la tecnología
- la ropa

modelo

Yo llego a tiempo a todas las clases mías, pero Cristina a veces llega tarde a las suyas...

_____

_____

_____

_____

_____

_____

_____

_____

_____

_____

_____

_____

_____

_____

_____

CONTEXTOS

Quiz A

1 Escoger Select the appropriate word or phrase. (5 x 1 pt. each = 5 pts.)

1. El (ama de casa, barrio, vecino) es una persona que vive al lado de tu casa.

2. Si (quitamos, ensuciamos, barremos) la alfombra, luego tenemos que limpiarla.

3. Mi madre usa la (estufa, almohada, servilleta) para cocinar una sopa.

4. Cuando hace frío, ponemos muchas (mantas, cómodas, paredes) en las camas.

5. La (vivienda, basura, tostadora) es un electrodoméstico muy común (*common*).

2 ¿Lógico o ilógico? Indicate whether each statement is **lógico** (**L**) or **ilógico** (**I**). (5 x 1 pt. each = 5 pts.)

_____ 1. Ponemos el helado en el congelador y los huevos en el refrigerador.

_____ 2. Uso una taza para tomar el café.

_____ 3. Normalmente tienes que subir una escalera para llegar al sótano.

_____ 4. Lavo la ropa, la plancho y por fin la pongo en la secadora.

_____ 5. Ponemos las cosas que no usamos diariamente en el altillo.

3 Definiciones Write the word that matches each description. (6 x 1 pt. each = 6 pts.)

> *modelo*
>
> Es el lugar donde estacionas el carro. **el garaje**

1. La usas para tomar la sopa. _____

2. Es el lugar donde cuelgas (*hang*) tu ropa. _____

3. Es el dinero que pagas cada mes por un apartamento. _____

4. Es la acción de cambiar de vivienda. _____

5. La prendes cuando quieres leer por las noches. _____

6. La usas para preparar el café. _____

4 Asociaciones Write the room that you associate with each action. Do not repeat words. (4 x 1 pt. each = 4 pts.)

1. hacer la cama _____

2. llegar a casa _____

3. usar el horno _____

4. quitar la mesa _____

CONTEXTOS

Lección 3

Quiz B

1 Preguntas Answer the questions using complete sentences. (6 x 1 pt. each = 6 pts.)

1. ¿Cómo se llama el electrodoméstico que usamos para preparar el café?

   _____

2. ¿Dónde colgamos (*hang*) la ropa?

   _____

3. ¿Qué prendemos cuando queremos leer por la noche?

   _____

4. ¿Cómo se llama el dinero que pagamos cada mes por un apartamento?

   _____

5. ¿Qué usamos para tomar la sopa?

   _____

6. ¿Cómo se llama la acción de cambiar de vivienda?

   _____

2 Asociaciones Write two household chores that you associate with each room. Do not repeat words.
(3 x 1 pt. each = 3 pts.)

1. el comedor _____, _____

2. el dormitorio _____, _____

3. la cocina _____, _____

3 Definiciones Write definitions. (4 x 1 pt. each = 4 pts.)

1. la manta: _____

2. el vecino: _____

3. la servilleta: _____

4. pasar la aspiradora: _____

4 Escribir Choose one of the main rooms (living room, kitchen, etc.) in your house and write a paragraph describing it. Mention the furniture, decorations, household chores you do there, and two things you like to do in that room. (3 pts. for grammar + 4 pts. for vocabulary and style = 7 pts.)

> ### modelo
>
> La sala de mi casa es muy bonita y grande. Las paredes son blancas y hay muchas ventanas; entonces hay mucha luz. Hay un sofá amarillo… En la sala, mi hermana sacude los muebles y yo… En la sala, me gusta mirar la televisión…

ESTRUCTURA 3.1

Quiz A

Lección 3

1 Escoger Select the appropriate word or phrase. (6 x 1 pt. each = 6 pts.)

1. (Que, Lo que, Quienes) busco es una casa en las afueras de Quito.

2. Mariela y su esposo, a (quien, que, quienes) conocí en Barcelona, son artistas.

3. ¿Dónde están los zapatos (lo que, que, quienes) me gustan?

4. Los profesores, (que, quien, lo que) son dominicanos, se van de viaje mañana.

5. Ésa es la chica con (lo que, que, quienes) me llevo mejor.

6. Si trabajas mucho, vas a conseguir (lo que, quien, que) quieres.

2 Buscando vivienda Fill in the blanks with the appropriate relative pronouns. (4 x 1 pt. each = 4 pts.)

—Este semestre mi hermano Juan no tiene dinero para alquilar un apartamento.

(1) _____ (Que/Lo que) necesita es alquilar una habitación. ¿Cuántos dormitorios tiene tu apartamento?

—El apartamento (2) _____ (que/lo que) tengo tiene dos, pero el otro ya está alquilado. Aunque (*Although*) ayer conocí a un chico (3) _____ (que/quienes) alquila una habitación cerca de la universidad.

—¿Verdad? Y ese chico a (4) _____ (que/quien) conociste, ¿cómo se llama?

3 Completar Fill in the blanks with relative pronouns. (6 x 1 pt. each = 6 pts.)

1. Fue Rebeca _____ buscó el apartamento.

2. El cuadro _____ pusieron en la pared de la sala es muy feo.

3. No tengo _____ necesito: una buena aspiradora.

4. Las señoras a _____ viste en la cocina son mis tías.

5. _____ me molesta es la injusticia.

6. La persona _____ más quiero es mi madre.

4 Emparejar Fill in the blanks with relative pronouns. Then match the definitions to the words in the box. Two words will not be used. (4 x 1 pt. each = 4 pts)

_____ 1. Es un electrodoméstico _____ necesitas para hacer pan tostado.

_____ 2. Son las personas con _____ compartes el barrio.

_____ 3. Es _____ usas para limpiarte la boca después de comer.

_____ 4. Es el mueble en _____ nos acostamos a dormir.

| a. la servilleta | b. la alfombra | c. los vecinos |
| d. la cama | e. las afueras | f. la tostadora |

ESTRUCTURA 3.1   Lección 3

Quiz B

1 Definiciones Fill in the blanks with relative pronouns. Then write the words that match the definitions.
(4 x 1 pt. each = 4 pts.)

1. Es el mueble en _____ nos acostamos a dormir. _____

2. Es un electrodoméstico _____ usas para hacer pan tostado. _____

3. Es _____ usas para limpiarte la boca después de comer. _____

4. Son las personas con _____ compartes el barrio. _____

2 Más definiciones Write definitions using relative pronouns. (4 x 1 pt. each = 4 pts.)

1. amigo: _____

2. escuela: _____

3. mesita de noche: _____

4. mudarse: _____

3 Preguntas Answer the questions using relative pronouns and complete sentences.
(4 x 1 pt. each = 4 pts.)

1. ¿Quiénes son las personas con quienes más hablas por teléfono? _____
_____

2. ¿Qué es lo que más te gusta de la escuela? ¿Y lo que menos te gusta? _____
_____

3. ¿Cómo son las comidas que sirven en la cafetería? _____
_____

4. ¿A quién admiras? ¿Por qué lo/la admiras? _____
_____

4 Escribir Write two descriptions, one of an appliance and one of a room in your house. Use at least two different relative pronouns in each description. (6 pts. for grammar + 2 pts. for style and creativity = 8 pts.)

ESTRUCTURA 3.2

Quiz A

1 Mandatos Write the appropriate formal commands. (4 x 1 pt. each = 4 pts.)

1. almorzar (ustedes)

_____

2. no dárselo (usted)

_____

3. saber (usted)

_____

4. traducirlas (ustedes)

_____

2 Oraciones Write formal commands using the information provided. (4 x 1 pt. each = 4 pts.)

> *modelo*
>
> usted: venir / y / sentarse / a / comer
> **Venga y siéntese a comer.**

1. usted: por favor, / no / estar / enojado

_____

2. ustedes: conocer / nuestro / productos / y / aprender / usarlos

_____

3. ustedes: ser / flexible / y / darme / más / tiempo

_____

4. usted: venir / mi / casa / las / seis / tarde

_____

3 Preguntas y respuestas Use formal commands and direct and indirect pronouns to respond to each question. (6 x 1 pt. each = 6 pts.)

1. ¿Debemos sacudir los muebles de la sala?

   Sí, _____.

2. ¿Tengo que planchar las toallas?

   No, _____.

3. ¿Necesitamos hacer las camas en el cuarto?

   No, _____.

4. ¿Debo poner jabón y champú en el baño?

   Sí, _____.

5. ¿Tenemos que lavar el suelo de la cocina?

   Sí, _____.

6. ¿Necesito apagar las luces del pasillo?

   No, _____.

4 A comprar casa Fill in the blanks with formal command forms of the appropriate verbs.
(8 x 0.75 pt. each = 6 pts.)

AGENTE Bueno, ya vieron ustedes el jardín. Y ahora (1) _____ (seguirme/pensar), que les quiero mostrar la casa por dentro.

CECILIA ¡Ah! ¡Qué bonita entrada! Hay tanta luz natural aquí. Pero (2) _____ (darme/decirme), señor Orozco, ¿hay sólo una puerta para entrar a la casa?

AGENTE No, hay otra en el patio, detrás de la casa. (3) _____ (Esperar/Tener) un momento, Cecilia, vamos a ver primero la sala. (4) _____ (Traer/ Mirar) ustedes, ¡qué amplia es!

JORGE Sí, la sala es grande. Creo que nuestros muebles se verían (*would look*) muy bien aquí. Hmmm... Y esta ventana, ¿por qué se ve así? ¿Está rota?

AGENTE Por favor, ¡no la (5) _____ (poner/tocar)! Se puede lastimar la mano.

CECILIA ¿Una ventana rota? Eso no me gusta.

JORGE A mí tampoco.

AGENTE Em... ah... No (6) _____ (preocuparse/subirse). Todo se va a arreglar esta semana. Em... ¿Les interesa ver la cocina?

JORGE Bueno... Sí, (7) _____ (vendérnosla/mostrárnosla), por favor.

AGENTE Enseguida. (8) _____ (Estar/Ir) por esta puerta...

ESTRUCTURA 3.2

Lección 3

Quiz B

1 A comprar casa Fill in the blanks with the appropriate formal command form of verbs from the box. Use each verb once. (8 x 0.75 pt. each = 6 pts.)

decirme	mirar	seguirme
esperar	mostrárnosla	tocar
ir	preocuparse	

AGENTE Bueno, ya vieron ustedes el jardín. Y ahora (1) _____, que les quiero mostrar la casa por dentro.

CECILIA ¡Ah! ¡Qué bonita entrada! Hay tanta luz natural aquí. Pero (2) _____, señor Orozco, ¿hay sólo una puerta para entrar a la casa?

AGENTE No, hay otra en el patio, detrás de la casa, y también se puede entrar por el garaje. (3) _____ un momento, Cecilia, vamos a ver primero la sala. (4) _____ ustedes, ¡qué amplia es!

JORGE Sí, la sala es grande. Creo que nuestros muebles se verían (*would look*) muy bien aquí. Hmmm... Y esta ventana, ¿por qué se ve así? ¿Está rota?

AGENTE Por favor, ¡no la (5) _____! Se puede lastimar la mano.

CECILIA ¿Una ventana rota? Eso no me gusta.

JORGE A mí tampoco.

AGENTE Em... ah... No (6) _____. Todo se va a arreglar esta semana. Em... ¿Les interesa ver la cocina?

JORGE Bueno... Sí, (7) _____, por favor.

AGENTE Enseguida. (8) _____ por esta puerta. Como ven, van a tener mucho espacio para cocinar...

2 Combinar Write formal commands using one element from each column. (4 x 1 pt. each = 4 pts.)

no ensuciar	las alfombras
no romper	los platos
sacar	los cuadros
sacudir	las lámparas

(usted)

1. _____

2. _____

(ustedes)

3. _____

4. _____

3 Escribir Use the words from the box to write two **usted** commands and six **ustedes** commands. (8 pts. for grammar + 2 pts. for style and creativity = 10 pts.)

(no) cerrar	(no) hacer
(no) dar	(no) ir
(no) escribir	(no) levantarse
(no) explicar	(no) sentarse
(no) hablar	(no) traducir

_____

_____

_____

_____

_____

_____

_____

_____

_____

_____

_____

_____

Quizzes

ESTRUCTURA 3.3

Lección 3

Quiz A

1 Verbos Complete the chart. (8 x 0.5 pt. each = 4 pts.)

Infinitivo	(1)	dormir	hacer
que yo	arregle	(2)	(3)
que tú	(4)	duermas	(5)
que nosotros	arreglamos	(6)	hagamos
que ellas	(7)	(8)	hagan

2 Completar Fill in the blanks with the correct present subjunctive form of the appropriate verbs.
(5 x 1 pt. each = 5 pts.)

1. Es necesario que él _____ (jugar, leer) las composiciones.

2. Es urgente que ustedes _____ (cocinar, llegar) la cena ahora.

3. Es mejor que tú _____ (tomar, ir) a Madrid por la mañana.

4. Es bueno que yo _____ (almorzar, traducir) contigo en el parque.

5. Es malo que nosotras no _____ (descansar, ser) más trabajadoras.

3 Oraciones Write sentences using the present subjunctive with the information provided.
(6 x 1 pt. each = 6 pts.)

> *modelo*
> es necesario que / (nosotros) / hacer / la tarea
> **Es necesario que hagamos la tarea.**

1. es importante que / el presidente / ofrecernos / soluciones

   _____

2. es malo que / los estudiantes / no / saber / las capitales

   _____

3. ¿es importante que / haber / paz (*peace*)?

   _____

4. es bueno que / tú y yo / entenderse

   _____

5. es urgente que / tú / estar / aquí / las diez

   _____

6. es mejor que / usted / vivir / en las afueras

   _____

4 El estudiante Ernesto and his friends are getting bad grades in Spanish class. Write responses to Ernesto's statements using the expressions in parentheses. Follow the model. (5 x 1 pt. each = 5 pts.)

> **modelo**
>
> A veces no escribo las composiciones. (es importante que)
> **Es importante que escribas las composiciones.**

1. Me gusta acostarme tarde durante la semana. (es necesario que)

   _____

2. Cuando hay un examen, Ángela y Juan salen la noche anterior (*the night before*). (es malo que)

   _____

3. Muchas veces Martín habla en inglés durante la clase. (es mejor que)

   _____

4. A veces se me olvida traer mi libro a clase. (es importante que)

   _____

5. Cuando no entendemos algo, a mis amigos y a mí no nos gusta pedir ayuda. (es urgente que)

   _____

ESTRUCTURA 3.3

Lección 3

Quiz B

1 La casa desorganizada Respond to Señora Ríos's comments using expressions from the box with the present subjunctive. Use each expression at least once. (6 x 1 pt. each = 6 pts.)

es importante que	es necesario que
es malo que	es urgente que
es mejor que	

modelo
Ensucio muchos platos cuando cocino.
Es malo que usted ensucie muchos platos.

1. No me gusta hacer la cama.
   _____

2. Si estoy limpiando la casa, mis hijos nunca me ofrecen ayuda.
   _____

3. A mi esposo y a mí se nos olvida sacar la basura.
   _____

4. A mi hijo le aburre poner la mesa.
   _____

5. Mi hija siempre sale de la casa sin planchar su ropa.
   _____

6. ¡Mi familia y yo no somos organizados!
   _____

2 Combinar Write five sentences with the present subjunctive using one element from each column. (5 x 1 pt. each = 5 pts.)

es bueno que	yo	saber	problemas
es importante que	Sandra	tener	número de teléfono
es malo que	los jóvenes	conducir	examen
es mejor que	tú	haber	trabajar
es necesario que	mis amigos y yo	dar	clase de español
es urgente que	mi familia	empezar	¿?
		ir	

1. _____
   _____

2. _____
   _____

3. _____

_____

4. _____

_____

5. _____

_____

3 Escribir Ernesto is getting bad grades in his Spanish class. Use verbs from the box, impersonal expressions, and the present subjunctive to write eight sentences giving Ernesto advice.
(6 pts. for grammar + 3 pts. for style and creativity = 9 pts.)

asistir	hablar	participar	traducir
dormir	hacer	pedir	traer
estudiar	llegar	salir	

modelo

Es importante que estudies todos los días.

_____

_____

_____

_____

_____

_____

_____

_____

_____

_____

ESTRUCTURA 3.4

Lección 3

Quiz A

1 Completar Fill in the blanks with the correct present subjunctive form of the verbs. (6 x 1 pt. each = 6 pts.)

1. Olivia necesita que yo le _____ (prestar) mis llaves.

2. Pepe prefiere que su hijo _____ (barrer) el patio.

3. Nos mandan que _____ (ir) a la oficina.

4. Quiero que ustedes _____ (oír) lo que tengo que decir.

5. Recomendamos que ellas _____ (estar) preparadas.

6. Su madre le prohíbe que _____ (volver) a casa tarde.

2 En el extranjero Tomás is taking a summer class in Panama, and his Spanish teacher, Señor Rivas, is giving him some advice. Fill in the blanks with the subjunctive, indicative, or infinitive of the verbs from the box. Use each verb once. (8 x 1 pt. each = 8 pts.)

aconsejar	asistir	hacer	traducir
aprender	conocer	llevar	visitar

SR. RIVAS Tomás, ¿es la primera vez que viajas a otro país?

TOMÁS Sí, señor Rivas, y tengo muchas ganas de ir. Ya pagué el depósito para estudiar en Colón. El curso comienza el 20 de julio. ¿Hace calor allá en julio?

SR. RIVAS Sí, hace mucho calor. Te sugiero que (1) _____ ropa ligera (*lightweight*): pantalones cortos, camisetas, zapatos de tenis…

TOMÁS Y la clase, ¿va a ser muy difícil? No hablo español muy bien.

SR. RIVAS Bueno, te (2) _____ que estudies. Te pido que (3) _____ a todas tus clases. Pero aparte de las clases hay otras cosas que puedes hacer para mejorar tu español. Como siempre les digo a los estudiantes, prohíbo que (4) _____ del inglés al español. Trata de (*Try*) pensar en el idioma, ¿sabes?

TOMÁS Está bien. También deseo (5) _____ más expresiones coloquiales. ¿Qué debo hacer?

SR. RIVAS Para eso, te recomiendo que (6) _____ amigos panameños. Ellos te pueden ayudar con tu español y además mostrarte cosas interesantes de la cultura panameña.

(*continued*)

TOMÁS ¿Y si quiero viajar a otras ciudades?

SR. RIVAS Es mejor viajar los fines de semana, para no perder clases. Te ruego que

(7) _____ ciudades como David.

TOMÁS ¿Por qué insiste en que (yo) (8) _____ David?

SR. RIVAS Ah… porque yo estudié allá, hace muchos años…

3 Oraciones Write sentences using the information provided. Use the present subjunctive.
(6 x 1 pt. each = 6 pts.)

> *modelo*
> (nosotros) / querer / que / (usted) / venir / a / la fiesta
> **Queremos que venga a la fiesta.**

1. (yo) / pedirles / que / (ustedes) / darme / otra oportunidad

   _____

2. mis primos / sugerirme / que / (yo) / decir / la verdad

   _____

3. Clara / desear / que / haber / más / fiestas / su casa

   _____

4. ustedes / aconsejarnos / que / (nosotros) / leer / ese libro

   _____

5. (tú) / rogarle / a / tu vecino / que / comenzar / limpiar / su jardín

   _____

6. mis amigos y yo / insistir en / que / usted / sentarse / comer / con nosotros

   _____

ESTRUCTURA 3.4

Lección 3

Quiz B

1 **En el extranjero** Tomás is taking a summer class in Panama, and his Spanish teacher, Señor Rivas, is giving him some advice. Fill in the blanks with the subjunctive, indicative, or infinitive of the appropriate verbs. (8 x 0.75 pt. each = 6 pts.)

SR. RIVAS Tomás, ¿es la primera vez que viajas a otro país?

TOMÁS Sí, señor Rivas, y tengo muchas ganas de ir. Ya pagué el depósito para estudiar en Colón. El curso comienza el 20 de julio. ¿Hace calor allá en julio?

SR. RIVAS Sí, hace mucho calor. Te sugiero que (1) _____ (lavar/llevar) ropa ligera (*lightweight*): pantalones cortos, camisetas, zapatos de tenis…

TOMÁS Y la clase, ¿va a ser muy difícil? No hablo español muy bien.

SR. RIVAS Bueno, te (2) _____ (prohibir/aconsejar) que estudies. Te pido que (3) _____ (asistir/ayudar) a todas tus clases. Pero aparte de las clases hay otras cosas que puedes hacer para mejorar tu español. Como siempre les digo a los estudiantes, prohíbo que (4) _____ (traducir/decir) del inglés al español. Trata de (*Try*) pensar en el idioma, ¿sabes?

TOMÁS Está bien. También deseo (5) _____ (pensar/aprender) más expresiones coloquiales. ¿Qué debo hacer?

SR. RIVAS Para eso, te recomiendo que (6) _____ (hacer/sentir) amigos panameños. Ellos te pueden ayudar con tu español y además mostrarte cosas interesantes de la cultura panameña.

TOMÁS ¿Y si quiero viajar a otras ciudades?

SR. RIVAS Es mejor viajar los fines de semana, para no perder clases. Te ruego que (7) _____ (volver/visitar) ciudades como David.

TOMÁS ¿Por qué insiste en que (yo) (8) _____ (conocer/venir) David?

SR. RIVAS Ah… porque yo estudié allá, hace muchos años…

2 **Preguntas** Answer the questions using complete sentences. (4 x 1 pt. each = 4 pts.)

1. ¿Qué te aconsejan tus amigos?

   _____

2. ¿Qué les prohíbe tu escuela a los estudiantes?

   _____

3. ¿Qué deseas hacer mañana? ¿Qué quieres que hagan tus amigos?

   _____

4. ¿Qué les piden los profesores a ti y a tus compañeros de clase?

   _____

3 Combinar Use one element from each column to write sentences describing what your family, friends, and teachers expect you to do or not do. (4 x 1 pt. each = 4 pts.)

mi familia	(no) desear que	dormir	ocho horas cada noche
usted	(no) insistir (en) que	estudiar	comida sana
mis amigos/as	(no) necesitar que	hacer	con mucho cuidado
mi novio/a	(no) pedir que	manejar	muy tarde
los profesores	(no) preferir que	salir	del español al inglés
nadie	(no) querer que	trabajar	mejores amigos
	(no) recomendar que	traducir	¿?
	(no) sugerir que		

1. _____

2. _____

3. _____

4. _____

4 Escribir Write a paragraph explaining to your best friend why you think his/her move to another city is a bad idea. Use verbs of will and influence with the subjunctive. (4 pts. for grammar + 2 pts. for style and creativity = 6 pts.)

_____

_____

_____

_____

_____

_____

_____

_____

_____

_____

_____

       Lección 3   Estructura 3.4   Quiz B

Quizzes

CONTEXTOS

Quiz A

Lección 4

1 Seleccionar Select the item that does not belong. (5 x 1 pt. each = 5 pts.)

1. a. piedra   b. nube   c. estrella   d. luna
2. a. controlar   b. cuidar   c. proteger   d. cazar
3. a. envase   b. sol   c. energía   d. río
4. a. conservar   b. descubrir   c. reciclar   d. reducir
5. a. ley   b. árbol   c. flor   d. hierba

2 ¿Cierto o falso? Indicate whether each statement is **cierto** (**C**) or **falso** (**F**). (5 x 1 pt. each = 5 pts.)

_____ 1. El ecoturismo es la entidad que hace leyes para la protección del medio ambiente.

_____ 2. Si un animal está en peligro de extinción, debemos dejar de cazarlo.

_____ 3. La luna es una fuente (*source*) de energía importante.

_____ 4. Cuando hay un problema, se debe evitar una solución.

_____ 5. Es posible reciclar el vidrio.

3 Completar Fill in the blanks with words from the box. Two words will not be used.
(8 x 0.5 pt. each = 4 pts.)

desarrollar	latas	nuclear	recoger	sendero
ecología	naturaleza	puro	respirar	valle

1. Mi hermana va a estudiar _____ porque le gusta la _____.

2. Vamos a caminar por este _____ para explorar el _____.

3. Quiero salir de la ciudad para _____ aire _____.

4. Primero vamos a _____ las botellas y las _____ y luego las reciclamos.

4 Analogías Complete the analogies. (6 x 1 pt. each = 6 pts.)

modelo
perro : animal :: flor : **planta**

1. conservar : destruir :: limpiar : _____

2. árboles : bosque :: estrellas : _____

3. contaminar : contaminación :: conservar : _____

4. jungla : selva :: ave : _____

5. animales : extinción :: árboles : _____

6. lata : metal :: botella : _____

CONTEXTOS

Lección 4

Quiz B

1 **¿Cierto o falso?** Indicate whether each sentence is **cierto** (**C**) or **falso** (**F**). Correct the false sentences. (5 x 1 pt. each = 5 pts.)

_____ 1. Es posible reciclar el vidrio.

_____

_____ 2. La luna es una fuente (*source*) de energía importante.

_____

_____ 3. Cuando hay un problema, debemos evitar una solución.

_____

_____ 4. Si un animal está en peligro de extinción, debemos dejar de cazarlo.

_____

_____ 5. El ecoturismo es la entidad que hace leyes para la protección del medio ambiente.

_____

2 **Definir** Write definitions. (5 x 1 pt. each = 5 pts.)

1. la hierba

_____

_____

2. la deforestación

_____

_____

3. la fábrica

_____

_____

4. el cambio climático

_____

_____

5. la ley

_____

_____

3 **Escribir** In a paragraph, describe your area's geographic characteristics and explain two or three environmental problems your community faces. (4 pts. for grammar + 6 pts. for vocabulary and style = 10 pts.)

ESTRUCTURA 4.1

Lección 4

Quiz A

1 ¿Lógico o ilógico? Leonor works for an environmental organization. Indicate whether each of her statements is **lógico (L)** or **ilógico (I)**. (6 x 1 pt. each = 6 pts.)

_____ 1. Siento que el aire de esta ciudad sea tan puro.

_____ 2. Temo que la gente vaya a limpiar los bosques.

_____ 3. Ojalá que las fábricas dejen de contaminar el río.

_____ 4. Me alegro de que tú recicles los envases de plástico.

_____ 5. Es una lástima que mis amigos compren carros híbridos.

_____ 6. Espero descubrir nuevas fuentes (*sources*) alternativas de energía.

2 Completar Fill in the blanks with the appropriate form of the verbs. (6 x 1 pt. each = 6 pts.)

1. Es extraño que Marta _____ (llegar) tarde.

2. Juan tiene miedo de que su novia _____ (mudarse).

3. Nos molesta que ustedes no _____ (cuidar) mejor la casa.

4. Es triste _____ (estar) tan lejos de la familia.

5. Ojalá no_____(haber) tráfico en el centro.

6. Mario y su esposa temen _____ (perderse) en el bosque.

3 El club estudiantil Two students want to start a club to protect the environment. Fill in the blanks with the correct present subjunctive form of the appropriate verbs. (4 x 1 pt. each = 4 pts.)

RAÚL Con cada día que pasa, nuestro planeta está más en peligro. Tenemos que hacer algo, Leticia. ¿Por qué no creamos (*create*) un grupo estudiantil? Hay tantas cosas que deben cambiar en esta escuela...

LETICIA Me gusta que tú (1) _____ (tener/querer) hacer algo, Raúl. Pero me sorprende que (2) _____ (decir/desarrollar) que hay que cambiar cosas en la escuela. Aquí reciclamos el papel, el plástico...

RAÚL Sí, sí. Pero es ridículo que la cafetería (3) _____ (seguir/volver) sirviendo todo en platos de poliestireno (*styrofoam*).

LETICIA Hmmm... es verdad. Entonces, lo primero que vamos a hacer es escribirle una carta a la administración pidiendo que cambien los platos.

RAÚL Sí, claro. ¿Sabes? Me alegro de que tú y yo (4) _____ (ir/poder) trabajar juntos.

LETICIA Yo también. Y ahora, tenemos que pensar en un nombre para nuestro club...

4 Oraciones Write sentences using the information provided. Use the subjunctive or the infinitive, as appropriate. (4 x 1 pt. each = 4 pts.)

modelo
es terrible / que / fábricas / contaminar / ríos
Es terrible que las fábricas contaminen los ríos.

1. ser una lástima / que / Julián / no leer / más
   _____

2. mis amigos y yo / tener miedo de / que / el examen / ser / difícil
   _____

3. yo / sentir / no poder / ir / tu fiesta
   _____

4. nosotros / esperar / que / nuestro / madre / prepararnos / algo / delicioso
   _____

ESTRUCTURA 4.1　　　　　　　　　　Lección 4

Quiz B

1 El club estudiantil Two students want to start a club to protect the environment. Fill in the blanks with the present subjunctive form of verbs from the box. Two verbs will not be used. (4 x 1 pt. each = 4 pts.)

decir	desarrollar	poder	querer	seguir	volver

RAÚL Con cada día que pasa, nuestro planeta está más en peligro. Tenemos que hacer algo, Leticia. ¿Por qué no creamos (*create*) un grupo estudiantil? Hay tantas cosas que deben cambiar en esta escuela...

LETICIA Me gusta que tú (1) _____ hacer algo, Raúl. Pero me sorprende que (2) _____ que hay que cambiar cosas en la escuela. Aquí reciclamos el papel, el plástico...

RAÚL Sí, sí. Pero es ridículo que la cafetería (3) _____ sirviendo todo en platos de poliestireno (*styrofoam*).

LETICIA Hmmm... es verdad. Entonces, lo primero que vamos a hacer es escribirle una carta a la administración pidiendo que cambien los platos.

RAÚL Sí, claro. ¿Sabes? Me alegro de que tú y yo (4) _____ trabajar juntos.

LETICIA Yo también. Y ahora, tenemos que pensar en un nombre para nuestro club...

2 Mi universidad Complete the sentences about your school. (6 x 1 pt. each = 6 pts.)

1. Me sorprende que _____
2. Es terrible que _____
3. A mis amigos y a mí nos molesta que _____
4. Ojalá que _____
5. Los maestros se alegran de que _____
6. Temo que _____

3 Escribir Raúl and Leticia are meeting with Dr. Gates, the school principal, to talk about environmental concerns and possible solutions. Write their conversation using six words or expressions from the box. (6 pts. for grammar + 4 pts. for style and creativity = 10 pts.)

esperar	ojalá	ser extraño	sorprender
gustar	sentir	ser una lástima	tener miedo

Nombre _____ Fecha _____

ESTRUCTURA 4.2   Lección 4

Quiz A

1 Escoger Select the appropriate verb form. (4 x 1 pt. each = 4 pts.)

1. No cabe duda de que ellos _____ su comunidad.
   a. cuidan
   b. cuiden

2. Es probable que _____ al valle.
   a. vamos
   b. vayamos

3. No creo que _____ solución.
   a. hay
   b. haya

4. No negamos que la situación _____.
   a. mejora
   b. mejore

2 Completar Fill in the blanks with the appropriate subjunctive or indicative form of the verbs.
(6 x 1 pt. each = 6 pts.)

1. No es seguro que mis amigos _____ (venir).

2. No dudamos que tú _____ (saber) hacerlo.

3. Quizás Emiliano _____ (llegar) más tarde.

4. Es obvio que nosotros _____ (deber) comer menos.

5. No es probable que Javier _____ (decir) la verdad.

6. Niego que ustedes _____ (poder) ganar.

3 Oraciones Write sentences using the information provided. Use the subjunctive or the indicative, as appropriate. (4 x 1 pt. each = 4 pts.)

> *modelo*
>
> no es seguro / que / (nosotros) / poder / evitar / la sobrepoblación
> **No es seguro que podamos evitar la sobrepoblación.**

1. ser improbable / que / Diego / comenzar a / trabajar / hoy

   _____

2. Carmen y yo / dudar / que / tú / conocer / a / el presidente

   _____

3. tal vez / llover / mañana

   _____

4. ser verdad / que / yo / jugar / bien / al tenis

   _____

4 Titulares Use the expressions in parentheses to write reactions to the headlines. (6 x 1 pt. each = 6 pts.)

> *modelo*
>
> El aire más puro se respira en Nueva York (no ser cierto)
> **No es cierto que el aire más puro se respire en Nueva York.**

1. Más del 90 por ciento de nuestros ríos están contaminados (no dudar)

   _____

2. Los peces dejan de existir para el año 2050 (ser posible)

   _____

3. Energía nuclear: la solución para el siglo (*century*) XXI (no ser seguro)

   _____

4. Mueren millones de vacas por enfermedad misteriosa (ser verdad)

   _____

5. Señora de 67 años tiene bebé (ser imposible)

   _____

6. El reciclaje contamina más de lo que ayuda al planeta (negar)

   _____

ESTRUCTURA 4.2   Lección 4

Quiz B

1 Titulares Choose one of the expressions in parentheses and write a reaction to each headline.
(6 x 1 pt. each = 6 pts.)

> **modelo**
> El aire más puro se respira en Nueva York (creer / no ser cierto)
> **No es cierto que el aire más puro se respire en Nueva York.**

1. Más del 90 por ciento de nuestros ríos están contaminados (no dudar / no ser posible)

   _____

2. Los peces dejan de existir para el año 2050 (ser obvio / no ser verdad)

   _____

3. Energía nuclear: la solución para el siglo (*century*) XXI (dudar / no caber duda de)

   _____

4. Mueren millones de vacas por enfermedad misteriosa (no estar seguro/a de / ser seguro)

   _____

5. Señora de 67 años tiene bebé (no negar / ser imposible)

   _____

6. El reciclaje contamina más de lo que ayuda al planeta (no ser probable / no haber duda de)

   _____

2 Combinar Write sentences using one element from each column. (6 x 1 pt. each = 6 pts.)

creer	yo	tener	¿?
negar	mi escuela	haber	
no ser cierto	los bosques	resolver	
quizás	tú	conservar	
ser posible	mis amigos y yo	reciclar	
ser verdad	el gobierno	desarrollar	

1. _____

2. _____

3. _____

4. _____

5. _____

6. _____

3 Escribir Write a response to your cousin's e-mail using expressions from the box. (5 pts. for grammar + 3 pts. for style and creativity = 8 pts.)

> Creo que tengo un problema con mi novio, pero tal vez sean ideas mías. El mes pasado su familia se mudó de casa y ahora él asiste a otra escuela. Desde que empezó a estudiar allí, no habla de otra cosa sino de las matemáticas. Ahora sus únicos amigos son los miembros del club de matemáticas. El otro día se le olvidó una cita que teníamos y me dejó esperando en la puerta de su casa. Entonces pasé por la escuela y lo vi subiéndose a un carro rojo con una chica. Ah, y el próximo fin de semana dice que tiene que ir a una conferencia de matemáticas en otra ciudad. Es posible que no sea nada, pero no estoy segura. ¿Qué crees tú?

aconsejar	**ser cierto**
dudar	**ser obvio**
estar seguro/a de	**ser posible**

_____

_____

_____

_____

_____

_____

_____

_____

_____

_____

_____

_____

_____

_____

_____

_____

_____

_____

ESTRUCTURA 4.3   Lección 4

Quiz A

1 Emparejar Match the sentence parts. (5 x 1 pt. each = 5 pts.)

A

_____ 1. Nos muestran el valle para que…

_____ 2. La contaminación de aire va a ser un problema grave hasta que…

_____ 3. Los peces de los océanos van a morir a menos que…

_____ 4. Vamos a seguir este sendero con tal de que…

_____ 5. Tenemos que hacer algo antes de que…

B

a. dejemos de usar tantos carros.

b. saquemos fotos.

c. no haya muchas piedras.

d. se destruyan los bosques tropicales.

e. hagamos leyes para protegerlos.

2 Escoger Select the appropriate verb form. (6 x 1 pt. each = 6 pts.)

1. Es imposible mejorar la situación sin que todos _____ involucrados (*involved*).

   a. están   b. estar   c. estén

2. Tan pronto como vi a Mariela, _____ lo que pasó.

   a. supe   b. sepa   c. saber

3. Vamos a llevar abrigos y botas en caso de que _____.

   a. nevar   b. nieve   c. nieva

4. Debes llamar a Francisco antes de _____.

   a. te acuestes   b. acostarte   c. te acuestas

5. Siempre tomamos chocolate cuando _____ frío.

   a. hace   b. haga   c. hacer

6. Voy al gimnasio después de que _____ este programa de televisión.

   a. termina   b. terminar   c. termine

3 Completar Fill in the blanks with the appropriate form of the verbs. (5 x 1 pt. each = 5 pts.)

1. Podemos ver la luna y las estrellas con tal de que no _____ (haber) nubes.

2. Mi hermana quitó la mesa después de que nosotros _____ (comer) la cena.

3. Voy a buscarte en cuanto nosotros _____ (salir) del cine.

4. Rodrigo va al río para _____ (pescar).

5. Mi padre va a comprar una nueva computadora tan pronto como _____ (poder).

4 Oraciones Write sentences using the information provided. (4 x 1 pt. each = 4 pts.)

> *modelo*
>
> nosotros / ir / a la fiesta / a menos que / tener / que / trabajar
>
> **Vamos a la fiesta a menos que tengamos que trabajar.**

1. yo / ir / regalarte / televisor / para que / ver / partidos de fútbol

   _____

   _____

2. el gobierno / tener que / proteger los bosques / antes de que / ser / demasiado tarde

   _____

   _____

3. mi novio / siempre / traerme / flores / cuando / venir / mi casa

   _____

   _____

4. tú y yo / ir / estudiar / hasta que / (nosotros) / terminar / todo / la tarea

   _____

   _____

ESTRUCTURA 4.3

Lección 4

Quiz B

1 Completar Fill in the blanks with the appropriate form of the verbs. (6 x 1 pt. each = 6 pts.)

1. Debes llamar a Francisco antes de _____. (acostarse, tú)

2. Siempre tomamos chocolate cuando _____ frío. (hacer)

3. Voy al gimnasio luego, después de que _____ este programa de televisión. (terminar)

4. Es imposible mejorar la situación sin que todos _____ involucrados (*involved*). (estar)

5. Tan pronto como vi a Mariela, yo _____ lo que pasó. (saber)

6. Vamos a llevar abrigos y botas en caso de que _____. (nevar)

2 Frases Complete the sentences. (6 x 1 pt. each = 6 pts.)

1. Quiero… tan pronto como…

   _____

2. Mis maestros no me permiten salir de clase a menos que…

   _____

3. Todas las mañanas, después de…, mi hermano/a…

   _____

4. Mi mejor amigo/a va a… a menos que…

   _____

5. Estudio para…

   _____

6. Los jóvenes no deben ir a fiestas sin que…

   _____

3 Escribir Are environmental protection laws necessary? Use expressions from the box to write five sentences explaining your opinion and three sentences describing what you and your friends do to protect the environment. (6 pts. for grammar + 2 pts. for style and creativity = 8 pts.)

a menos que	con tal de que	después de que	hasta que	sin (que)
antes de que	cuando	en cuanto	para (que)	tan pronto como

CONTEXTOS

Lección 5

Quiz A

1 Ordenar Martín has to mail a check to the electric company. Order the events from 1 to 6. (6 x 0.5 pt. each = 3 pts.)

_____ a. Llena el cheque y lo firma con su nombre y apellidos.

_____ b. Echa el sobre al buzón.

_____ c. Sale de su casa y camina una cuadra hasta la esquina.

_____ d. Escribe la dirección en el sobre y pone una estampilla.

_____ e. Pone el cheque en el sobre y lo cierra.

_____ f. Regresa a casa.

2 Emparejar Match the sentences in Column A to the terms in Column B. Two items in Column B will not be used. (6 x 1 pt. each = 6 pts.)

A

_____ 1. Son las once de la noche y necesito efectivo.

_____ 2. Todas mis camisas están sucias.

_____ 3. Tengo ganas de comer algo dulce.

_____ 4. Pienso comprar unas chuletas para la cena.

_____ 5. Mañana es el cumpleaños de mi novia y voy a comprarle un regalo.

_____ 6. Necesito mandar unas cartas y postales.

B

a. el cajero automático

b. la joyería

c. la carnicería

d. la peluquería

e. el estacionamiento

f. la lavandería

g. el correo

h. la heladería

3 Completar Select the appropriate word or phrase. (5 x 1 pt. each = 5 pts.)

1. Si no tienes suficiente dinero para comprar algo, a veces se puede pagar

   _____ (a plazos/derecho).

2. Cuando estás en el banco y hay mucha gente, tienes que hacer _____ (diligencias/cola).

3. Hay que tener cuidado al _____ (quedar/cruzar) la calle.

4. Compré doce panes en la panadería y me dieron uno _____ (gratis/prestado).

5. El _____ (cartero/letrero) lleva el correo a las casas.

4 Sinónimos y antónimos Write a synonym or antonym for each word or expression. Follow the model.
(8 x 0.75 pt. each = 6 pts.)

> **modelo**
> **Antónimo** cobrar **pagar**

Sinónimos

1. la estampilla _____

2. pagar en efectivo _____

3. mandar _____

4. la peluquería _____

Antónimos

5. sacar dinero _____

6. gastar _____

7. seguir derecho _____

8. norte _____

CONTEXTOS

Quiz B

1 Por correo Martín needs to send a check to the electric company. Fill in the blanks with words from the box. Two words will not be used. (10 x 0.5 pt. each = 5 pts.)

buzón	cuadra	estampilla
cheque	dirección	firma
cobra	echa	pagar en efectivo
correo	esquina	sobre

Martín no puede (1) _____; por eso saca un (2) _____.

Martín primero lo llena con la fecha, los números y el nombre de la compañía de luz, y luego lo

(3) _____ con su nombre y apellidos. Pone el cheque en el (4) _____ y

lo cierra. Luego escribe la (5) _____ de la compañía de luz y pone una

(6) _____ en el sobre. Después, Martín sale de su casa, camina una

(7) _____ hasta la (8) _____ y (9) _____

el sobre al (10) _____.

2 Lugares Write where Carolina needs to go to complete her errands. (5 x 1 pt. each = 5 pts.)

1. Pienso comprar unas langostas para la cena. _____

2. Tengo ganas de comer algo dulce. _____

3. Tengo dos vestidos que están sucios. _____

4. Mañana es el cumpleaños de mi novio y voy a comprarle un regalo. _____

5. Quiero comprar unas botas nuevas. _____

3 Diligencias Write two errands that can be done at each place. (3 x 1 pt. each = 3 pts.)

1. el cajero automático: _____, _____

2. el correo: _____, _____

3. el banco: _____, _____

4 Escribir Use at least seven words from the box to write a conversation between you and a tourist who is lost in your city. (3 pts. for grammar + 4 pts. for vocabulary and style = 7 pts.)

cruzar	esquina
cuadra	estar perdido/a
dirección	seguir derecho
doblar	quedar
enfrente de	

ESTRUCTURA 5.1

Lección 5

Quiz A

1 Emparejar Match the sentence parts. One item in Column B will not be used. (5 x 1 pt. each = 5 pts.)

A	B
_____ 1. Mis padres necesitan el hotel que	a. quede al lado de la plaza.
_____ 2. Buscamos un restaurante que	b. vende pasteles de chocolate.
_____ 3. Mis tíos tienen un libro que	c. sirve desayuno gratis.
_____ 4. Necesito un apartamento que	d. tenga carro.
_____ 5. Luisa quiere ir al café que	e. sirva flan y arroz con leche.
	f. tiene información sobre la cultura yanomami.

2 Completar Fill in the blanks with the appropriate indicative or subjunctive form of the verbs. (6 x 1 pt. each = 6 pts.)

1. Quiero ir a un banco que _____ (ofrecer) préstamos baratos.

2. Piedad no encuentra a nadie que _____ (saber) hablar tres idiomas.

3. Hay una chica venezolana que _____ (trabajar) en esa heladería.

4. No veo a nadie que me _____ (poder) decir cómo llegar.

5. Conocemos a un profesor que _____ (enseñar) bien el español.

6. En la frutería tienen unas manzanas que _____ (costar) muy poco.

3 El salón de belleza Fill in the blanks with the appropriate indicative or subjunctive form of the verbs.
(4 x 1 pt. each = 4 pts.)

NINA ¿Cómo estás, Elena? ¿Sigues trabajando en la zapatería?

ELENA Sí. Me llevo bien con mis compañeros, pero me aburre el trabajo.

NINA ¿De verdad? Entonces necesitas buscar algo que te (1) _____ (interesar). ¿Qué tal un trabajo en el Banco Mercantil?

ELENA No es mala idea, pero… es que no me gusta levantarme temprano. Quiero un trabajo que no (2) _____ (empezar) antes de las diez de la mañana.

NINA Bueno… mi tía tiene un salón de belleza que (3) _____ (abrir) a las once todos los días.

ELENA ¿Sí? Hace unos años, hice unos cursos de cosmetología…

NINA ¡Perfecto! En el salón trabajan dos chicas que (4) _____ (ir) a volver a la universidad el mes que viene. Estoy segura de que mi tía te va a contratar cuando se vayan.

4 Oraciones Write sentences using the information provided. Use the subjunctive and the indicative.
(5 x 1 pt. each = 5 pts.)

> **modelo**
> nosotros / necesitar / un empleado / que / poder / empezar / mañana
> **Nosotros necesitamos un empleado que pueda empezar mañana.**

1. yo / conocer / un chico / que / vivir / Caracas

   _____

2. ¿haber / alguien / aquí / que / bailar / salsa?

   _____

3. mis amigos / no encontrar / ninguno / carro / que / ser / bueno, bonito y barato

   _____

4. nosotros / tener / unos amigos / que / jugar / tenis

   _____

5. ¿conocer / tú / alguno / pescadería / que / aceptar / tarjetas de crédito?

   _____

ESTRUCTURA 5.1   Lección 5

Quiz B

1 El salón de belleza Fill in the blanks with the indicative or subjunctive form of verbs from the box. Two verbs will not be used. (4 x 1 pt. each = 4 pts.)

abrir	ir
empezar	poder
interesar	saber

NINA ¿Cómo estás, Elena? ¿Sigues trabajando en la zapatería?

ELENA Sí. Me llevo bien con mis compañeros, pero me aburre el trabajo.

NINA ¿De verdad? Entonces necesitas buscar algo que te (1) _____. ¿Qué tal un trabajo en el Banco Mercantil?

ELENA No es mala idea, pero… es que no me gusta levantarme temprano. Quiero un trabajo que no (2) _____ antes de las diez de la mañana.

NINA Bueno… mi tía tiene un salón de belleza que (3) _____ a las once todos los días.

ELENA ¿Sí? Hace unos años, hice unos cursos de cosmetología…

NINA ¡Perfecto! En el salón trabajan dos chicas que (4) _____ a volver a la universidad el mes que viene. Estoy segura de que mi tía te va a contratar cuando se vayan.

2 Frases Complete the sentences using the indicative or the subjunctive. (6 x 1 pt. each = 6 pts.)

1. Conozco a alguien que…

_____

2. No encuentro una clase que…

_____

3. Tengo una familia que…

_____

4. Busco una tienda que…

_____

5. Mis padres necesitan una casa que…

_____

6. En mi escuela hay personas que…

_____

3 Escribir You're going to spend a month studying in Venezuela. Write a message to the study abroad program advisor describing your ideal house or apartment (location, number of rooms, etc.) and the perfect host family. Use the subjunctive in at least four adjective clauses. (7 pts. for grammar + 3 pts. for style and creativity = 10 pts.)

ESTRUCTURA 5.2

Lección 5

Quiz A

1 Verbos Write the **nosotros/as** command forms for the verbs. (5 x 1 pt. each = 5 pts.)

1. pagar

   _____

2. no vendérselo

   _____

3. mudarse

   _____

4. abrirla

   _____

5. no ir a bailar

   _____

2 Combinar Write **nosotros/as** commands using the information provided. (4 x 1 pt. each = 4 pts.)

> **modelo**
> no / cruzar / el parque
> **No crucemos el parque.**

1. lavarse / las manos / con agua y jabón

   _____

2. no / destruir / el medio ambiente

   _____

3. no / ponerse / tristes

   _____

4. darle / las cartas / al cartero

   _____

3 Responder It's Victoria's first week of work at an international bank and she has many questions. Write responses to her questions using **nosotros/as** commands. Use direct and indirect object pronouns where possible. (6 x 1 pt. each = 6 pts.)

1. ¿Vamos a traducir los formularios al inglés?
   Sí, _____.

2. ¿Podemos prestarle diez mil dólares al señor Rodríguez?
   No, _____.

3. ¿Necesitamos mandarles los cheques nuevos a los clientes?
   Sí, _____.

4. ¿Debemos escribir el nombre del cliente en este sobre?
   Sí, _____.

5. ¿Vamos a pedir una pizza para el almuerzo?
   No, _____.

6. ¿Tenemos que cerrar ahora?
   No, _____.

4 Diligencias Fill in the blanks with the **nosotros/as** command form of the appropriate verbs. (5 x 1 pt. each = 5 pts.)

CARMEN ¡Qué calor! Mira, allí enfrente hay una heladería. (1) _____ (Cruzar/Traer), que quiero comprar un helado.

MARA ¿Helado? Pero papá y mamá están esperándonos para almorzar a las dos… Bueno, no (2) _____ (ponerles/decírselo). Pero primero tengo que enviar estas cartas para los abuelos. (3) _____ (Hacer/Buscar) un buzón para echarlas.

CARMEN ¿No ves? Al lado de la heladería hay uno.

MARA Bueno, ¿y ahora dónde podemos sentarnos para comer el helado?

CARMEN (4) _____ (Romperse/Sentarse) en esos bancos (*benches*).

MARA ¡Uf! Ya son las dos menos diez.

CARMEN Entonces (5) _____ (ir/ver) a casa en taxi. No nos da tiempo de caminar.

ESTRUCTURA 5.2

Quiz B

1 **Diligencias** Fill in the blanks with the **nosotros/as** command form of verbs from the box. Three verbs will not be used. (5 x 1 pt. each = 5 pts.)

buscar	decírselo	ir	sentarse
cruzar	hacer	ponerles	traer

RUBÉN ¡Qué calor! Mira, allí enfrente hay una heladería. (1) _____, que quiero comprar un helado.

TOÑO ¿Helado? Pero papá y mamá están esperándonos para almorzar a las dos… Bueno, no

(2) _____. Pero primero tengo que enviar estas cartas para los abuelos.

(3) _____ un buzón para echarlas.

RUBÉN ¿No ves? Al lado de la heladería hay uno.

TOÑO Bueno, ¿y ahora dónde podemos sentarnos para comer el helado?

RUBÉN (4) _____ en esos bancos (*benches*).

TOÑO ¡Uf! Ya son las dos menos diez.

RUBÉN Entonces (5) _____ a casa en taxi. No nos da tiempo de caminar.

2 **Situaciones** Write a response to each situation using one affirmative and one negative **nosotros/as** command. Include direct and indirect object pronouns where possible. (6 x 1 pt. each = 6 pts.)

> **modelo**
> Es viernes y acabamos de recibir nuestros cheques.
> **Depositémoslos en la cuenta de ahorros.**
> **No salgamos a comer.**

1. Tenemos mucha ropa sucia, pero las lavanderías son muy caras.

_____

_____

2. No nos gusta este pollo asado.

_____

_____

3. Tenemos un millón de dólares.

_____

_____

4. La panadería que buscamos está a veinte cuadras de aquí.

_____

_____

5. Estamos muy cansados, pero no hay camas para acostarnos.

_____

_____

6. No tenemos efectivo.

_____

_____

3 Escribir You and two friends are on vacation and you all want to do different activities. Using verbs from the box, write a conversation between you and your friends with at least six **nosotros/as** commands. (6 pts. for grammar + 3 pts. for style and creativity = 9 pts.)

comer pescado	llamar a casa
dormir una siesta	salir a bailar
hacer una excursión	sentarse en la plaza
ir a un cibercafé	visitar un museo

_____

_____

_____

_____

_____

_____

_____

_____

_____

_____

_____

_____

_____

_____

_____

_____

ESTRUCTURA 5.3   Lección 5

Quiz A

1 Verbos Complete the chart. (8 x 0.5 pt. each = 4 pts.)

Infinitivo	Participio pasado (masc.)	Infinitivo	Participio pasado (fem.)
cruzar	cruzado	aprender	aprendida
decir	(1)	tener	(5)
comenzar	(2)	ver	(6)
descubrir	(3)	dormir	(7)
correr	(4)	traer	(8)

2 Completar Fill in the blanks with the past participle form of the verbs. (6 x 1 pt. each = 6 pts.)

1. No puedo salir porque mi carro está _____. (dañar)

2. Esa revista ya está _____. (leer)

3. Todas mis plantas estaban _____ (morir) cuando regresé de mis vacaciones.

4. Los términos del préstamo están _____ en inglés y en español. (describir)

5. Rubén Blades es _____ por su música, pero también es actor y político. (conocer)

6. Mañana todos mis problemas van a estar _____. (resolver)

3 El secuestro El señor Costa is reporting a crime to the police. Fill in the blanks using the past participle form of verbs from the box. Use each verb once. (10 x 1 pt. each = 10 pts.)

abrir	desorientar	hacer	poner	romper
caer	escribir	ordenar	prender	sentar

"Lo primero que vi cuando llegué a casa fue la puerta; estaba (1) _____. Todas las luces estaban (2) _____. La sala estaba (3) _____; no vi nada fuera de lo normal. Luego fui al comedor. Vi que la mesa estaba (4) _____, pero algunos platos y vasos estaban (5) _____. Caminé inmediatamente a los dormitorios; las camas no estaban (6) _____ y dos lámparas estaban (7) _____ en el suelo. Yo estaba tan (8) _____ que tuve que sentarme un momento. Mientras estaba (9) _____ en la silla, recordé que no había ido (*I hadn't gone*) a la cocina. En la cocina, sobre la mesa, un mensaje estaba (10) _____ en este papel…".

ESTRUCTURA 5.3 **Lección 5**

Quiz B

1 El secuestro El señor Costa is reporting a crime to the police. Write sentences using the information provided. Use the imperfect of **estar** + the past participle. (5 x 1 pt. each = 5 pts.)

> *modelo*
> la puerta / abrir
> **La puerta estaba abierta.**

1. todas las luces / prender

   _____

2. la sala / ordenar, / pero / dos lámparas / caer / en el suelo

   _____

3. en el comedor / algunos platos y vasos / romper

   _____

4. en los dormitorios / las camas / no / hacer

   _____

5. en la cocina / un mensaje / escribir / en un papel

   _____

2 Situaciones Fill in the blanks with the past participle form of the verbs. Then complete the sentences. (6 x 1 pt. each = 6 pts.)

> *modelo*
> Mis amigos compran libros **usados** (usar) porque **no tienen mucho dinero**.

1. Cuando mis padres tienen mucho dinero _____ (ahorrar), les gusta

   _____.

2. A mi hermano/a le pido _____ (prestar) _____.

3. Cuando estoy _____ (perder), _____.

4. Uso papel _____ (reciclar) para _____.

5. Si su carro está _____ (dañar), mi profesor(a) _____.

6. Cuando tengo _____ (poner) ropa elegante, yo _____.

3 Escribir Use past participles to write sentences related to each of these places: **una zapatería, el correo, un concierto de rock, un banco, un taller mecánico, un cibercafé.** Follow the model. (6 pts. for grammar + 3 pts. for style and creativity = 9 pts.)

> *modelo*
> una lavandería: **Todas las camisas están lavadas.**

CONTEXTOS   Lección 6

Quiz A

Quizzes

1 ¿Lógico o ilógico? Indicate whether each person's attempt to lead a healthy life is **lógico (L)** or **ilógico (I)**. (6 x 1 pt. each = 6 pts.)

_____ 1. Sonia come alimentos (*foods*) bajos en grasa y colesterol.

_____ 2. Cuando van al gimnasio, mis amigos tratan de no sudar.

_____ 3. Daniela y Felipe siempre sufren muchas presiones cuando están de vacaciones.

_____ 4. Para aliviar el estrés, el señor Olmos aumenta de peso.

_____ 5. Los señores Rueda consultan con una nutricionista y además no fuman.

_____ 6. Nosotros disfrutamos de un accidente.

2 Emparejar Match the sentence parts. Two items in Column B will not be used. (4 x 1 pt. each = 4 pts.)

A	B
_____ 1. Antes de hacer ejercicios aeróbicos, es importante…	a. aliviar la tensión.
_____ 2. Si Guillermo no se mantiene en forma, va a…	b. aumentar de peso.
_____ 3. Recibir un masaje es una buena manera de…	c. hacer gimnasia.
_____ 4. Si te lastimas un músculo de la pierna, no debes…	d. adelgazar.
	e. calentarse.
	f. ser drogadicto.

3 Completar Select the appropriate word or phrase. (4 x 1 pt. each = 4 pts.)

1. Esta noche voy a comer pescado porque contiene mucha _____ (proteína/caloría).

2. Si no _____ (te calientas/te apuras), vas a llegar tarde a la clase de ejercicios aeróbicos.

3. La _____ (entrenadora/pesa) de mi gimnasio me enseñó unos ejercicios de estiramiento.

4. Si tienes hambre por la tarde, debes comer una _____ (merienda/vitamina).

4 Analogías Complete the analogies. (6 x 1 pt. each = 6 pts.)

1. drogas : drogadicto :: televisión : _____

2. apurarse : darse prisa :: perder peso : _____

3. caminar : cinta caminadora :: levantar : _____

4. nervioso : tranquilo :: fuerte : _____

5. enfermo : sano :: comer en exceso : _____

6. aliviar estrés : tranquilo :: hacer ejercicios de estiramiento : _____

CONTEXTOS

Quiz B

Lección 6

1 Completar Fill in the blanks with words from the box. Two words will not be used. (6 x 1 pt. each = 6 pts.)

calentarse	entrenadora	merienda	proteína
caloría	masaje	pesas	te apuras

1. La _____ de mi gimnasio me enseñó unos ejercicios de estiramiento.

2. Esta noche voy a comer pescado porque contiene mucha _____.

3. Si tienes hambre por la tarde, debes comer una _____.

4. Antes de hacer ejercicios aeróbicos, es importante _____.

5. Si no _____, vas a llegar tarde a la clase de ejercicios aeróbicos.

6. Recibir un _____ es una buena manera de aliviar la tensión.

2 Consejos Write a sentence saying what each person should do. (6 x 1 pt. each = 6 pts.)

1. Martín lleva una vida muy sedentaria.

   _____

2. Mi madre tiene problemas para dormirse.

   _____

3. Mi mejor amigo aumentó diez kilos en un mes.

   _____

4. La señora Casas quiere ser más flexible.

   _____

5. El señor López come carne de res y cerdo todos los días.

   _____

6. Eduardo y Pablo tienen músculos débiles.

   _____

3 Escribir Write a paragraph about what a health-conscious friend or relative does to stay healthy. Imagine that he/she was the complete opposite a year ago and describe what he/she did to lead an unhealthy lifestyle. (4 pts. for grammar + 4 pts. for vocabulary and style = 8 pts.)

> **modelo**
> Mi primo Julio disfruta de una vida sana. Todos los días va al gimnasio y…
> Hace un año, Julio no llevaba una vida sana. Era un teleadicto y comía…

ESTRUCTURA 6.1

Lección 6

Quiz A

1 Emparejar Match the sentence parts. One item in Column B will not be used. (5 x 1 pt. each = 5 pts.)

A	**B**
_____ 1. Con el nuevo entrenador, Gonzalo y yo...	a. nos hemos mantenido en forma.
_____ 2. Para dormir mejor, mis padres...	b. ha habido un accidente?
_____ 3. ¿Sabes que en el centro...	c. me ha recomendado comer más verduras.
_____ 4. Mi nutricionista...	d. he engordado un poco.
_____ 5. Tengo que aceptar que...	e. han dejado de consumir tanta cafeína.
	f. hemos dormido la siesta?

2 Conversación Fill in the blanks with the present perfect form of the verbs. (6 x 1 pt. each = 6 pts.)

SOFÍA ¿Rebeca? Estoy en la casa de Liliana. ¿Por qué no (1) _____ (venir) a la fiesta? Todos están preguntando por ti.

REBECA Hola, Sofía. No lo vas a creer, pero (yo) (2) _____ (torcerse) el tobillo.

SOFÍA No me digas. ¿Otra vez? Seguramente fue en la clase de ejercicios aeróbicos…

REBECA Sí. Soy tan torpe (*clumsy*). El médico me (3) _____ (prohibir) caminar y me (4) _____ (decir) que tengo que descansar por unos días.

SOFÍA ¿Necesitas ayuda? Si quieres, puedo pasar por tu casa…

REBECA No, tranquila. Mi madre y mi hermana me (5) _____ (hacer) una sopa deliciosa y mi padre (6) _____ (ir) a comprarme un helado.

SOFÍA Bueno, entonces mañana te voy a visitar.

| 71 | **Lección 6 Estructura 6.1** Quiz A

3 Completar Fill in the blanks with the present perfect form of the appropriate verbs.
(5 x 1 pt. each = 5 pts.)

1. Tú _____ (maquillarse/sentirse) los ojos, ¿verdad?

2. Mis amigos y yo _____ (conocer/levantar) pesas.

3. Yo _____ (ver/aprender) a practicar yoga.

4. Ustedes no _____ (sufrir/cambiar) presiones en el trabajo.

5. La profesora _____ (estar/escribir) unas palabras en la pizarra.

4 Oraciones Write sentences in the present perfect using the information provided. (4 x 1 pt. each = 4 pts.)

modelo
(nosotros) / hacer gimnasia / por la mañana
Hemos hecho gimnasia por la mañana.

1. Josefina e Inés / traer / flores / para / su / abuelos

_____

2. (tú) / no / cepillarse / pelo / hoy

_____

3. usted / comer / en / ese / cafetería / muchas veces

_____

4. mi hermano y yo / siempre / ser / trabajador

_____

ESTRUCTURA 6.1

Quiz B

1 Conversación Fill in the blanks with the present perfect form of verbs from the box. Two verbs will not be used. (6 x 1 pt. each = 6 pts.)

| decir | hablar | hacer | prohibir | salir | sentarse | torcerse | venir |

ANA ¿Olga? Estoy en la casa de Beto. ¿Por qué no (1) _____ a la fiesta? Todos están preguntando por ti.

OLGA Hola, Ana. No lo vas a creer, pero (yo) (2) _____ el tobillo.

ANA No me digas. ¿Otra vez? Seguramente fue en la clase de ejercicios aeróbicos…

OLGA Sí. Soy tan torpe (*clumsy*). El médico me (3) _____ caminar y me (4) _____ que tengo que descansar por unos días.

ANA ¿Necesitas ayuda? Si quieres, puedo pasar por tu casa…

OLGA No, tranquila. Mi madre y mi hermana me (5) _____ una sopa deliciosa y mi padre (6) _____ a comprarme un helado.

ANA Bueno, entonces mañana te voy a visitar.

2 Combinar Write sentences in the present perfect using one element from each column. (6 x 1 pt. each = 6 pts.)

tú	ver		una vez
mis amigos y yo	levantarse		hoy
la entrenadora	traer		este año
ustedes	asistir	¿?	varias veces
yo	viajar		últimamente (*lately*)
ellos	hacer		esta semana
Carmen y Alicia	bailar		muchas veces

modelo

Ustedes han bailado merengue varias veces.

1. _____
2. _____
3. _____
4. _____
5. _____
6. _____

3 Escribir Write a paragraph of at least six sentences describing what you, your family, and your friends have done this year. Use the present perfect. (4 pts. for grammar + 4 pts. for style and creativity = 8 pts.)

ESTRUCTURA 6.2

Lección 6

Quiz A

1 Un poco de historia Select the appropriate phrase. (5 x 1 pt. each = 5 pts.)

1. Antes de 2007, _____ la guerra (*war*) en Afganistán.
   a. ya había terminado
   b. ya había comenzado

2. Antes de 1492, Cristóbal Colón _____ las Américas.
   a. todavía no había visto
   b. ya había conocido

3. Antes de 1955, John F. Kennedy _____.
   a. ya se había muerto
   b. todavía no se había muerto

4. Antes de 1920, un hombre _____ en la Luna.
   a. ya había caminado
   b. todavía no había caminado

5. Antes de 2012, Barack Obama _____ en unas elecciones presidenciales.
   a. ya había perdido
   b. ya había participado

2 Completar Fill in the blanks with the past perfect form of the verbs. (4 x 1 pt. each = 4 pts.)

1. Antes de estudiar español, yo _____ (aprender) italiano.

2. Mis hermanos y yo _____ (comer) antes de ir al partido.

3. Cuando te conocí, tú ya _____ (mudarse) a Cochabamba.

4. ¿Ustedes nunca _____ (ver) un partido de fútbol?

3 Conversaciones Fill in the blanks with the past perfect form of the appropriate verbs.
(7 x 1 pt. each = 7 pts.)

1. —Cuando el camarero les sirvió la comida, ¿_____ (irse/navegar) Carlos?

   —Sí, ya _____ (buscar/salir) para el aeropuerto. Eran las dos y no podía esperar más.

2. —Antes de este curso, ¿_____ (enseñar/trabajar) usted literatura?

   —No, nunca _____ (enseñarla/tomarla), pero me encanta ser profesor.

3. —¿Tus padres _____ (llamar/terminar) de limpiar la casa cuando

   llegaron los invitados?

   —Sí, ya _____ (poner/subir) la mesa y todo, pero mi hermano y yo todavía no

   _____ (afeitarse/calentarse).

4 Oraciones Write sentences using the past perfect with the information provided. Follow the model.
(4 x 1 pt. each = 4 pts.)

> **modelo**
> cuando / (nosotros) / llegar, / ya / (tú) / salir
> **Cuando llegamos, ya habías salido.**

1. antes de / tener hijos, / tú / siempre / mantenerse / en forma

   _____

   _____

2. yo / nunca / estar / en Puerto Rico / antes de / el mes pasado

   _____

   _____

3. ustedes / ya / cerrar / el correo electrónico / cuando / la computadora / dañarse

   _____

   _____

4. antes de / firmar / los formularios, / el señor Palomar / leerlos / con cuidado

   _____

   _____

ESTRUCTURA 6.2   Lección 6

Quiz B

1 Un poco de historia Write sentences to indicate whether the events had occurred before the year in parentheses. Use **ya** and **todavía no** in your answers. Follow the model. (5 x 1 pt. each = 5 pts.)

> **modelo**
> (1980) inventar / la televisión a color
> **Antes de 1980, ya se había inventado la televisión a color.**

1. (2012) Barack Obama / participar en unas elecciones presidenciales

   _____

2. (1955) / John F. Kennedy / morirse

   _____

3. (1920) un hombre / caminar en la Luna

   _____

4. (1500) Cristóbal Colón / conocer las Américas

   _____

5. (2007) empezar / la guerra (*war*) en Afganistán

   _____

2 Frases Complete the sentences using the past perfect. (6 x 1 pt. each = 6 pts.)

1. Antes de casarse, mis padres…

   _____

2. Cuando la computadora se dañó…

   _____

3. Antes de venir a mi casa, mi mejor amigo/a…

   _____

4. Cuando llegué a la escuela ayer…

   _____

5. Antes de estudiar español, yo…

   _____

6. Antes de este año, mis amigos y yo nunca…

   _____

3 Escribir Write a paragraph describing five things you had already done before your tenth birthday and five that you had not yet done. (5 pts. for grammar + 4 pts. for style and creativity = 9 pts.)

ESTRUCTURA 6.3

Lección 6

Quiz A

1 Completar Fill in the blanks with the present perfect subjunctive form of the verbs.
(5 x 1 pt. each = 5 pts.)

1. Es extraño que ustedes no _____ (recibir) mi carta.

2. Siento que el banco no te _____ (dar) el préstamo.

3. Es una lástima que nosotros no _____ (entenderse).

4. Esperamos que nuestros padres no _____ (ver) el desorden en la sala.

5. Es increíble que tú _____ (caminar) tanto en un día.

2 Conversación Fill in the blanks with the present perfect indicative or present perfect subjunctive form of verbs from the box. Two verbs will not be used. (4 x 1 pt. each = 4 pts.)

abrir	decir	ser
bajar	pensar	usar

LUZ Oye, ¿(1) _____ qué vas a hacer este verano?

JUAN Sí, y no creo que (2) _____ buena idea comprar los pasajes
de avión tan pronto.

LUZ ¿Por qué? ¿Tienes miedo de que las aerolíneas (3) _____
los precios?

JUAN No, nada de eso. Mis padres me (4) _____ que tengo que
trabajar con ellos en su tienda.

3 Transformar Write reactions to your friends' statements using the expressions in parentheses.
(5 x 1 pt. each = 5 pts.)

> **modelo**
>
> Yo he leído diez libros esta semana. (dudo que)
> **Dudo que hayas leído diez libros esta semana.**

1. Ricardo ha perdido la cartera. (es malo que)

   _____

2. Mi familia y yo hemos llevado una vida sana. (me alegro de que)

   _____

3. La profesora ha decidido cancelar el examen final. (me sorprende que)

   _____

4. Me he enfermado cinco veces este año. (siento que)

   _____

5. Jesse y su novia se han divertido en la fiesta. (es bueno que)

   _____

4 Titulares Write reactions to the headlines using the present perfect subjunctive with the expressions in parentheses. (6 x 1 pt. each = 6 pts.)

1. Una señora de 90 años ganó el maratón (dudar que) _____

2. México, Canadá y los Estados Unidos hicieron un pacto para usar la misma moneda (*currency*)

   (ser posible que) _____

   _____

3. Bill Gates les dio 50 millones de dólares a las escuelas de África (ser maravilloso que) _____

   _____

4. Volvieron a la vida unos pájaros extintos (ser imposible que) _____

   _____

5. El Dalai Lama asistió a un concierto de rock (no creer que) _____

   _____

6. El presidente firmó una ley para hacer gratis los estudios universitarios (esperar que)

   _____

   _____

© by Vista Higher Learning, Inc. All rights reserved. | 78 | Lección 6 Estructura 6.3 Quiz A

ESTRUCTURA 6.3

Lección 6

Quiz B

1 Conversaciones Fill in the blanks with the present perfect subjunctive form of the verbs. Use direct or indirect object pronouns where possible. (5 x 1 pt. each = 5 pts.)

> **modelo**
> —Alberto, me gustó mucho la composición que escribiste.
> —Gracias, profesora. Me alegro de que a usted **le haya gustado**.

1. —Anoche vi a Ernesto bailando con otra chica.

   —Es imposible que tú _____. Llamé a su casa y hablé con él.

2. —Olivia, tu abuelo y yo no hemos recibido tus cartas.

   —Es extraño que ustedes no _____.

3. —Mi tío aprendió a hablar alemán en un mes.

   —Dudo que él _____ tan rápido.

4. —¡Ayer conocí al presidente!

   —¡Qué bueno que _____! ¿Qué te dijo?

5. —Mis amigos han nadado desde Inglaterra hasta Francia.

   —No creo que _____ tan lejos.

2 Titulares React to the headlines using expressions from the box with the present perfect subjunctive. Follow the model. (6 x 1 pt. each = 6 pts.)

alegrarse de que	ser imposible que
dudar que	ser maravilloso que
esperar que	ser posible que
no creer que	sorprender que

> **modelo**
> El presidente firmó una ley para hacer gratis los estudios universitarios
> **Espero que haya firmado una ley para hacer gratis los estudios universitarios.**

1. El Dalai Lama asistió a un concierto de rock

   _____

2. Bill Gates les dio 50 millones de dólares a las escuelas de África

   _____

3. México, Canadá y los Estados Unidos hicieron un pacto para usar la misma moneda (*currency*)

   _____

4. Una señora de 90 años ganó el maratón

_____

5. Volvieron a la vida unos pájaros extintos

_____

6. El gobernador (*governor*) de Nueva York prohibió el uso del celular en el transporte público

_____

3 Escribir Write a paragraph of at least eight sentences telling a friend what to do about his/her relationship difficulties. Use the present perfect indicative and the present perfect subjunctive. (6 pts. for grammar + 3 pts. for style and creativity = 9 pts.)

> **modelo**
>
> Hola, Jaime:
>
> Sé que has tenido problemas con Ana Milena... Es una lástima que ustedes no se hayan comprendido...

_____

_____

_____

_____

_____

_____

_____

_____

_____

_____

_____

_____

_____

_____

_____

Nombre _____ Fecha _____

CONTEXTOS

Lección 7

Quiz A

1 Seleccionar Select the item that does not belong. (4 x 1 pt. each = 4 pts.)

1. a. oficio   b. profesión   c. ascenso   d. ocupación
2. a. carrera   b. peluquera   c. cocinera   d. abogada
3. a. entrevista   b. éxito   c. solicitud   d. currículum
4. a. salario   b. aumento de sueldo   c. ganar   d. anuncio

2 ¿Lógico o ilógico? Indicate whether each statement is **lógico (L)** or **ilógico (I)**. (6 x 1 pt. each = 6 pts.)

_____ 1. El gerente le pidió un aumento de sueldo a la secretaria.
_____ 2. Un carpintero vino a mi casa y arregló la puerta.
_____ 3. Si tienes problemas con la ley, debes consultar con un contador.
_____ 4. Cuando inviertes en una compañía, es probable que te contraten.
_____ 5. Antes de aceptar un puesto, es importante que te expliquen el salario y los beneficios.
_____ 6. A mi madre no le gusta el teletrabajo; prefiere hablar cara a cara con sus compañeros.

3 Completar Fill in the blanks using words from the box. Two words will not be used.
(4 x 1 pt. each = 4 pts.)

arqueóloga	carrera	despidió	electricista	obtuvo	reunión

1. El _____ arregló todas las lámparas de la oficina.
2. Mañana hay una _____ para hablar del futuro de esta empresa.
3. Mi prima estudia para ser _____. Le fascina conocer las civilizaciones del pasado.
4. El jefe _____ a un empleado por llegar tarde siempre.

4 Analogías Complete the analogies. (6 x 1 pt. each = 6 pts.)

1. trabajo : empleo :: compañía : _____
2. cerrar : abrir :: despedir : _____
3. Hollywood : actor :: Wall Street : _____
4. salario : sueldo :: dejar : _____
5. entrevistar : entrevistadora :: solicitar : _____
6. edificios : arquitecto :: ropa : _____

Quizzes

CONTEXTOS

Lección 7

Quiz B

1 ¿Lógico o ilógico? Indicate whether each statement is **lógico (L)** or **ilógico (I)**. Correct the statements that are **ilógico**. (6 x 1 pt. each = 6 pts.)

_____ 1. A mi madre no le gusta el teletrabajo; prefiere hablar cara a cara con sus compañeros.

_____

_____ 2. Un carpintero vino a mi casa y arregló la puerta.

_____

_____ 3. El gerente le pidió un aumento de sueldo a su secretaria.

_____

_____ 4. Si tienes problemas con la ley, debes consultar con un contador.

_____

_____ 5. Antes de aceptar un puesto, es importante que te expliquen el salario y los beneficios.

_____

_____ 6. Cuando inviertes en una compañía, es posible que te contraten.

_____

2 Preguntas Answer the questions using complete sentences. (4 x 1.5 pts. each = 6 pts.)

1. ¿Qué prefieres: un trabajo interesante con sueldo mínimo o un empleo aburrido en el que ganas mucho dinero?

_____

_____

2. ¿Te gustaría (*Would you like*) ser un(a) hombre/mujer de negocios? ¿Por qué?

_____

_____

3. ¿Cuál te parece más peligroso: el trabajo de electricista o el de bombero? ¿Por qué?

_____

_____

4. ¿Crees que Internet ha tenido efectos negativos o positivos para las empresas? ¿Por qué?

_____

_____

3 Escribir Using at least eight words from the box, write an interview between the head of your school and an instructor applying for a teaching position. (4 pts. for grammar + 4 pts. for vocabulary and style = 8 pts.)

anuncio	carrera	currículum	renunciar	solicitud
beneficios	clases	puesto	reunión	sueldo

ESTRUCTURA 7.1

Lección 7

Quiz A

1 Transformar Rewrite the sentences using the future tense. (5 x 1 pt. each = 5 pts.)

1. Ustedes van a levantarse temprano.

   _____

2. Yo voy a sacudir los muebles.

   _____

3. Álvaro y Esteban nos van a enviar un paquete.

   _____

4. Tú no vas a leer ese libro.

   _____

5. Nosotros nos vamos a acostar después de la película.

   _____

2 Emparejar Match the statements in Column A to the suppositions in Column B. One item in Column B will not be used. (5 x 1 pt. each = 5 pts.)

A

_____ 1. "Quiero dejar mi trabajo. ¡No puedo más!"

_____ 2. "Me encanta arreglar computadoras".

_____ 3. "Mi esposo y yo sufrimos muchas presiones y nunca estamos en casa".

_____ 4. "¡Qué nerviosa estoy! Mi entrevista es a la una, y no encuentro la dirección".

_____ 5. "Los otros gerentes y yo hablamos con nuestro jefe por Internet".

B

a. Participarán en una videoconferencia.

b. Estará perdida.

c. No se llevará bien con su jefe.

d. Tendrá éxito en su carrera como pintora.

e. Será técnico.

f. Trabajarán largas horas.

| 83 |

Nombre _____ Fecha _____

3 Completar Fill in the blanks with the future tense form of the verbs. (6 x 1 pt. each = 6 pts.)

> Casi todo está listo para la fiesta de mañana. (1) _____ (Haber) unos diez
> invitados. Como va a hacer buen tiempo, (nosotros) (2) _____ (hacer)
> la fiesta en el patio. Yo (3) _____ (poner) la mesa nueva que compré,
> y la vecina (4) _____ (traer) unas sillas. Mi novio
> (5) _____ (venir) a las seis y media o siete. Tan pronto como llegue,
> (nosotros) le (6) _____ (dar) el regalo.

4 Oraciones Write sentences using the information provided. Use **se** + preterite. (4 x 1 pt. each = 4 pts.)

> *modelo*
> (yo) / ser / presidente
> **Seré presidente.**

1. el arqueólogo / conocer / las ruinas

   _____

2. tú y tus amigos / mantenerse en forma

   _____

3. tú / casarse / un cocinero famoso

   _____

4. usted / salir / para / Bogotá / las tres

   _____

| 84 |

Lección 7   Estructura 7.1   Quiz A

ESTRUCTURA 7.1   Lección 7

Quiz B

1 Completar Fill in the blanks with the future tense of verbs from the box. One verb will not be used. (5 x 1 pt. each = 5 pts.)

dar	estar	hacer	poner	traer	venir

Casi todo está listo para la fiesta de mañana. Como va a hacer buen tiempo, (nosotros)
(1) _____ la fiesta en el patio. Yo (2) _____ la mesa
nueva que compré, y la vecina (3) _____ unas sillas. Mi novio
(4) _____ a las seis y media o siete. Tan pronto como llegue, nosotros le
(5) _____ el regalo.

2 Combinar Write sentences in the future tense using one element from each column. (4 x 1 pt. each = 4 pts.)

mi hermano/a y yo	salir	Teresa
ustedes	entrevistar	bailar
tú	decir	la verdad
los reporteros	obtener	un aumento
Jacobo	aprender	mañana
		¿?

1. _____
2. _____
3. _____
4. _____

3 Frases Complete the sentences using the future tense. (4 x 1 pt. each = 4 pts.)

1. En cuanto (yo) obtenga un puesto profesional…
_____

2. Cuando mis padres inviertan su dinero...
_____

3. Tan pronto como lleguen las vacaciones, mis amigos/as y yo…
_____

4. Hasta el día que me case…
_____

4 Escribir Write a paragraph describing how you imagine yourself and your friends in five years. Use the future tense. (4 pts. for grammar + 3 pts. for style and creativity = 7 pts.)

ESTRUCTURA 7.2 Lección 7

Quiz A

1 Verbos Complete the chart. (8 x 0.75 pt. each = 6 pts.)

Infinitivo	yo	nosotros	ellas
ganar	habré ganado	(1)	(2)
sentirse	(3)	(4)	(5)
leer	(6)	(7)	(8)

2 ¿Lógico o ilógico? Úrsula is a first semester college student. Indicate whether each of her statements is **lógico (L)** or **ilógico (I)**. (5 x 1 pt. each = 5 pts.)

_____ 1. Dentro de un año, habré conseguido un puesto importante en una compañía multinacional.

_____ 2. Para cuando me gradúe, habré tomado todos los cursos de mi especialización.

_____ 3. Para el verano, mis amigas y yo habremos decidido adónde vamos de vacaciones.

_____ 4. Dentro de dos meses, mi mejor amiga habrá cumplido doce años.

_____ 5. Para la semana que viene, mis profesores me habrán pedido un aumento de sueldo.

3 Conversaciones Fill in the blanks with the future perfect form of the verbs. (5 x 1 pt. each = 5 pts.)

1. —Ya va a comenzar la reunión. ¿No han llegado los gerentes?

   —No, todavía no. _____ (Tener) problemas para estacionar en esta calle.

2. —¿No has visto por aquí mis gafas de sol?

   —Aquí no. (Tú) _____ (dejarlas) en casa.

3. —Acabo de ver a la jefa, y parece estar muy enojada. ¿_____ (decir) yo algo para ofenderla?

   —No seas tonto. (Ella) _____ (recibir) malas noticias de los inversionistas (*investors*).

4. —¿Pusieron ustedes la sopa en la estufa?

   —Sí.

   —Entonces, ¿por qué está fría?

   —(Nosotros) _____ (olvidarse) de prenderla.

4 Oraciones Write sentences in the future perfect using the information provided. (4 x 1 pt. each = 4 pts.)

> **modelo**
>
> para mañana / (nosotros) / terminar / el proyecto
> **Para mañana, habremos terminado el proyecto.**

1. para cuando regreses, / (yo) / traducir / todo / el poema

2. ustedes / tener gran éxito / dentro de cinco años

3. Pepe y yo / no aprender / nadar / para junio

4. dentro de seis meses, / (tú) / hacerse / un examen médico

ESTRUCTURA 7.2   Lección 7

Quiz B

1 Conversaciones Fill in the blanks with the future perfect form of verbs from the box. One verb will not be used. (5 x 1 pt. each = 5 pts.)

| abrir | dar | dejarlo | hacer | olvidarse | tener |

1. —¿Pusieron ustedes la sopa en la estufa?

   —Sí.

   —Entonces, ¿por qué está fría?

   —(Nosotros) _____ de prenderla.

2. —Acabo de ver a la jefa, y parece estar muy enojada. ¿_____ yo algo para ofenderla?

   —No seas tonto. Los inversionistas (*investors*) le _____ malas noticias.

3. —¿No has visto por aquí mi sombrero?

   —Aquí no. (Tú) _____ en casa.

4. —Ya va a comenzar la reunión. ¿No ha llegado el gerente?

   —No, todavía no. _____ problemas para estacionar en esta calle.

2 Preguntas Answer the questions in the future perfect. Use complete sentences. (6 x 1 pt. each = 6 pts.)

1. Dentro de diez años, ¿quién entre los compañeros de clase habrá tenido éxito?

   _____

2. Para mañana por la tarde, ¿con quién habrás hablado?

   _____

3. Dentro de seis meses, ¿qué habrá comprado tu novio/a (o tu mejor amigo/a)?

   _____

4. Para la semana que viene, ¿qué habrá hecho el/la profesor(a) de español?

   _____

5. Para las nueve de la noche, ¿qué habrán comido tú y tus compañeros?

   _____

6. Dentro de un año, ¿qué habrán aprendido tus amigos/as?

   _____

3 Escribir Use the future perfect to describe your life in twenty years. Will you have gotten married, traveled the world, or practiced an interesting career? (6 pts. for grammar + 3 pts. for style and creativity = 9 pts.)

ESTRUCTURA 7.3

Lección 7

Quiz A

1 Verbos Complete the chart. (5 x 1 pt. each = 5 pts.)

Infinitivo	usted	nosotras	ellos
pagar	pagara	(1)	(2)
creer	(3)	creyéramos	(4)
escribir	escribiera	(5)	escribieran

2 Escoger Select the correct answer. (5 x 1 pt. each = 5 pts.)

1. Marcos deseaba que yo _____ menos. (trabajara/trabaje)

2. Me sorprende que tú _____ tanto dinero en esa empresa. (inviertas/invirtieras)

3. Silvia insiste en que sus hermanos la _____ con los quehaceres. (ayudaran/ayuden)

4. El político no quería que nosotros _____ la verdad. (supiéramos/sepamos)

5. No hay nadie en mi familia que _____ cantar. (sepa/supiera)

3 Completar Fill in the blanks with the past subjunctive form of the verbs. (4 x 1 pt. each = 4 pts.)

1. Sentí mucho que ustedes _____ la casa. (vender)

2. Me prohibieron que _____ a Cancún. (ir)

3. Era imposible que tú y yo _____ a los ojos. (mirarse)

4. No había nadie que _____ bien. (conducir)

4 Reaccionar Diego is talking about his childhood. Respond to his statements using the past subjunctive with the expressions in parentheses. (6 x 1 pt. each = 6 pts.)

> **modelo**
> De pequeño, yo nunca comía verduras. (ser malo que)
> **Era malo que no comieras verduras.**

1. Mi madre me leía cuentos (*stories*) todas las noches. (ser importante que)

   _____

2. Mis amigos y yo jugábamos en el parque todos los días. (ser bueno que)

   _____

3. Mi tío se murió en un accidente automovilístico. (ser una lástima que)

   _____

4. Yo no podía dormir con la luz apagada. (ser difícil que)

   _____

5. Me rompí el brazo durante un partido de fútbol. (ser terrible que)

   _____

6. Mis abuelos me venían a visitar con frecuencia. (ser maravilloso que)

   _____

ESTRUCTURA 7.3 {: .inline} Lección 7

Quiz B

1 Reaccionar Diego is talking about his childhood. Respond to his statements using the past subjunctive with expressions from the box. (6 x 1 pt. each = 6 pts.)

ser bueno que	ser importante que	ser maravilloso que	ser terrible que
ser difícil que	ser malo que	ser necesario que	ser una lástima que

modelo

De pequeño, yo veía mucha televisión.

Era malo que vieras mucha televisión.

1. Yo no podía dormir con la luz apagada.

_____

2. Mis abuelos me venían a visitar con frecuencia.

_____

3. Me rompí el brazo durante un partido de béisbol.

_____

4. Mi madre me leía cuentos (*stories*) todas las noches.

_____

5. Mi tío se murió en un accidente automovilístico.

_____

6. Mis amigos y yo jugábamos al fútbol todos los días.

_____

2 Completar Fill in the blanks using the past subjunctive or the preterite. (5 x 1 pt. each = 5 pts.)

1. Yo insistía en que mis amigos/as _____,

   pero _____.

2. Mis padres esperaban que el presidente de los Estados Unidos _____,

   pero _____.

3. Yo temía que _____, pero _____.

4. Mi madre me aconsejó que _____ ,

   pero _____.

5. Mis padres nunca dudaron que mis hermanos/as y yo _____.

3 Escribir Think back to when you were five years old. What did you want your parents to do? What did they forbid? What did your teachers ask you to do? Write two sentences to answer each question. (6 pts. for grammar + 3 pts. for style and creativity = 9 pts.)

CONTEXTOS

Lección 8

Quiz A

1 Clasificar Sort the words from the box into the appropriate categories. One word will not be used. (6 x 1 pt. each = 6 pts.)

aplaudir	boleto	concurso	documental	esculpir	tejido	tocar

Televisión	Artesanía	Teatro
_____	_____	_____
_____	_____	_____

2 ¿Cierto o falso? Indicate whether each statement is **cierto (C)** or **falso (F)**. (4 x 1 pt. each = 4 pts.)

_____ 1. Un bailarín es una persona que hace estatuas.

_____ 2. Generalmente, los dibujos animados son para niños.

_____ 3. El *Oscar* es un tipo de premio.

_____ 4. El cuento es un tipo de poesía.

3 Completar Select the appropriate word or phrase. (10 x 0.5 pt. each = 5 pts.)

Anoche vi *Volver*, una película (1) _____ (talentosa/extranjera) del director español
Pedro Almodóvar. Penélope Cruz (2) _____ (hizo/dirigió/pintó) el papel del
(3) _____ (espectáculo/personaje/premio) principal, Raimunda. En la película, el público puede
(4) _____ (aburrirse de/apreciar/publicar) una representación auténtica de cómo son los españoles
de los pueblos pequeños. Como toda buena obra (5) _____ (de horror/de vaqueros/dramática),
hay momentos de (6) _____ (aventuras/comedia/ópera) —quién no se ríe con el "fantasma"
de la madre de Raimunda— y elementos de (7) _____ (tragedia/ciencia ficción/bellas artes).
La parte que más me gustó fue cuando Raimunda (8) _____ (esculpió/tocó/aplaudió) la guitarra
y cantó la (9) _____ (orquesta/danza/canción) "Volver". No sé si *Volver* sea la
(10) _____ (obra maestra/telenovela/cultura) de Almodóvar, pero a mí me fascinó.

4 Identificar Write the profession that matches each description. (5 x 1 pt. each = 5 pts.)

modelo
Escribe poemas. **el poeta**

1. Escribe canciones originales. _____

2. Dirige películas. _____

3. Escribe obras de teatro. _____

4. Hace papeles en las películas de Hollywood. _____

5. Toca instrumentos musicales. _____

CONTEXTOS

Lección 8

Quiz B

1 Completar Fill in the blanks using words from the box. Two words will not be used.
(10 x 0.5 pt. each = 5 pts.)

aburrirse	canción	extranjera	personaje
apreciar	comedia	hizo	tocó
bellas artes	dramática	obra maestra	tragedia

1. Anoche vi *Volver*, una película _____ del director español Pedro Almodóvar.

2. Penélope Cruz _____ el papel del _____ principal, Raimunda.

3. En la película, el público puede _____ una representación auténtica de cómo son los españoles de los pueblos pequeños.

4. Como toda buena obra _____, hay momentos de _____ —quién no se ríe con el "fantasma" de la madre de Raimunda— y elementos de _____.

5. La parte que más me gustó fue cuando Raimunda _____ la guitarra y cantó la _____ "Volver".

6. No sé si *Volver* sea la _____ de Almodóvar, pero a mí me fascinó.

2 Asociar Write two words that you associate with each category. (4 x 1 pt. each = 4 pts.)

Televisión: _____, _____

Teatro: _____, _____

3 Definir Write definitions. (6 x 1 pt. each = 6 pts.)

1. el premio: _____

2. la compositora: _____

3. la artesanía: _____

4. el músico: _____

5. la orquesta: _____

6. la estatua: _____

4 Escribir Choose an art form (dance, sculpture, music, opera, etc.) and write a paragraph explaining why you do or do not like it. Mention some of the most famous artists and some of the most important or interesting examples of this art form. (2 pts. for grammar + 3 pts. for vocabulary and style = 5 pts.)

ESTRUCTURA 8.1   Lección 8

Quiz A

1 Problemas y soluciones Match the problems in Column A to the solutions in Column B.
(5 x 1 pt. each = 5 pts.)

A

_____ 1. Sara siempre pierde el autobús escolar para llegar a la escuela.

_____ 2. La señora Ferrer tiene mucha experiencia profesional, pero la despidieron.

_____ 3. Al señor Ordóñez ya no le quedan los pantalones.

_____ 4. Felipe tiene dolor de cabeza pero no hay aspirinas en su casa.

_____ 5. El presidente es corrupto y los reporteros no dicen nada.

B

a. Me levantaría más temprano.

b. Descansaría o dormiría un rato.

c. Abriría un negocio para trabajar desde mi casa.

d. Haría un documental para que todos lo supieran.

e. Correría todos los días y empezaría a comer más ensaladas.

2 Verbos Complete the chart. (8 x 0.5 pt. each = 4 pts.)

Infinitivo	tú	nosotros	ustedes
suponer	(1)	(2)	(3)
dibujar	dibujarías	(4)	(5)
dormir	(6)	(7)	(8)

| 92 | Lección 8 Estructura 8.1 Quiz A

3 Conversaciones Fill in the blanks with the conditional form of the verbs. (5 x 1 pt. each = 5 pts.)

1. —Hay que cancelar la obra porque no hay fondos (*funds*).

   —¡Tenemos que hacer algo! _____ (Ser) una lástima cancelarla.

2. —Perdón. ¿_____ (Poder) usted decirme la hora?

   —Claro. Son las dos menos cuarto.

3. —Ay, Elsa, no sé qué hacer. Vi al novio de Fernanda con otra chica. ¿Qué

   _____ (hacer) tú?

   —Yo no _____ (decírselo). No te hagas ideas sin hablar con él primero.

4. —Pasé por la casa de los señores Domínguez, pero no estaban.

   —Hmm. _____ (Salir) a pasear un rato.

4 Transformar Rewrite the sentences using the conditional to describe what you and your friends would do if you went to an art festival together. (6 x 1 pt. each = 6 pts.)

> **modelo**
> Yo iba a comprar una pintura abstracta.
> **Yo compraría una pintura abstracta.**

1. Mis amigos y yo pensábamos ver un espectáculo de baile flamenco.

   _____

2. Mi mejor amigo quería conocer al cantante de la banda Fusión.

   _____

3. Tú deseabas leer unos poemas.

   _____

4. Las chicas esperaban apreciar las esculturas de los artistas locales.

   _____

5. Yo quería conseguir unos tejidos.

   _____

6. Ustedes iban a aprender a bailar una danza folclórica.

   _____

ESTRUCTURA 8.1   Lección 8

Quiz B

1 Oraciones Write sentences using the information provided to describe what you would do if you went to an art festival with your friends. Use the conditional. (6 x 1 pt. each = 6 pts.)

> *modelo*
> yo / hablar / con / los artistas / sobre sus obras
> **Hablaría con los artistas sobre sus obras.**

1. yo / conseguir / unos tejidos

2. las chicas / apreciar / las esculturas / los artistas locales

3. ustedes / aprender / bailar / una danza folclórica

4. tú / leer / unos poemas

5. mis amigos y yo / ver / un espectáculo de baile flamenco

6. mi mejor amigo / conocer / el cantante / de la banda Fusión

2 Problemas y soluciones Write sentences explaining what you would do to solve the problems. (5 x 1 pt. each = 5 pts.)

1. Un año antes de jubilarse, a la señora Ferrer la despiden. _____
_____

2. Sara siempre pierde el autobús escolar para llegar a la escuela. _____
_____

3. Al señor Ordóñez ya no le quedan los pantalones. _____
_____

4. El presidente es corrupto y los reporteros no dicen nada. _____
_____

5. Felipe tiene dolor de cabeza pero no hay aspirinas en su casa. _____
_____

3 Escribir Explain what you would change about a book or television show you know well. Use the conditional. (5 pts. for grammar + 4 pts. for style and creativity = 9 pts.)

ESTRUCTURA 8.2   Lección 8

Quiz A

1 Identificar There was a big snowstorm yesterday and classes were canceled. Indicate whether the person speaking is an **estudiante** (**E**) or a **maestro/a** (**M**). Write **EM** if either one might make the comment. (5 x 1 pt. each = 5 pts.)

Si no fuera por la nieve, …

_____ 1. Mi compañero y yo habríamos almorzado juntos.

_____ 2. Yo habría dado una prueba de "sorpresa".

_____ 3. Habríamos hecho nuestras presentaciones orales.

_____ 4. Habría jugado en el partido de baloncesto.

_____ 5. Me habría levantado más temprano.

2 Completar Fill in the blanks with the conditional perfect form of the verbs. (6 x 1 pt. each = 6 pts.)

1. De no ser profesor, usted _____ (ser) un buen abogado.

2. Elena y José _____ (divorciarse), pero recibieron ayuda de un consejero.

3. El dramaturgo _____ (publicar) su obra sin cambiar el título.

4. Yo _____ (vivir) en una ciudad menos contaminada.

5. ¿Tú _____ (enojarse) conmigo por chocar tu carro?

6. Ustedes no _____ (pasarlo bien) en aquel festival.

3 Situaciones Read what Fernando did last week and write what you would have done differently using the words in parentheses. (5 x 1 pt. each = 5 pts.)

> *modelo*
>
> El viernes pasado mi familia y yo tuvimos una fiesta
> con cinco personas. (invitar a más gente)
> **Mi familia y yo habríamos invitado a más gente.**

1. Mis padres y yo pusimos música folclórica en la fiesta. (poner música rock)

_____

2. La noche antes del examen, miré un programa de concursos. (estudiar cuatro horas)

_____

3. Mi abuela estuvo en el hospital y no la visité. (llevarle flores)

_____

4. El martes mis amigos y yo dejamos la tarea en casa. (no olvidarse de traerla)

_____

5. Bajaba por la escalera y me caí. (tener más cuidado)

_____

4 Oraciones Write sentences using the conditional perfect with the information provided. (4 x 1 pt. each = 4 pts.)

> *modelo*
>
> tú / pintar / una obra maestra
> **Habrías pintado una obra maestra.**

1. nosotras / pedirle / la señorita Portillo / su nuevo disco

_____

2. los cantantes / cantar / "Las mañanitas"

_____

3. yo / presentar / la estrella de cine / al público

_____

4. la poeta Salinas / aburrirse de / el espectáculo

_____

ESTRUCTURA 8.2

Quiz B

1 **La competencia** Fill in the blanks with the conditional perfect form of verbs from the box. One verb will not be used. (6 x 1 pt. each = 6 pts.)

decir	hacer	invitar	nadar	poner	servir	tener

1. —El viernes pasado mis padres y yo tuvimos una fiesta con diez personas.

   —Pues mis padres y yo _____ a más gente.

2. —Mi padre puso música folclórica en la fiesta.

   —Pues el mío _____ música rock.

3. —Mi madre sirvió cerdo con papas.

   —Pues la mía _____ langosta.

4. —Todos los invitados jugaron juegos de mesa.

   —Pues en mi casa (ellos) _____ en la piscina.

5. —¿Algo más?

   —Sí, claro. Yo _____ la fiesta en *mi* casa.

6. —¿Sabes qué? ¡No quiero seguir conversando contigo!

   —Hmm. Yo _____ lo mismo.

2 **Situaciones** Write three things that you would have done differently in each situation. (2 x 3 pts. each = 6 pts.)

1. Para el examen final en la clase de español, Raquel estudió una hora la noche antes del examen. Miró rápidamente las palabras del vocabulario, leyó algunas de sus composiciones e hizo una o dos actividades en Internet. Luego llamó a una compañera de clase, pero se le olvidó hacerle las preguntas que tenía. No recibió una buena nota en el examen.

2. David era secretario en una oficina de arquitectos. Tenía talento para diseñar edificios, pero su jefe nunca le prestaba atención cuando David le trataba de explicar sus ideas. Un día, tuvo que ayudar a su jefe a preparar una presentación para unos clientes importantes. David cambió los dibujos para mostrar sus ideas. Cuando su jefe lo supo, lo despidió.

3 **Escribir** Write a paragraph explaining how your life would have been different had you been born the opposite sex. Would your parents have treated you differently? Would you have had the same tastes and the same friends? (4 pts. for grammar + 4 pts. for style and creativity = 8 pts.)

> **modelo**
> De no nacer niña, mi vida habría sido muy diferente. Me habría llamado Enrique, porque a mi madre le fascinaba ese nombre...

ESTRUCTURA 8.3   Lección 8

Quiz A

1 Emparejar Match the sentence parts. One item in Column B will not be used. (5 x 1 pt. each = 5 pts.)

A

_____ 1. Camilo habría ganado el premio…

_____ 2. La visita al museo habría sido más educativa…

_____ 3. Yo habría ido a tu casa…

_____ 4. El artista habría vendido más…

_____ 5. Nosotros habríamos tenido más éxito…

B

a. si sus pinturas no hubieran tenido precios tan altos.

b. si me hubieras llamado.

c. si hubieran hecho cerámica.

d. si hubiéramos visto las pinturas clásicas.

e. si hubiera escrito una obra más moderna.

f. si hubiéramos comenzado desde jóvenes.

2 Verbos Complete the chart. (8 x 0.75 pt. each = 6 pts.)

Infinitivo	tú	nosotras	ellas
sentirse	(1)	(2)	(3)
traer	(4)	(5)	(6)
presentar	hubieras presentado	(7)	(8)

3 Completar Fill in the blanks with the correct past perfect subjunctive form of the appropriate verbs.
(5 x 1 pt. each = 5 pts.)

1. Nos molestó que ustedes _____ (gustar/irse) sin decir adiós.

2. Dudabas que yo te _____ (invitar/tener).

3. No era cierto que Pablo y Ana _____ (decir/ser) eso de ti.

4. ¿Había alguien que no _____ (apreciar/asistir) al festival?

5. La profesora se alegró de que Daniel y yo _____ (renunciar/
   escribir) un buen informe.

4 Cambiar Rewrite the sentences using the past perfect subjunctive. Follow the model.
(4 x 1 pt. each = 4 pts.)

> **modelo**
> Espero que usted haya conseguido los boletos.
> **Esperaba que usted hubiera conseguido los boletos.**

1. Alejandro no cree que yo haya hecho el papel de Romeo.

   _____

2. Me molesta que ellas hayan cambiado el canal.

   _____

3. Ustedes se sorprenden de que Fabiana haya venido al festival.

   _____

4. Me alegro de que hayas resuelto todos tus problemas.

   _____

Quizzes

ESTRUCTURA 8.3 Lección 8

Quiz B

1 Escoger Select the appropriate phrase. (5 x 1 pt. each = 5 pts.)

1. La visita al museo habría sido más educativa si _____ las pinturas clásicas.
   a. hubieras hecho   b. hubiéramos visto

2. Nosotros habríamos tenido más éxito si _____ desde jóvenes.
   a. hubiéramos comenzado   b. hubieran podido

3. Camilo habría ganado el premio si _____ una obra más moderna.
   a. no hubieran tenido   b. hubiera escrito

4. El artista habría vendido más si sus pinturas _____ precios tan altos.
   a. no hubieran tenido   no hubieran apreciado

5. Yo habría ido a tu fiesta si _____.
   a. te hubieras ido   b. me hubieras llamado

2 Frases Use the past perfect subjunctive to complete the sentences. (6 x 1 pt. each = 6 pts.)

1. Mi hermano/a me habría prestado su coche si… _____

2. Ayer yo habría ido a la casa de mi novio/a si… _____

3. Mis padres se habrían enojado si… _____

4. Yo habría gastado más dinero en la tienda si… _____

5. Mi madre habría estado más enojada si… _____

6. Los profesores habrían cancelado las clases si… _____

3 Escribir Using the past perfect subjunctive and expressions such as **me alegré de que**, **me molestó que**, **era imposible que**, and **no creía que**, write six sentences about what happened to you last weekend. (6 pts. for grammar + 3 pts. for style and creativity= 9 pts.)

CONTEXTOS

Lección 9

Quiz A

1 Seleccionar Select the item that does not belong. (5 x 1 pt. each = 5 pts.)

1. a. tornado   b. huracán   c. acontecimiento   d. tormenta

2. a. crimen   b. prensa   c. violencia   d. desempleo

3. a. informar   b. anunciar   c. declarar   d. durar

4. a. actualidades   b. elecciones   c. candidatos   d. elegir

5. a. derecho   b. igualdad   c. libertad   d. choque

2 ¿Cierto o falso? Indicate whether each statement is **cierto (C)** or **falso (F)**. (5 x 1 pt. each = 5 pts.)

_____ 1. Cuando hay un incendio, es importante llamar a los bomberos.

_____ 2. En una dictadura se respetan los derechos de todos los ciudadanos.

_____ 3. Un diario es un medio de comunicación.

_____ 4. Un terremoto es un fenómeno natural que no es peligroso.

_____ 5. El propósito (*purpose*) de las noticias es informar a la gente.

3 Completar Fill in the blanks. (4 x 1 pt. each = 4 pts.)

1. Tienes que _____ las leyes de este país; si no, es posible que termines en la prisión.

2. Todos nosotros tenemos el _____ de luchar por la libertad.

3. Ayer hubo una _____ en mi barrio. Ahora el sótano de mi casa está lleno de agua.

4. Una vez al año, todos los ciudadanos deben pagarle al gobierno los _____.

4 Analogías Complete the analogies. (6 x 1 pt. each = 6 pts.)

1. igualdad : desigualdad :: por : _____

2. diario : periódico :: transmitir : _____

3. no luchar : paz :: no trabajar : _____

4. representante : Congreso :: soldado : _____

5. SIDA : enfermedad :: racismo : _____

6. locutora : reportaje :: candidato : _____

CONTEXTOS

Lección 9

Quiz B

1 Emparejar Match the definitions in Column A to the words in Column B. Two words in Column B will not be used. (5 x 1 pt. each = 5 pts.)

A

_____ 1. Es algo que todos los ciudadanos tienen que pagarle al gobierno.

_____ 2. Es un acontecimiento que requiere la ayuda de los bomberos.

_____ 3. Su propósito (*purpose*) es saber qué piensa la gente.

_____ 4. Es un tipo de gobierno en el que no se respetan los derechos de los ciudadanos.

_____ 5. Su propósito es informar a la gente.

B

a. el incendio

b. los noticieros

c. la encuesta

d. la huelga

e. los impuestos

f. la dictadura

g. la guerra

2 Clasificar y definir Sort the words from the box into the appropriate categories. Then write definitions for four of the words. (6 x 0.5 pt. each + 4 x 1 pt. each = 7 pts.)

actualidades	candidata	igualdad	libertad	locutor	votar

Los medios de comunicación	Los conceptos democráticos	Las elecciones
_____	_____	_____
_____	_____	_____

1. _____

2. _____

3. _____

4. _____

3 Tu opinión Answer the questions using complete sentences. (3 x 1 pt. each = 3 pts.)

1. ¿Cuál ha sido el peor desastre natural de nuestros tiempos? ¿Cuándo y dónde ocurrió?

_____

_____

_____

2. Hasta ahora, ¿quién ha sido el mejor presidente/primer ministro de este país? ¿Por qué?

_____

_____

_____

3. En tu opinión, ¿cuál es más común ahora: el sexismo o el racismo? ¿Por qué?

_____

_____

_____

4 Escribir Write five sentences explaining how your life and the lives of your friends and family would be different if you lived under a dictatorship and what you would do to change your lives.
(2 pts. for grammar + 3 pts. for vocabulary and style = 5 pts.)

_____

_____

_____

_____

_____

_____

_____

_____

_____

_____

_____

_____

_____

ESTRUCTURA 9.1 Lección 9

Quiz A

1 ¿Lógico o ilógico? Beatriz is a radio show announcer. Indicate whether each of her statements is **lógico (L)** or **ilógico (I)**. (5 x 1 pt. each = 5 pts.)

_____ 1. Si tengo tiempo antes del noticiero, me maquillo para estar guapa para las cámaras.

_____ 2. Yo tendría mucho más éxito si emitieran mi noticiero a las tres de la mañana.

_____ 3. Si el candidato puede hablar conmigo, le voy a preguntar qué impuestos bajaría.

_____ 4. Más personas escucharían mi noticiero si no existiera la televisión.

_____ 5. Si me hubieran ofrecido más dinero, yo habría ido a trabajar para otra emisora
(*radio station*).

2 Emparejar Match the sentence parts. One item in Column B will not be used. (5 x 1 pt. each = 5 pts.)

A

_____ 1. Si mis padres no me hubieran enseñado a esquiar,

_____ 2. Si ustedes me lo pedían,

_____ 3. Si vemos a Ricardo,

_____ 4. Si vas a estar cerca de mi casa,

_____ 5. Si no fuera por tu ayuda,

B

a. ven a recogerme.

b. habría sido una teleadicta.

c. nunca arreglaríamos la impresora.

d. lo saludamos.

e. iríamos a la fiesta.

f. yo los acompañaba a hacer las diligencias.

3 Completar Select the appropriate verb form. (6 x 1 pt. each = 6 pts.)=

1. Si mi padre _____ (gana/ganará/ganara) más dinero, mi madre no tendrá
que trabajar tanto.

2. Si yo trabajaba de noche, _____ (habría dormido/dormiré/dormía)
hasta el mediodía.

3. Si tú me _____ (quisieras/quieres/hubieras querido), me voy a casar contigo.

4. Si tus padres te vieran ahora, ¿qué _____ (dirían/habrían dicho/dicen)?

5. Si ustedes _____ (pensaran/piensan/pensaban) ir de excursión a las montañas,
pónganse abrigos y botas.

6. Si _____ (te acostabas/te acostaras/te acuestas) más temprano, te levantarías
de buen humor.

4 Conversaciones Fill in the blanks with the correct form of the verbs. (4 x 1 pt. each = 4 pts.)

1. —¿Qué _____ (cambiar) tú si _____ (poder) ser
presidente por un día?

—Yo protegería los bosques y los ríos.

2. —Si _____ (hacer) buen tiempo, mis amigas y yo _____
(tomar) el sol en la playa.

—¡Ah! Por eso siempre las veía tan bronceadas (*tan*).

ESTRUCTURA 9.1 Lección 9

Quiz B

1 Completar Fill in the blanks with the appropriate form of the verbs from the box. (6 x 1 pt. each = 6 pts.)

acostarse	amar	decir	ganar	ir	levantarse

1. Si ustedes _____ de excursión a las montañas, pónganse abrigos y botas.
2. Si tus padres te vieran ahora, ¿qué _____?
3. Si _____ más temprano, te levantarías de buen humor.
4. Si mi padre _____ más dinero, mi madre no tendrá que trabajar tanto.
5. Si yo trabajaba de noche, _____ al mediodía.
6. Si tú me _____, me voy a casar contigo.

2 Frases Write sentence beginnings using **si** clauses. (6 x 1 pt. each = 6 pts.)

1. …, ustedes se graduarán en junio.

_____

2. …, sales a bailar con tus amigos.

_____

3. …, mi familia y yo esquiábamos en las montañas.

_____

4. …, el profesor habría llegado tarde.

_____

5. …, Cristina renunciaría a su puesto.

_____

6. …, regatee (usted) con él.

_____

3 Escribir Use **si** clauses to write sentences for each topic.
(6 pts. for grammar + 2 pts. for style and creativity = 8 pts.)

1. tus amigos

_____

2. la política

_____

3. los estudios

_____

4. tu familia

_____

5. el bienestar

_____

6. las vacaciones

_____

ESTRUCTURA 9.2

Lección 9

Quiz A

1 Emparejar Match the sentence parts. (6 x 1 pt. each = 6 pts.)

A

_____ 1. Me sorprende que

_____ 2. Siempre lavamos los platos en cuanto

_____ 3. Es triste

_____ 4. Yo te acompañaría

_____ 5. La dictadura seguirá a menos que

_____ 6. No cabe duda de que

B

a. ver tanta desigualdad en el mundo.

b. nuestros vecinos hayan roto esa ventana.

c. si tuviera el día libre.

d. has resuelto el problema.

e. luchemos por la libertad.

f. terminamos de comer.

2 Escoger Select the appropriate verb form. (8 x 1 pt. each = 8 pts.)

1. Óscar habría votado por ese candidato si _____ sus ideas sobre el medio ambiente.

   a. ha escuchado   b. hubiera escuchado   c. escuchar

2. No había nadie en la clase que _____ contestar la pregunta.

   a. puede   b. pudiera   c. escuchar

3. Es posible _____ el informe en sólo una hora.

   a. escribe   b. escriba   c. escribir

4. Es cierto que Armando y yo _____ a Buenos Aires.

   a. hemos vuelto   b. hayamos vuelto   c. volver

5. Cuando yo _____ preguntas, hablo con la profesora.

   a. tengo   b. tenga   c. tener

6. Tan pronto como _____ usted al jefe, dígale que necesito hablar con él.

   a. ve   b. vea   c. ver

7. Es fantástico que ustedes _____ en forma.

   a. están   b. estén   c. estar

8. Me gustaría _____ al dramaturgo que escribió aquella obra.

   a. conoce   b. conozca   c. conocer

4 Completar Fill in the blanks with the appropriate form of the verbs. (6 x 1 pt. each = 6 pts.)

1. Si usted _____ (aburrirse) en el trabajo, busque otro puesto.

2. Buscábamos un bailarín que _____ (saber) bailar salsa.

3. En situaciones como ésta, es necesario _____ (decir) la verdad, ¿no crees?

4. Tengo una amiga que _____ (pintar) cuadros surrealistas.

5. ¿Por qué quieres que yo _____ (ir) contigo?

6. Me alegré de que tú _____ (divertirse) en la cita.

ESTRUCTURA 9.2   Lección 9

Quiz B

1 Escoger Fill in the blanks with the appropriate form of the verbs from the box. (8 x 1 pt. each = 8 pts.)

conocer	escuchar	estar	hablar	leer	poder	tener	volver

1. Es cierto que Armando y yo _____ a Buenos Aires.

2. Me gustaría _____ al dramaturgo que escribió aquella obra.

3. Es fantástico que ustedes _____ en forma.

4. Es posible _____ el artículo en sólo una hora.

5. Óscar habría votado por ese candidato si _____ sus ideas sobre el medio ambiente.

6. No había nadie en el mundo que _____ resolver el problema.

7. Cuando yo _____ preguntas, hablo con la profesora.

8. Tan pronto como _____ usted con el jefe, dígale que voy a tomar la tarde libre.

2 Frases Complete the sentences. (4 x 1 pt. each = 4 pts.)

1. Mis amigos/as y yo esperamos que…

   _____

2. Yo no habría estudiado… si…

   _____

3. Mis padres temían que…, pero…

   _____

4. El año que viene… con tal de que…

   _____

3 Escribir Write four sentences using the subjunctive and four sentences using the indicative to describe your experiences as a Spanish student. (What surprised you on the first day of class, what grade did you want to get on your first essay, etc.?) (4 pts. for grammar + 4 pts. for style and creativity = 8 pts.)

_____

_____

_____

_____

_____

_____

_____

TEST A   Lección 1

1 Escuchar Read these statements. Then listen to the radio commercial and check the statements that describe the product being advertised. (6 x 2 pts. each = 12 pts.)

_____ 1. Es una pastilla.

_____ 2. Es un medicamento para el estómago.

_____ 3. Es un medicamento para la garganta.

_____ 4. Se necesita receta para comprarlo.

_____ 5. Las mujeres embarazadas pueden tomar Netol sin hablar con su médico.

_____ 6. Es una medicina para los alérgicos.

2 ¡Qué dolor! Look at these pictures and describe what is wrong with each person. Suggest what he/she could do to get better. (5 x 3 pts. each = 15 pts.)

1. Adela

2. Francisco

3. Pedro

romperse la pierna
tener dolor de cabeza
tener fiebre
tener resfriado
torcerse el tobillo

4. Cristina

5. Félix

1. _____

_____

2. _____

_____

3. _____

_____

4. _____

_____

5. _____

_____

Tests

3 Viejos amigos Fill in the blanks with adverbs based on the adjectives in parentheses.
(5 x 2 pts. each = 10 pts.)

ANDRÉS ¿Cómo está tu familia?

SIMÓN Está (1) _____ (maravilloso) bien.

ANDRÉS Y tú, ¿cómo estás después de la operación? ¿Estás mejor?

SIMÓN Estoy mejorando (*improving*) (2) _____ (gradual). Gracias.

ANDRÉS Yo también tengo que ir (3) _____ (inmediato) a ver al
doctor. (4) _____ (último) no me siento bien. Me duele
(5) _____ (constante) la cabeza.

4 A estudiar Fill in the blanks with the preterite or imperfect form of the verbs in parentheses.
(10 x 2 pts. each = 20 pts.)

Ayer por la tarde, Andrés (1) _____ (estar) escribiendo un proyecto para la clase de
español cuando de repente (2) _____ (sonar/*to ring*) el teléfono. (3)_____(ser)
Luisa, su novia. Él le (4) _____ (preguntar) si ella (5) _____ (querer) ayudarlo
con el proyecto, como siempre. Ella le (6) _____ (decir) dos veces que no
(7) _____ (poder) salir porque (8) _____ (tener) que descansar. Le
(9) _____ (doler) mucho la cabeza. Entonces, ayer Andrés (10) _____ (decidir)
ir a terminar su proyecto a casa de Luisa.

5 Preguntas Answer the questions using complete Spanish sentences. (8 x 2 pts. each = 16 pts.)

1. ¿Veías mucha televisión cuando eras pequeño/a? _____
_____

2. ¿Qué hacías durante las vacaciones? _____
_____

3. ¿Se te perdió algo alguna vez? ¿Qué? _____
_____

4. ¿Dónde vivías el año pasado? _____
_____

5. ¿Cuánto tiempo hace que empezaste a estudiar español? _____
_____

6. ¿Se te rompió un hueso alguna vez? _____
_____

7. ¿Piensas que se debe ir al médico con frecuencia? _____

8. ¿Te enfermas a menudo? _____
_____

6 Lectura Read this pamphlet and answer the questions with complete sentences.
(5 x 2 pts. each = 10 pts.)

> Aquí va a encontrar algunos consejos de la revista *Salud,* que cada persona debe adaptar según sus necesidades.
>
> A los consultorios médicos van muchas personas que no saben qué les pasa. Creen que están enfermas, sienten que no tienen energía, pero no tienen síntomas de ninguna enfermedad específica. Estos consejos son para ese tipo de pacientes.
>
> **¿Qué se debe hacer para estar saludable?**
> • Comer sanamente. Las verduras y las frutas son muy importantes.
> • Tener hábitos saludables. No fumar[1].
> • Beber poco alcohol y mucha agua.
> • Tomar café con moderación ayuda a prevenir muchas enfermedades. No debe tomarlo si está embarazada.
> • Hacer ejercicio físico. Por lo menos, caminar a buen paso dos kilómetros al día o ir tres veces por semana al gimnasio. El ejercicio es bueno para el corazón.
> • Visitar al dentista por lo menos dos veces al año.
> • No tomar medicamentos sin hablar antes con un doctor.
> • Cuidar el peso[2] es muy importante.
> • Desayunar bien por las mañanas.
>
> Recuerde que se debe ir al médico para consultar cualquier problema de salud y por lo menos una vez al año para hacerse un examen médico general.

[1]*smoking*   [2]*watch one's weight*

1. ¿Qué pacientes deben leer estas instrucciones? _____
   _____

2. ¿Para quién es mala la cafeína? _____
   _____

3. ¿Por qué es bueno hacer ejercicio? _____
   _____

4. ¿Con qué frecuencia hay que ir al consultorio del médico? _____
   _____

5. ¿Es importante desayunar algo antes de salir de casa para el trabajo? _____
   _____

7 De niño/a Write about the things you used to do during the summer when you were a child. Be sure to write about an injury you received one summer. If you cannot think of one, feel free to invent. Use the imperfect and the preterite tenses and at least three adverbs.

- What were your summers like?
- What happened one particular summer?
- How did you feel?
- Did you go to the doctor?

(7 pts. for vocabulary + 7 pts. for grammar + 3 pts. for style = 17 pts.)

_____
_____
_____
_____
_____
_____
_____
_____
_____
_____
_____
_____
_____
_____
_____
_____
_____
_____
_____
_____
_____

TEST B   # Lección 1

1 Escuchar Read the sentences below. Then, listen to the radio advertisement and check the statements that are true. (6 x 2 pts. each = 12 pts.)

_____ 1. El medicamento es para el dolor de cabeza.

_____ 2. Las personas que piensan que son alérgicas deben ir al médico.

_____ 3. No puede olvidarse de tomar las pastillas ni un día.

_____ 4. Si está embarazada, puede tomar el medicamento sin consultar a su médico.

_____ 5. En el anuncio (*advertisement*) se habla de un nuevo medicamento.

_____ 6. Necesita conseguir una receta para comprar las pastillas AirFlex.

2 ¿Qué te duele? Look at the pictures and describe what is wrong with each person. Suggest what he/she could do to get better. (5 x 3 pts. each = 15 pts.)

1. Juan

2. Jorge

3. Adriana

doler el oído
romperse el brazo
tener dolor de cabeza
tener dolor de estómago
tener mucha fiebre

4. Carlos y Pepa

5. Sergio

1. _____

_____

2. _____

_____

3. _____

_____

4. _____

_____

5. _____

_____

Tests

3 En la consulta Fill in the blanks with adverbs based on the adjectives in parentheses.
(5 x 2 pts. each = 10 pts.)

SR. ROMÁN Doctor, estoy (1) _____ (fabuloso) bien. Tiene que verme en casa,

estoy haciendo cosas (2) _____ (constante). ¡Estoy mejor que cuando

era joven!

DOCTOR ¿Ah, sí? (3) _____ (feliz) todas sus pruebas médicas han salido bien.

Pero a su edad, yo prefiero verlo en mi consultorio más (4) _____ (frecuente).

SR. ROMÁN Pero doctor, ¡si soy todavía un niño!

DOCTOR Tiene usted razón, señor Román, veo que está (5) _____ (perfecto) bien.

Pero a los niños de 90 años como usted hay que examinarlos de vez en cuando.

4 Una explosión Fill in the blanks with the preterite or imperfect form of the verbs in parentheses.
(10 x 2 pts. each = 20 pts.)

Andrés (1) _____ (estar) durmiendo en su casa cuando (2) _____ (oírse)

una gran explosión. Lucho, su compañero de apartamento, le (3) _____ (decir) a

Andrés que si él (4) _____ (poder) ayudarlo en la cocina. Andrés le

(5) _____ (preguntar): "¿Qué (6) _____ (hacer) ese ruido?". Lucho

le (7) _____ (responder) que la cafetera (*coffee pot*) (8) _____ (romperse)

mientras él (9) _____ (preparar) el desayuno y entonces, ¡toda la cocina

(10) _____ (estar) cubierta (*covered*) de café!

5 Preguntas Answer the questions using complete sentences. (8 x 2 pts. each = 16 pts.)

1. ¿Recuerdas qué querías ser cuando eras niño/a? _____

_____

2. ¿Cuál era tu pasatiempo favorito? _____

_____

3. ¿Tuviste alguna vez dolor de cabeza y fiebre? ¿Cuándo? _____

_____

4. ¿Conocías al/a la enfermero/a de tu escuela? _____

_____

5. ¿Cuánto tiempo hace que fuiste al médico? _____

_____

6. ¿Se te perdieron alguna vez las llaves? _____

_____

7. ¿Crees que se debe visitar al dentista con frecuencia? _____

_____

8. De niño/a, ¿siempre seguías los consejos de tu doctor? _____

_____

| **114** |

Tests

6 Lectura Read this pamphlet and answer the questions using complete sentences.
(5 x 2 pts. each = 10 pts.)

Debe cuidarse[1] los dientes. ¡Los necesita para toda la vida!

Cuando éramos niños, nuestros padres nos llevaban al dentista todos los años. Ya adultos, a muchos de nosotros se nos olvida cuidarnos los dientes adecuadamente. Aquí tiene algunos consejos para mantener su sonrisa[2] sana y bonita durante toda la vida.

- Se debe cepillar los dientes después de cada comida, al levantarse y antes de acostarse.

- Se deben evitar las bebidas oscuras, tales como el café y el vino tinto, ya que no son buenas para los dientes.

- Se debe usar el hilo dental[3] por lo menos dos veces al día y pasarlo por todos los dientes.

- Se debe ir al consultorio del médico si hay cualquier problema con su salud.

- No se deben consumir dulces.

- Y para terminar, usted necesita visitar a su dentista por lo menos dos veces al año.

[1]*take care of* [2]*maintain your smile* [3]*dental floss*

1. ¿Qué hacían nuestros padres para el cuidado de nuestros dientes? _____
   _____

2. ¿Por qué se deben evitar las bebidas de color oscuro? _____
   _____

3. ¿Con qué frecuencia se debe cepillar los dientes? _____
   _____

4. ¿Cuándo se debe ir al médico? _____
   _____

5. ¿Con qué frecuencia se debe ir al dentista? _____
   _____

Tests

7 De niño/a Write a paragraph about the things you used to do during the summer when you were a child. Include an example about an injury you received one summer. If you cannot think of one, feel free to invent. Use the imperfect and the preterite tense and at least three adverbs.

- What did you use to do in the summer?
- What happened to you one summer?
- Were you sick or did you hurt yourself?
- Did you go to the doctor's office?
- Did you take any medicine?

(7 pts. for vocabulary + 7 pts. for grammar + 3 pts. for style and creativity = 17 pts.)

_____
_____
_____
_____
_____
_____
_____
_____
_____
_____
_____
_____
_____
_____
_____
_____
_____
_____
_____
_____
_____

TEST C   # Lección 1

1 Escuchar You will hear five personal questions. Answer them with Spanish sentences.
(5 x 2 pts. each = 10 pts.)

1. _____

2. _____

3. _____

4. _____

5. _____

2 Necesito un(a) doctor(a) Describe what is wrong with each person and then say what he/she should do
to get better. (5 x 3 pts. each = 15 pts.)

1. Víctor

2. El Sr. Ayala

3. la Sra. Naranjo

romperse la pierna
tener dolor de cabeza
tener dolor de muelas
  (*toothache*)
tener un resfriado
torcerse el tobillo

4. Gabriela

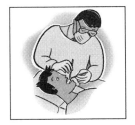
5. Armando

1. _____
  _____

2. _____
  _____

3. _____
  _____

4. _____
  _____

5. _____
  _____

Tests

3 Lectura Read this magazine article and answer the questions using complete sentences.
(5 x 2 pts. each = 10 pts.)

Aquí vas a encontrar algunos consejos de la revista *Salud para todos*. Recuerda que siempre debes ir al médico para consultar cualquier problema de salud. Pero si crees que simplemente tienes un resfriado, aquí te hablamos de los síntomas y te damos una lista de cosas que debes hacer. Para terminar, recuerda que debes hacerte un examen médico por lo menos una vez al año.

Tienes un resfriado si presentas varios de estos síntomas:
• Tienes dolor de cabeza.
• Tienes dolor general en el cuerpo.
• Estornudas o toses.
• Te duele la garganta.
• A veces tienes fiebre.
• Estás congestionado/a.

Si estás resfriado/a, debes:
• Comer sopas, verduras y frutas.
• Beber mucha agua.
• No tomar café ni leche, ni comer yogur.
• Descansar y dormir mucho hasta sentirte sano/a.
• Tomar los medicamentos como los recetó el/la doctor(a). No tomar ningún medicamento sin consultarlo con él/ella.
• Si eres alérgico/a a algún medicamento, debes decírselo a tu médico/a inmediatamente.

1. ¿Qué pacientes deben leer estas instrucciones? _____
   _____

2. ¿Qué comidas y bebidas prohíbe la revista? _____
   _____

3. Según la revista, ¿cuáles son los síntomas del resfriado? Escribe tres síntomas. _____
   _____

4. ¿Qué debes decirle a tu médico/a antes de tomar algún medicamento? _____
   _____

5. ¿Con qué frecuencia hay que ir al consultorio del/de la médico/a? _____
   _____

4 Estaba enfermo/a Write a paragraph about a flu you once had. What happened? Did you have to go to the doctor? Use the imperfect and the preterite and at least three adverbs. (6 pts. for vocabulary+ 6 pts. for grammar + 3 pts. for style and creativity = 15 pts.)

_____

_____

_____

_____

_____

_____

_____

Tests

TEST D   Lección 1

1 Escuchar You will hear five personal questions. Answer them with Spanish sentences.
(5 x 2 pts. each = 10 pts.)

1. _____
2. _____
3. _____
4. _____
5. _____

2 ¿Qué le pasó? Describe what is wrong with each person and then say what he/she should do to get better.
(5 x 3 pts. each = 15 pts.)

1. Adela

2. Francisco

3. Pedro

romperse la pierna
tener dolor de cabeza
tener fiebre
tener resfriado
torcerse el tobillo

4. Cristina

5. Félix

1. _____
_____
2. _____
_____
3. _____
_____
4. _____
_____
5. _____
_____

Tests

3 Lectura Read this newspaper article and answer the questions using complete sentences.
(5 x 2 pts. each = 10 pts.)

Los dolores de cabeza

¿Sabe usted que más de 45 millones de personas tienen dolores de cabeza cada día en nuestro país? Las causas de los dolores de cabeza son muy variadas. El 90 por ciento de todos los dolores de cabeza se deben a la tensión física y mental. Las migrañas[1] son dolores de cabeza mucho más fuertes. Las migrañas suelen durar[2] entre 4 y 72 horas.

Otras cosas que pueden producir dolores de cabeza:

- Tener hambre
- Sufrir estrés[3]
- Tener sueño
- Tener calor

Para reducir el número y la intensidad de los dolores de cabeza:

- No se debe fumar[4]
- Beber alcohol con moderación
- Dormir un número de horas apropiado para la persona
- Controlar la tensión emocional y física

Por último, si sus dolores de cabeza son frecuentes y no se mejoran ni con medicamentos ni con descanso, debe hablar con su médico/a para encontrar la mejor solución para usted.

---

[1]*migraines* [2]*tend to last* [3]*to suffer from stress* [4]*to smoke*

1. ¿Qué se quiere conseguir con este artículo (*article*)? _____
_____

2. ¿Qué porcentaje de todos los dolores de cabeza se deben a la tensión? _____
_____

3. Según el artículo, ¿qué son las migrañas? _____
_____

4. ¿Qué debe hacer una persona para evitar los dolores de cabeza? _____
_____

5. ¿Qué hay que hacer si los dolores de cabeza continúan? _____
_____

4 Un accidente Write a paragraph about an accident where you were injured. What happened? Did anyone else get hurt? Use the imperfect and the preterite and at least three adverbs. (6 pts. for vocabulary + 6 pts. for grammar + 3 pts. for style and creativity = 15 pts.)

_____

_____

_____

_____

_____

_____

_____

_____

_____

TEST E   Lección 1

1 Escuchar Read the statements. Then listen to the description of what happened to María and indicate whether each statement is **cierto** or **falso**. (5 x 2 pts. each = 10 pts.)

	Cierto	Falso
1. María se cayó cuando patinaba en línea.	_____	_____
2. María fue a la farmacia.	_____	_____
3. La enfermera le dio una aspirina.	_____	_____
4. María no se rompió el tobillo.	_____	_____
5. Tiene que descansar durante dos semanas.	_____	_____

2 Completar Fill in the blanks with words from the box. (5 x 2 pts. each = 10 pts.)

emergencias   fiebre   mareada   pie   rodilla

1. A Sara le duele el _____.

2. Parece que Juan tiene una herida en la _____.

3. Los pacientes esperan su turno (*turn*) en la sala de _____.

4. Marcela está _____ y le duele la cabeza.

5. ¡Pobre Teresa! Tiene mucha _____.

Tests

| 121 | **Lección 1** Test E

3 Oraciones Fill in the blanks with the imperfect form of the verbs. (6 x 1 pt. each = 6 pts.)

> *modelo*
>
> Mi hermano y yo **íbamos** (ir) mucho al doctor.

1. Cuando tenía gripe mi madre me _____ (tomar) la temperatura.
2. Mis hermanos y yo _____ (toser) con frecuencia.
3. Mis abuelos _____ (sufrir) una enfermedad muy grave.
4. Cuando era pequeña me _____ (caer) de la bicicleta casi todos los días.
5. Me _____ (doler) mucho la cabeza, así que me tomé una aspirina.
6. Miguel _____ (ser) alérgico a las almendras (*almonds*), así que no las probó.

4 Emparejar Match the sentence parts. (6 x 1 pt. each = 6 pts.)

1. Se rompió un dedo _____   a. porque le dolía la cabeza.
2. Se tomó una aspirina _____   b. para curar (*cure*) su infección.
3. A Carlos le dolía la garganta porque _____   c. tenía que ir a la farmacia.
4. El médico le recetó un antibiótico _____   d. mientras hacía karate.
5. No podía comer pescado _____   e. porque tenía alergia.
6. María se olvidó de que _____   f. tosía mucho.

5 Completar Fill in the blanks with words from the box. (6 x 1 pt. each = 6 pts.)

se hablan	se lastimó	se puede	se reciben	se sabe	se vende

1. ¡La letra (*handwriting*) de este médico no _____ leer!
2. En la sala de emergencias _____ a los pacientes más graves.
3. _____ que comer mucha grasa es malo para la salud.
4. En este hospital _____ varias lenguas.
5. En la farmacia _____ todo tipo (*all kinds*) de medicamentos.
6. Se cayó de la bicicleta y _____ el pie.

6 Adverbios Select the appropriate word or phrase. (5 x 2 pts. each = 10 pts.)

1. Está resfriado pero _____ no tiene fiebre.

   a. siempre   b. por lo menos   c. mientras

2. _____ toma antibióticos porque tiene alergia.

   a. Nunca   b. Pronto   c. Bastante

3. Mi abuela _____ se olvida de tomarse su medicina.

   a. a tiempo   b. menos   c. siempre

4. En invierno la gente se enferma de gripe _____.

   a. con frecuencia   b. nunca   c. poco

5. El médico le dijo que tiene que tomar una aspirina _____.

   a. todos los días   b. bastante   c. a tiempo

7 Esther Select the appropriate word or phrase. (10 x 1 pt. each = 10 pts.)

> Querida mamá:
>
> Ya salí del (1) (hospital/tobillo/síntoma). (2) (Apenas/Poco/Despacio) tengo fiebre y ya no
> me duele el estómago. (3) (La clínica/El cuello/El doctor) dice que debo beber agua
> (4) (menos/mientras/con frecuencia). Dice que yo tenía (5) (medicina/antibiótico/gripe),
> pero no me podía (6) (romper/recetar/prohibir) antibióticos porque tengo (7) (pastilla/
> rodilla/alergia). Ya me siento (8) (despacio/bastante/menos) mejor, (9) (casi/a veces/así) que
> no te preocupes. Muy (10) (pronto/poco/a tiempo) voy a volver a la universidad.
> Un abrazo,
> Esther

8 Completar Fill in the blanks with the appropriate preterite or imperfect form of the verbs.
(5 x 2 pts. each = 10 pts.)

1. Marcos _____ (estar) enfermo cuando regresó de sus vacaciones.

2. Dos enfermeras _____ (entrar) a la habitación esta mañana.

3. Todos los veranos nosotros _____ (ir) a visitar a los abuelos.

4. Ayer, el doctor me _____ (recetar) unas pastillas.

5. De niño, ¿tú _____ (caerse) con frecuencia?

Lección 1   Test E

Tests

9 Completar Fill in the blanks with words from the box. (7 x 2 pts. each = 14 pts.)

cabeza	graves	pronto	se recomienda
con frecuencia	gripe	se hacen	

Si tiene fiebre y le duele la (1) _____, puede tener gripe. Debe ir al médico

(2) _____. Los antibióticos son medicamentos muy eficaces (*effective*) contra la

(3) _____ y otras infecciones. Sin embargo, (4) _____ no abusar (*overuse*)

de ellos. Si los antibióticos se consumen (*are consumed*) (5) _____, las bacterias

(6) _____ más resistentes (*resistant*). Por eso, deben usarse sólo para los casos más

(7) _____. La prevención (*prevention*) es fundamental para evitar (*avoid*) la gripe.

10 Lectura Read Juan's blog entry, then mark each statement as **cierto** or **falso**. (6 x 3 pts. each = 18 pts.)

> ¡Hola amigos!
>
> Ya estoy aquí otra vez. No pude escribir nada la semana pasada porque estuve mareado y con escalofríos (*chills*). Me dolía el pecho (*chest*), tenía tos y estaba de mal humor. ¡Tenía gripe! Y creo que sé por qué. Estuve en casa de mi hermano Joaquín, que tiene tres hijos pequeños. Y donde hay niños pequeños, hay virus. De hecho (*In fact*), Luisito, el más pequeño, tenía fiebre. Creo que él me contagió (*he gave me the flu*). Por suerte, el médico me recetó unos antibióticos y no perdí muchos días de clase.

	Cierto	Falso
1. Juan escribió el blog durante la semana pasada.	_____	_____
2. Juan tiene síntomas de alguna enfermedad.	_____	_____
3. El hermano de Juan se llama Pedro.	_____	_____
4. El hijo de Joaquín estaba enfermo.	_____	_____
5. El médico le recetó antibióticos a Luisito.	_____	_____
6. Juan perdió muchos días de clase.	_____	_____

         Lección 1   Test E

Tests

TEST F   Lección 1

1 Escuchar Read the statements. Then listen to the description of what happened to Felipe and indicate whether each statement is **cierto** or **falso**. (5 x 2 pts. each = 10 pts.)

	Cierto	Falso
1. Felipe se cayó cuando patinaba en línea.	_____	_____
2. Felipe fue a la farmacia.	_____	_____
3. El doctor le dio una inyección.	_____	_____
4. Felipe se rompió el tobillo.	_____	_____
5. Tiene que descansar durante una semana.	_____	_____

2 Completar Fill in the blanks with words from the box. (5 x 2 pts. each = 10 pts.)

embarazada	hospital	inyección	mano	tos

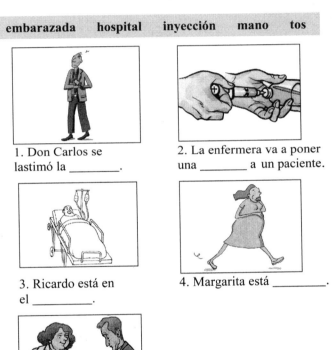

1. Don Carlos se lastimó la _____.

2. La enfermera va a poner una _____ a un paciente.

3. Ricardo está en el _____.

4. Margarita está _____.

5. Jacobo va a comprar pastillas para la _____.

Tests

3 Oraciones Fill in the blanks with the imperfect form of the verbs. (6 x 1 pt. each = 6 pts.)

> modelo
>
> Mi hermano y yo **íbamos** (ir) mucho al doctor.

1. Nos _____ (enfermar) cuando hacía mucho frío.

2. La enfermera me _____ (poner) una inyección dos veces a la semana.

3. De niño el médico me _____ (recetar) pastillas para la alergia.

4. Mis tías _____ (sufrir) una enfermedad muy grave.

5. A Carlos le _____ (doler) la muela (*tooth*) y se tomó una aspirina.

6. Cuando tenía fiebre mi madre me _____ (tomar) la temperatura.

4 Emparejar Match the sentence parts. (6 x 1 pt. each = 6 pts.)

1. Se torció un tobillo _____   a. porque tenía alergia.

2. Se tomó el antibiótico _____   b. mientras patinaba.

3. A Úrsula le dolía la garganta porque _____   c. porque tenía una infección.

4. Compró unas aspirinas _____   d. tenía que ir al dentista.

5. No podía tomar leche _____   e. tosía mucho.

6. María se olvidó de que _____   f. para el dolor de cabeza.

5 Completar Fill in the blanks with words from the box. (6 x 1 pt. each = 6 pts.)

se entra	se escribe	se hablan	se rompió	se sabe	se venden

1. _____ que fumar produce (*causes*) cáncer.

2. A este consultorio _____ por la derecha.

3. En esta clínica _____ varias lenguas.

4. En esa tienda _____ flores de muchos colores.

5. Juan _____ un pie montando a caballo.

6. La primera letra (*letter*) de tu nombre _____ con mayúscula (*capital letter*).

6 Adverbios Select the appropriate word or phrase. (5 x 2 pts. each = 10 pts.)

1. Tiene fiebre pero _____ no le duele nada.

   a. siempre   b. poco   c. por lo menos

2. _____ fuma porque es malo para la salud.

   a. Siempre   b. Pronto   c. Nunca

3. El doctor _____ recomienda comer pocas grasas.

   a. a tiempo   b. siempre   c. menos

4. Hay que hacer ejercicio _____.

   a. poco   b. nunca   c. con frecuencia

5. Afortunadamente encontraron su enfermedad _____.

   a. todos los días   b. bastante   c. a tiempo

7 Marcela Select the appropriate word or phrase. (10 x 1 pt. each = 10 pts.)

> Querida mamá:
> Ya estoy (1) (bastante/mientras/todos los días) mejor. Aún tengo un (2) (menos/poco/pronto)
> de fiebre y toso (3) (por lo menos/así/con frecuencia), pero ésos son los únicos
> (4) (consultorios/síntomas/resfriados) que tengo. El doctor me puso una
> (5) (inyección/oreja/enfermedad) y sentí el efecto del (6) (antibiótico/resfriado/tobillo) muy
> (7) (pronto/casi/poco). (8) (Mal/Además/A veces), me recetó unas (9) (rodillas/farmacias/
> pastillas) para la (10) (tos/farmacia/aspirina) y dijo que voy a salir del hospital mañana.
> Un beso,
> Marcela

8 Completar Fill in the blanks with the appropriate preterite or imperfect form of the verbs. (5 x 2 pts. each = 10 pts.)

1. Esta tarde, el doctor me _____ (recetar) unas pastillas.

2. Cuando llegué de la escuela, Tania _____ (estar) hablando por teléfono.

3. De niño, ¿tú _____ (enfermarse) con frecuencia?

4. Todas las tardes nosotros _____ (salir) a jugar al parque.

5. Diez cajas (*boxes*) de pastillas _____ (llegar) a la farmacia esta mañana.

9 Completar Fill in the blanks with words from the box. (7 x 2 pts. each = 14 pts.)

además de	con frecuencia	por lo menos	rápidamente
casi	despacio	pronto	

(1) _____ siempre, el ejercicio (*exercise*) y una dieta sana son la clave (*key*) de la buena salud. Se dice que la base (*basis*) de una dieta sana es el consumo (*consumption*) de comidas balanceadas. (2) _____ esto, es importante consumir alimentos naturales. "Hay que comerlos (3) _____ dos veces al día", dice la Dra. Josefina Johnson. Y muchos médicos recomiendan comer muy (4) _____ y masticar (*chew*) muchas veces. Practicar deportes (5) _____ también es bueno para la salud. Si no tiene tiempo para practicar algún deporte, puede caminar (6) _____ durante veinte minutos tres veces a la semana. Siguiendo estos consejos (*advice*), muy (7) _____ va a empezar a sentirse mejor.

10 Lectura Read the paragraph, then mark each statement as **cierto** or **falso**. (6 x 3 pts. each = 18 pts.)

El genoma (*genome*) humano es un mapa que contiene todos los genes de nuestra especie (*species*). Se cree que con esa información es posible crear tratamientos (*treatments*) para muchas enfermedades. "El genoma nos ayuda a saber qué personas tienen más riesgo (*risk*) de enfermarse de cáncer", dice el Dr. Antonio Herrero. Nuestro genoma se completó el 24 de abril de 2003. Desde entonces, se invirtió (*was invested*) mucho dinero para crear tratamientos contra el cáncer. "Pero no sólo hablamos de cáncer", asegura (*assures*) el Dr. Herrero. "El genoma humano puede ayudarnos a curar (*to cure*) la artritis (*arthritis*), muchos problemas del corazón y otras enfermedades".

	Cierto	Falso
1. El genoma humano es un mapa de nuestros genes.	_____	_____
2. El Dr. Antonio Herrero cree que el genoma no es útil.	_____	_____
3. El 24 de abril de 2003 se descubrió un tratamiento contra el cáncer.	_____	_____
4. Se invirtió mucho dinero en tratamientos contra el cáncer.	_____	_____
5. El genoma sólo sirve para curar el cáncer.	_____	_____

TEST A

Lección 2

1 Escuchar Listen to this advertisement and complete the sentence fragments. (5 **x** 2 pts. each = 10 pts.)

1. El anuncio (*advertisement*) de Teletrón es para un servicio de _____.
2. El sistema de Teletrón ofrece _____.
3. Los programas de Teletrón incluyen opciones _____.
4. De lunes a viernes, todas las tardes, Teletrón ofrece _____.
5. Cuando se desea más información, se puede _____.

2 ¿De quién? Identify the objects and to whom they belong, using stressed possessive adjectives. Then write sentences describing what you can do with each item, using the options below. (5 **x** 3 pts. each = 15 pts.)

modelo

Es el estéreo mío.
Es para escuchar música.

de mí

descargar programas de computación	escuchar música	mirar un video
escribir	hacer clic en la pantalla	organizar documentos
	imprimir documentos	ver lo que escribes en la computadora

1. de nosotros   2. de mí   3. de ellas   4. de ti   5. de él

1. _____
2. _____
3. _____
4. _____
5. _____

Tests

3 En la carretera Fill in the blanks with words from the box. (10 x 2 pts. each = 20 pts.)

arranca	capó	gasolina	mecánicos	por	tanque
calle	descompuesto	llamar	para	taller	teléfono

JAVIER Perdón, ¿Hay una gasolinera (1) _____ aquí?

CECILIA Sí, hay una en la próxima (*next*) calle. ¿Necesita algo?

JAVIER Gracias. Mi carro está (2) _____ y necesito ir a un (3) _____.

CECILIA ¿Por qué? ¿Qué le pasa al carro?

JAVIER Pues el carro no (4) _____. No sé, miré en el (5) _____ y todo está bien.

CECILIA ¿Está lleno el (6) _____ ? A mí, a veces, se me olvida ponerle (7) _____ al carro.

JAVIER Sí, está lleno. Ya miré y no es eso. ¿Qué hago ahora?

CECILIA Yo conozco al dueño de un taller. Aquí tengo mi (8) _____ celular. Si quiere, podemos utilizarlo (9) _____ llamar al taller del señor Mejía; todos sus (10) _____ son muy buenos.

JAVIER Muchísimas gracias.

4 Preguntas Answer these questions using familiar commands. (6 x 2 pts. each = 12 pts.)

1. ¿Qué le dices a un(a) amigo/a que usa su teléfono celular en el cine? _____
_____

2. ¿Qué me dices a mí si no quiero ponerle gasolina al carro? _____
_____

3. ¿Qué le dices a un(a) amigo/a que tiene miedo de usar la computadora? _____
_____

4. ¿Qué le dices a tu compañero/a de cuarto si usa tu cámara digital sin decirte nada? _____
_____

5. ¿Qué le dices a tu hermano/a si él/ella maneja siempre muy rápido? _____
_____

6. ¿Qué le dices a tu primo/a si quieres cambiar el canal del televisor? _____
_____

Lección 2   Test A

Tests

5 Lectura María is completing a course in auto mechanics. Read the e-mail she wrote to her friend Alberto. Then answer the questions with sentences. (6 x 3 pts. each = 18 pts.)

Para: alberto83@correo.es	De: marialopezgarcia@correo.es	Asunto: La clase de mecánica

Hola, Alberto:

Te dije que te iba a escribir para contarte cómo me iba en mi clase de mecánica, así que aquí estoy. ¡Ya hace dos semanas que empecé! Las clases son muy interesantes y estoy aprendiendo mucho, pero uno de mis compañeros de clase es un poco tonto. Se llama Toni y le gusta dar muchas órdenes[1] todo el tiempo. Cuando trabajamos en algún proyecto, Toni siempre me dice: "María, haz esto... María, pon esta parte aquí... María, dime qué tenemos que hacer... María, habla con el profesor... María...". Uff, no me gusta pensar en él. Pero bueno, en seis semanas más termina el curso. Ahora sé qué hacer para cambiar una llanta, para revisar el aceite, etc. Tomar este curso fue una idea excelente. Llena una solicitud[2] y ven tú también a la clase, seguro que lo pasamos fenomenal todos juntos (y así Toni también te puede dar órdenes a ti).

Bueno, escribe alguna vez,
María

[1]orders [2]application

1. ¿A María le gusta la clase de mecánica? ¿Por qué? _____

_____

2. ¿Cómo es Toni? _____

_____

3. ¿Cuánto tiempo dura el curso de mecánica en total? _____

_____

4. ¿Qué cosas aprendió María en el curso? _____

_____

5. ¿Qué tiene que hacer Alberto para entrar a la clase? _____

_____

6. Imagina que estás en la situación de María. ¿Qué le dices a Toni? _____

_____

| **131** | **Lección 2**   Test A

Tests

6 La tecnología en tu vida Write a paragraph describing how today's technology helps you communicate with your friends and family. Use at least four words from the box.

• Give specific examples that show how you use technology today compared to what you used to do to communicate.
• Explain how technology helps you get in touch with people.
• Explain how technology affects the way you relate to others around you.

(10 pts. for vocabulary + 10 pts. for grammar + 5 pts. for style and creativity = 25 pts.)

ayudarse	hablarse	para
comunicarse	llamarse	por

_____
_____
_____
_____
_____
_____
_____
_____
_____
_____
_____
_____
_____
_____
_____
_____
_____
_____
_____
_____

TEST B   Lección 2

1 Escuchar Listen to this advertisement and complete the sentence fragments. (5 x 2 pts. each = 10 pts.)

1. El anuncio (*advertisement*) que escuchaste es de _____.
2. Para obtener tu dirección electrónica _____.
3. En este sitio web puedes _____.
4. Puedes crear tu dirección electrónica sin pagar antes _____.
5. Hablando de espacio (*space*), esta dirección electrónica te ofrece _____.

2 ¿De quién? Identify the objects and to whom they belong, using stressed possessive adjectives.
Then write sentences describing what you can do with each item, using the options below.
(5 x 3 pts. each = 15 pts.)

> **modelo**
>
>
>
> Es la licencia de conducir suya.
> La usa como identificación.
>
> de él

| arrancar el carro | cambiar las llantas | poner aire en el coche |
| arreglar los coches | conducir por las calles | vivir en el número 256 |

1. de ti   2. de mí   3. de ustedes   4. de ella   5. de nosotros

1. _____
2. _____
3. _____
4. _____
5. _____

Tests

3 De compras Fill in the blanks with words from the box. (10 x 2 pts. each = 20 pts.)

chatear		impresora	pantalla	por	programa		sitio web
dirección electrónica		Internet	para	portátil	reproductor de DVD		sonar

VENDEDOR Buenas tardes.

SERGIO Hola, quiero comprar una computadora (1) _____, pero no sé cuál de todas éstas es la mejor...

VENDEDOR Bueno, tenemos muchos modelos. Por ejemplo, ésta tiene (2) _____ para ver películas en la computadora.

SERGIO ¡Estupendo! ¿También se puede (3) _____? Quiero hablar con muchos amigos.

VENDEDOR Claro, además este modelo tiene (4) _____ de 17 pulgadas (*inches*) y teclado grande (5) _____ escribir cómodamente. También viene con muchas cosas adicionales, (6) _____ ejemplo, un ratón sin cable para poder moverlo (*move it*) sin problemas.

SERGIO ¡Perfecto! ¿Puedo comprar una (7) _____ de color aquí?

VENDEDOR Sí, ésta que tenemos aquí puede imprimir en color a gran velocidad y es muy barata. Y si compra todo junto, puede tener gratis una (8) _____ en nuestro (9) _____ y un mes de conexión.

SERGIO ¡Qué bien! Así puedo navegar en (10) _____ gratis.

4 Preguntas Answer these questions using familiar commands. (6 x 2 pts. each = 12 pts.)

1. ¿Qué le dices a un(a) amigo/a que habla por teléfono celular al mismo tiempo que maneja?
   _____

2. ¿Qué le dices a alguien que pone un vaso de agua encima de tu computadora portátil?
   _____

3. ¿Qué le dices a un(a) compañero/a de clase si nunca apaga el televisor?_____
   _____

4. ¿Qué me dices a mí si no quiero comprar una computadora?_____
   _____

5. ¿Qué le dices a tu hermano/a pequeño/a que siempre está usando tu impresora?_____
   _____

6. ¿Qué le dices a tu hermano/a si quieres ver otro programa en el televisor?_____
   _____

5 Lectura José is preparing for the road test for his first driver's license. Read the e-mail he wrote to his friend Carla. Then answer the questions with complete sentences. (6 x 3 pts. each = 18 pts.)

Para: carlitadecolombia@cyber.com	De: joselitoelguapo@inter.es	Asunto: Mi licencia de conducir

Carla:

¿Cómo estás? ¿Ya encontraste novio? Yo ahora vivo en el pueblo del que te hablé, y aquí el carro es necesario para todo. Por eso, decidí prepararme para sacar mi licencia de conducir. Voy a una escuela todas las tardes y aprendo mucho, pero las clases prácticas me ponen muy nervioso. Mi profesor, don Antonio, es un poco antipático y nos llevamos mal. El martes fue mi primer día manejando, y don Antonio hablaba y hablaba: "José, estaciona el carro... José, pon las manos en el volante... José, cuidado con las llantas... José, mira la carretera... José, José, José...". Don Antonio es exactamente como aquel profesor nuestro de matemáticas de la escuela. Pero bueno, voy a seguir con las prácticas de conducción (*driving*) dos semanas más, y después tengo que pasar el examen. Si lo paso, te llamo y hacemos una fiesta. Y no te preocupes, no voy a invitar a don Antonio.

Bueno, un saludo a tus padres y a Martita. Cuando ella tenga la edad, yo voy a enseñarle a manejar.

José

1. ¿Para qué está tomando estas clases José? _____
   _____

2. ¿Por qué no se llevan bien don Antonio y José? _____
   _____

3. Según el contexto, ¿son buenos los consejos de don Antonio? _____
   _____

4. ¿José y Carla se conocen desde hace mucho tiempo? Explica tu respuesta. _____
   _____

5. ¿Para qué quiere organizar la fiesta José? _____
   _____

6. ¿Quién es mayor: José o la hermana de Carla? _____
   _____

Tests

6 La tecnología en tu familia Write a paragraph describing how today's technology has changed your family's (or an imaginary family's) life. Use at least four words from the box.

• Give specific examples that show how each family member uses technology today compared to what he or she used to do to communicate.

• Explain how technology helps people get in touch with others.

• Explain how technology affects the way your family relates to others.

(10 pts. for vocabulary + 10 pts. for grammar + 5 pts. for style and creativity = 25 pts.)

encontrarse	para	saludarse
escribirse	por	verse

_____

_____

_____

_____

_____

_____

_____

_____

_____

_____

_____

_____

_____

_____

_____

_____

_____

_____

_____

_____

Tests

TEST C

Lección 2

1 Escuchar You will hear five personal questions. Answer them with Spanish sentences, using reciprocal reflexives. (5 x 2 pts. each = 10 pts.)

1. _____
2. _____
3. _____
4. _____
5. _____

2 ¡No es mío! Follow the model, using the pictures and prompts. Include at least one stressed possessive adjective or pronoun in each answer. (5 **x** 3 pts. each = 15 pts.)

> **modelo**
>
>
>
> Es el teléfono celular de Mónica. El suyo es feo.
>
> Mónica / feo

1. Marisa / grande 2. Roberto / nuevo 3. Sergio y Mariam / viejo 4. Tú / barata 5. Sandra y yo / portátil

1. _____
_____

2. _____
_____

3. _____
_____

4. _____
_____

5. _____
_____

Tests

Nombre _____ Fecha _____

3 Lectura Read this e-mail and answer the questions with sentences. (5 x 2 pts. each = 10 pts.)

Para: susana@email.com	De: carmen@email.com	Asunto: saludos

Querida Susana:

Tenemos que vernos pronto porque tengo muchas cosas importantes que contarte. ¿Recuerdas a Rubén, aquel chico que conocí navegando en Internet? ¡Pues nos vamos a casar! ¡Quién iba a pensar que la tecnología iba a impactar[1] tanto mi vida! Nos conocimos en persona. Nos encontramos en un café de mi ciudad y la verdad es que nos vimos... y nos enamoramos inmediatamente. Nos contamos muchas cosas de nuestras vidas. Ahora nos llevamos muy bien y vamos a casarnos dentro de dos meses... Estoy muy interesada en la tecnología; ahora estoy aprendiendo a diseñar[2] páginas de Internet. Escríbeme un mensaje electrónico y dime si todavía vives en el apartamento de la calle Balcones para enviarte[3] la invitación de la boda. ¡Tienes que conocer a Rubén! Y no nos vamos a casar vía Internet... Hay algunas cosas que prefiero hacer como antes, de forma tradicional.

Carmen

[1]impact [2]design [3]send you

1. ¿Con qué frecuencia crees que se escriben Carmen y Susana? ¿Por qué? _____
   _____

2. ¿Dónde se encontraron por primera vez Carmen y Rubén? _____
   _____

3. ¿Qué piensa Carmen de la tecnología? ¿Por qué? _____
   _____

4. Según dice Carmen, ¿se llevan bien Rubén y ella? _____
   _____

5. ¿Cómo piensas que va a ser la boda de Carmen? ¿Cómo lo sabes? _____
   _____

4 ¡Ven! You want your cousin to come for a visit. Write a paragraph describing all the technological gadgets you have. Use at least four informal commands, and use **por** and **para** at least twice each. (6 pts. for vocabulary + 6 pts. for grammar + 3 pts. for style and creativity = 15 pts.)

_____
_____
_____
_____
_____
_____
_____

Lección 2   Test C

TEST D

Lección 2

1 Escuchar You will hear five personal questions. Answer them with Spanish sentences, using reciprocal reflexives. (5 x 2 pts. each = 10 pts.)

1. _____
2. _____
3. _____
4. _____
5. _____

2 ¡No es mío! Follow the model, using the pictures and prompts. Include at least one stressed possessive adjective or pronoun in each answer. (5 x 3 pts. each = 15 pts.)

> **modelo**
>
>
>
> **Es el teléfono celular de Nelly Furtado. El suyo es feo.**
>
> Nelly Furtado / feo

1. Eminem / rojo   2. Bill Gates / nuevo   3. Penélope Cruz / muy original   4. Nosotros / descompuesto   5. Tú / funcionar

1. _____
_____

2. _____
_____

3. _____
_____

4. _____
_____

5. _____
_____

Tests

3 Lectura Ramón visits a virtual café for high school students. Read what happened yesterday and answer the questions using complete sentences. (5 x 2 pts. each = 10 pts.)

> Ayer fui a mi primera cita en Internet. La chica y yo nos encontramos en un café virtual. Primero nos saludamos y nos presentamos. Después, nos hablamos y nos conocimos un poco. Lo más interesante fue que nos escuchábamos con mucha atención. Entonces, la chica, cuyo nombre de usuario[1] es Goozee83, me dijo: "¿Nos vamos a un sitio más privado, R2D234X?". Ése es mi nombre de usuario. Yo le dije: "Bueno, Goozee83, yo quiero verte en persona. ¿Nos encontramos en el cibercafé Nueva Era?" . Y de pronto, así, sin decir nada, Goozee83 se fue. No sé qué pasó, quizás no le gustó mi nombre R2D234X, quizás se descompuso mi computadora portátil... Mañana ya tengo otra cita en el mismo café virtual. Esta vez es con Pitufitavoladora2004[2], y con ese nombre, estoy seguro de que ésta tiene que ser la mujer de mi vida. Deséame suerte.

[1]whose screen name   [2]FlyingSmurfette2004

1. ¿Qué fue lo primero que hicieron Ramón y la chica en su cita? _____
_____

2. ¿Qué le pareció a Ramón que fue lo más interesante de la cita virtual? _____
_____

3. ¿Qué hizo Goozee83 cuando Ramón dijo que quería encontrarse en persona con ella? _____
_____

4. ¿Dónde va a ser la próxima cita de Ramón? _____
_____

5. ¿Por qué piensa Ramón que su próxima cita va a ser mejor? _____
_____

4 La red social Your best friend just joined a new social network for young car enthusiasts. Help your friend write a brief posting giving advice on how to drive and maintain "your first car" (**tu primer carro**). Include at least four informal commands, and use **por** and **para** at least twice each. (6 pts. for vocabulary + 6 pts. for grammar + 3 pts. for style and creativity = 15 pts.)

_____

_____

_____

_____

_____

_____

_____

         Lección 2   Test D

TEST E

Lección 2

1 Escuchar Read the statements. Then listen to the description of Telefutur and select the appropriate answer. (5 x 2 pts. each = 10 pts.)

1. Telefutur es _____.
   a. una computadora   b. una cámara digital   c. un teléfono celular

2. Con Telefutur puedes _____.
   a. mandar correos electrónicos   b. descargar música   c. descargar aplicaciones

3. Telefutur tiene _____.
   a. radio   b. un diccionario digital   c. función de cámaras

4. La pantalla de Telefutur es _____.
   a. plana   b. táctil   c. de plasma

5. ¿La gran memoria de Telefur permite _____.
   a. descargar música   b. ver videos   c. guardar documentos

2 Escoger Select the appropriate word or phrase. (5 x 2 pts. each = 10 pts.)

1.  Este teléfono celular tiene _____.
   a. pantalla táctil
   b. parabrisas
   c. impresora

2.  Carlos no puede _____ sin su computadora.
   a. grabar
   b. chatear
   c. borrar

3. Tengo unos _____ para grabar mi música favorita.
   a. discos compactos
   b. buscadores
   c. controles remotos

4.  Paco no se acuerda de la _____ de su amigo Héctor.
   a. dirección electrónica
   b. arroba
   c. conexión inalámbrica

5.  Quiero comprarme una _____ nueva con escáner.
   a. aplicación
   b. pantalla
   c. impresora

| **141** | **Lección 2** Test E

Tests

3 ¿Por o para? Fill in the blanks with **por** or **para**. (6 x 1 pt. each = 6 pts.)

1. ¿Dónde está el control remoto _____ prender el televisor?

2. Con este televisor se puede navegar _____ Internet.

3. Sonia sale _____ Buenos Aires mañana.

4. Jacobo fue a casa de Javier _____ su computadora portátil.

5. Esta mañana pasamos _____ tu casa.

6. Este teléfono también sirve _____ sacar fotos.

4 Completar Fill in the blanks with the familiar command form of the verbs. (6 x 1 pt. each = 6 pts.)

1. Por favor, _____ (ir) a casa de Juan y pídele mi libro.

2. No _____ _____ (preocuparse). Aquí tengo el navegador GPS.

3. Javier, _____ (apagar) el televisor, que es muy tarde.

4. No _____ (volver) a decir eso.

5. Cristina, _____ (quedarse) en casa esta tarde.

6. Juan Carlos, _____ (hacer) la tarea ahora mismo.

5 ¿Se o nos? Fill in the blanks with **se** or **nos**. (6 x 1 pt. each = 6 pts.)

1. Cuando _____ vimos en la calle nos besamos.

2. Tu compañero y tú _____ ayudan mutuamente.

3. Alejandra y yo _____ encontramos en una red social.

4. Los novios _____ miraron a los ojos.

5. Jacobo y Ana _____ escuchan cuando tienen problemas.

6. Omar y yo _____ saludamos en el corredor entre clases.

| 142 | **Lección 2**   Test E

6 Emparejar Match each sentence in column A with the equivalent sentence in column B.
(5 x 2 pts. each = 10 pts.)

modelo

Son las impresoras de nosotros. ⟶ Son nuestras.

A

_____ 1. Es la computadora de Raquel y de Pilar.

_____ 2. Son mis archivos.

_____ 3. Es el navegador GPS de Darío.

_____ 4. Es el televisor de Juan y mío.

_____ 5. Son tus reproductores de MP3.

B

a. Es suyo.

b. Es nuestro.

c. Es suya.

d. Son tuyos.

e. Son míos.

7 Escribir Fill in the blanks with the appropriate reciprocal reflexives. (5 x 2 pts. each = 10 pts.)

Presente

1. Ana y Ricardo _____ (*write each other*) mensajes electrónicos.

2. Isabel y yo _____ (*help each other*) con la tarea de química.

3. Inés y tú _____ (*call each other*) por teléfono todos los días.

Pretérito

4. Mario y tú _____ (*saw each other*) en el cibercafé Conexiones.

5. Genaro y yo _____ (*met*) en el cine de la calle Europa.

8 Completar Complete the chart with the missing familiar commands. (5 x 2 pts. each = 10 pts.)

Infinitive	Affirmative	Negative
prender	prende	no prendas
hacer	(1)	(2)
dar		(3)
poner	(4)	
ir		(5)

| 143 | **Lección 2** Test E

9 Completar Select the appropriate word or phrase. (7 x 2 pts. each = 14 pts.)

Ana y Javier salieron de casa (1) (por/para/de) comprar una impresora. Llegaron a casa con (2) (mi/tu/su) impresora nueva y leyeron las instrucciones: "Abre (3) (la aplicación/la arroba/el teclado) en (4) (mi/tu/su) computadora. Luego conecta el cable USB. Sigue las instrucciones de la pantalla y haz una prueba de impresión (*printing*)".

Ana y Javier (5) (te/nos/se) miraron. ¡La impresora no funcionaba! Llamaron al servicio técnico (*technical support*) y después de estar al teléfono (6) (por/para/con) dos horas, la impresora funcionó. Y Ana y Javier (7) (se/nos/me) abrazaron de alegría.

10 Lectura Read the public service announcement, then fill in the blanks with the appropriate words. (6 x 3 pts. each = 18 pts.)

Conducir mientras nieva es muy difícil. En primer lugar, las carreteras están resbalosas (*slippery*). Además, muchas gasolineras están cerradas y no puedes llenar el tanque de tu carro. Y quedarse sin gasolina cuando está nevando no es divertido. Antes de salir, es importante abrir el capó y ver si tienes líquido (*liquid*) para limpiar (*to clean*) el parabrisas. Si tienes que conducir, hazlo con mucho cuidado. Revisa si tienes llantas en buenas condiciones (*condition*). Trata de manejar por autopistas y no manejes por calles pequeñas. Y ve por debajo de la velocidad máxima. Y si no hay visibilidad (*visibility*) mientras conduces, para el carro en un lugar seguro.

1. Es muy _____ conducir cuando está nevando.
   a. fácil   b. bueno   c. difícil

2. Cuando las gasolineras están cerradas, no puedes _____ el tanque.
   a. arreglar   b. subir   c. llenar

3. Se debe abrir el _____ para ver si hay líquido para el parabrisas.
   a. capó   b. taller   c. volante

4. Si se tiene que _____, se debe ir con mucho cuidado.
   a. parar   b. conducir   c. bajar

5. Es mejor ir por _____ que por calles pequeñas.
   a. autopistas   b. tráfico   c. la velocidad máxima

6. Cuando no hay visibilidad, tienes que _____ el carro.
   a. arrancar   b. arreglar   c. parar

     Lección 2 Test E

TEST F   Lección 2

1 Escuchar Read the statements. Then listen to the description of Hispaplan and select the appropriate answers. (5 x 2 pts. each = 10 pts.)

1. Hispaplan es _____.
   a. un plan de teléfono celular   b. un plan de cibercafé   c. un programa

2. Con Hispaplan puedes _____.
   a. tomar fotos   b. jugar videojuegos   c. hacer llamadas

3. Tienes opción de tener _____ en tu plan o no.
   a. llamadas internacionales   b. mensajes de voz   c. conexión a Internet

4. Puedes hablar 300 minutos al mes con _____.
   a. Hispaplan básico   b. Hispaplan básico e Hispaplan Internet   c. Hispaplan Internet

5. Hispaplan Internet cuesta _____.
   a. 69.99 dólares   b. 49.99 dólares   c. 55.99 dólares

2 Escoger Select the appropriate word or phrase. (5 x 2 pts. each = 10 pts.)

1.    ¿Qué es eso, un teléfono _____ o un navegador GPS?
   a. lento
   b. celular
   c. descompuesto

2.   ¡No funciona el _____ de mi computadora!
   a. monitor
   b. control remoto
   c. parabrisas

3.    Isabel paga 89 dólares al mes por su teléfono, Internet y _____.
   a. navegador GPS
   b. buscador
   c. estéreo

4.    Antonio abre el _____ para buscar la llanta.
   a. baúl
   b. capó
   c. volante

5.    ¡Por favor, cierra el _____ del carro!
   a. parabrisas
   b. volante
   c. capó

3 ¿Por o para? Fill in the blanks with **por** or **para**. (6 x 1 pt. each = 6 pts.)

1. Esta cámara también sirve _____ sacar videos.

2. ¿Se puede usar esa llave _____ arrancar el carro?

3. Con este teléfono se puede navegar _____ Internet.

4. Este navegador GPS es _____ Pablo.

5. Andrés fue _____ su computadora portátil.

6. Ayer pasamos _____ la casa de Jesús.

4 Completar Fill in the blanks with the familiar command form of the verbs. (6 x 1 pt. each = 6 pts.)

1. Ricardo, _____ (hacer) las tareas ahora mismo.

2. Por favor, _____ (ir) a casa de Marta y pídele mi computadora portátil.

3. _____ (Despedirse), Martita, ya nos vamos.

4. Javier, _____ (apagar) el televisor que es muy tarde.

5. No _____ (volver) tarde. Vamos a cenar con mis amigos.

6. Cristina, no _____ (poner) el estéreo en el escritorio.

5 ¿Se o nos? Fill in the blanks with **se** or **nos**. (6 x 1 pt. each = 6 pts.)

1. Carlota _____ miró al espejo mil veces.

2. Cuando _____ vimos en el autobús, nos besamos.

3. Los buenos amigos _____ ayudan mutuamente.

4. Alicia y yo _____ encontramos en el cine.

5. Raúl y Ana _____ miraron a los ojos.

6. Andrea y José _____ abrazaron de alegría.

6 Emparejar Match each sentence in column A with the equivalent sentence in column B.
(5 x 2 pts. each = 10 pts.)

> **modelo**
> Son las impresoras de nosotros. ⟶ Son nuestras.

	A		**B**
_____	1. Es el monitor de Juan y mío.		a. Es suyo.
_____	2. Es el reproductor de MP3 de Darío.		b. Es nuestro.
_____	3. Son mis discos compactos.		c. Es suya.
_____	4. Son tus navegadores GPS.		d. Son tuyos.
_____	5. Es la impresora de Inés y Dalia.		e. Son míos.

7 Escribir Fill in the blanks with the appropriate reciprocal reflexives. (5 x 2 pts. each = 10 pts.)

Presente

1. Paco y Leticia _____ (*see each other*) en el taller de don Emilio.

2. Sergio y yo _____ (*write each other*) mensajes electrónicos.

3. Nadia y tú _____ (*call each other*) por teléfono todos los sábados.

Pretérito

4. Álvaro y yo _____ (*met*) en el café París.

5. Elvira y Carlos _____ (*helped each other*) con la tarea de matemáticas.

8 Completar Complete the chart with the missing familiar commands. (5 x 2 pts. each = 10 pts.)

Infinitive	Affirmative	Negative
prender	prende	no prendas
poner	(1)	
ir		(2)
hacer	(3)	(4)
dar		(5)

Tests

9 Completar Select the appropriate word or phrase. (7 x 2 pts. each = 14 pts.)

> Elisa y Óscar pasaban (1) (por/para/de) una tienda cuando pensaron en comprar un programa de computación. Llegaron a casa con el (2) (ratón/celular/buscador) y leyeron las instrucciones: "Abre la aplicación (3) (mío/tuyo/suyo) en tu computadora. Luego sigue las instrucciones de la (4) (pantalla/impresora/red)".
>
> Elisa y Óscar (5) (te/nos/se) miraron. ¡El programa no funcionaba! Llamaron al servicio técnico (*technical support*) y después de estar al teléfono (6) (por/para/con) una hora, el programa funcionó. Y Elisa y Óscar se (7) (saludaron/abrazaron/conocieron) de alegría.

10 Lectura Read the public service announcement, then select the appropriate word to complete each sentence. (6 x 3 pts. each = 18 pts.)

> Conducir durante la temporada de lluvias es difícil. En primer lugar, hay mucha agua en las calles y puede haber inundaciones (*floods*). Maneja a una distancia (*distance*) segura de otros carros. Durante esa temporada, es importante tener limpio el parabrisas y revisar que los limpiaparabrisas (*windshield wipers*) funcionan bien. Si tienes que conducir, hazlo con mucho cuidado. Revisa si tienes llantas en buenas condiciones (*condition*). Trata de manejar por autopistas grandes y no manejes por pasos subterráneos (*underpasses*). Ve por debajo de la velocidad máxima. Y si no hay visibilidad (*visibility*) mientras conduces, para el carro en un lugar seguro.

1. Es difícil conducir durante la temporada de _____.
   a. verano   b. lluvias   c. vientos

2. Hay mucha agua en las _____.
   a. calles   b. llantas   c. parabrisas

3. Se debe manejar a una distancia segura de _____.
   a. otras gasolineras   b. otras autopistas   c. otros carros

4. Si se tiene que conducir, se debe _____ con mucho cuidado.
   a. hacer   b. parar   c. bajar

5. No es bueno _____ por pasos subterráneos.
   a. estacionar   b. arreglar   c. manejar

6. Cuando no hay visibilidad, _____ parar el carro.
   a. se vuelve a   b. se debe   c. hay que subir y

TEST A   ## Lección 3

1 Escuchar Listen to the voicemail message that Víctor's mother left. Then mark each statement as **cierto** or **falso**. (5 x 2 pts. each = 10 pts.)

	Cierto	Falso
1. La mamá de Víctor lo llama desde su oficina.	_____	_____
2. Si Víctor no puede llevar el cuadro, no hay ningún problema.	_____	_____
3. Víctor sabe el número de teléfono celular de su mamá.	_____	_____
4. La mamá de Víctor deja el mensaje por la noche.	_____	_____
5. Las cosas que necesita la mamá de Víctor están en una tienda.	_____	_____

2 Cosas de casa Identify the objects and write a sentence saying how you use them. You can use your imagination, but the sentences must be logical. (5 x 2 pts. each = 10 pts.)

modelo

Es un cuchillo. Se usa para comer la carne.

 1.

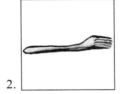 2.

 3.

 4.

 5.

1. _____
_____
2. _____
_____
3. _____
_____
4. _____
_____
5. _____
_____

Tests

3 Mi casa Laura just bought her first home. Read what she tells you about it, and fill in the blanks in her description using **que**, **quien**, **quienes**, and **lo que**. (10 x 2 pts. = 20 pts.)

La semana pasada compré la casa ideal. No, no es idéntica a la (1) _____ había en la revista *Las casas más bonitas del mundo*, pero tiene todo (2) _____ yo quiero en una casa. Tiene todos los detalles (*details*) (3) _____ a mí me gustan: jardín, balcón y ¡hasta un altillo! Antes aquí vivía un pintor (*painter*), a (4) _____ conocí cuando vine a ver la casa hace unos meses. Él me dijo que compró la casa hace cinco años, pero que los Rosas, (5) _____ vivían allí antes que él, no se preocupaban mucho por decorar (*decorate*) la casa. El pintor dice que Mariam, (6) _____ es la hija de los Rosas, se ocupaba de la casa. La casa tiene tres dormitorios y yo voy a dormir en el (7) _____ tiene un cuadro de color azul, exactamente como el mar. (8) _____ me dijo el pintor es que tengo que hacer una fiesta para sus amigos, (9) _____ también son pintores. Así ellos pueden pintar el jardín. Yo le contesté que (10) _____ voy a hacer es invitar a todos los artistas que conozco para decorar la casa entre todos.

4 Preguntas Imagine your family just relocated to a new city. Using your imagination, answer the movers' questions with formal commands. (6 x 3 pts. each = 18 pts.)

1. ¿Qué debemos hacer primero? _____

   _____

2. ¿Qué debemos poner en el altillo? _____

   _____

3. ¿Qué muebles deben ir en los dormitorios? _____

   _____

4. ¿Qué cosas van en la cocina? _____

   _____

5. Tengo aquí una alfombra verde. ¿Dónde la pongo? _____

   _____

6. ¿Qué debemos hacer antes de irnos? _____

   _____

5 Lectura Read the article and answer the questions using complete sentences. (6 x 3 pts. each = 18 pts.)

Si acaba de comprar una casa o un apartamento, es importante que piense cómo quiere que se vea antes de pintar[1] o poner muebles. Es necesario que se pregunte:

• ¿Quién o quiénes van a vivir en la casa? ¿Personas jóvenes, mayores, una familia?

• ¿Cómo son sus estilos de vida? ¿Reciben muchas visitas? ¿Alguien trabaja en casa?

• ¿Cuánto tiempo piensan vivir en la casa? ¿Es temporal o permanente?

Después de responder a estas preguntas, va a tener una idea más clara de lo que debe considerar al decorar[2]. Si la casa no tiene mucha luz natural, ponga detalles con colores vivos[3], que son los más recomendados para darle más luz a la casa. Si tiene mucho espacio, pinte algunas paredes de colores vivos. Por el contrario, si es un apartamento pequeño, use colores como el blanco, el amarillo o el rosado. Compre revistas de decoración y busque fotos de muebles que le gusten. No es necesario que sean fotos de habitaciones completas. Una lámpara, un sofá o una mesa de estilo original pueden cambiar el ambiente de toda una casa. Es importante que use la imaginación, pero no haga cambios[4] si no está totalmente seguro/a. Si no le gusta el resultado, puede sentirse muy mal en su casa. Escuche lo que le sugieren sus amigos, pero recuerde: usted es quien va a pasar más tiempo allí y es importante que se sienta cómodo/a y, sobre todo, que se sienta en casa.

[1]to paint [2]to decorate [3]bright [4]changes

1. ¿Para qué tipo de personas es este artículo?

_____

2. ¿Para qué sirven los colores vivos?

_____

3. ¿Dónde se pueden encontrar ideas para decorar la casa?

_____

4. ¿Recomienda el autor que la persona escuche la opinión de sus amigos?

_____

5. ¿Por qué es importante que la persona se sienta cómoda en la casa?

_____

6. ¿Qué dice el autor con respecto a los cambios (*changes*)?

_____

Tests

6 Mi casa ideal Write a paragraph describing the rooms, furniture, interior, and exterior of your dream house. Use the subjunctive and include four prompts from the box. (10 pts. for vocabulary + 10 pts. for grammar + 4 pts. for style and creativity = 24 pts.)

es bueno que	insisto en que
es importante que	recomiendo que
es necesario que	sugiero que

_____

_____

_____

_____

_____

_____

_____

_____

_____

_____

_____

_____

_____

_____

_____

_____

_____

_____

_____

_____

_____

Tests

TEST B   Lección 3

1 Escuchar Listen to the voicemail message that Marta left for her roommates Rosa and Beatriz. Then mark each statement as **cierto** or **falso**. (5 x 2 pts. each = 10 pts.)

	Cierto	Falso
1. Marta va a ayudar a Rosa y a Beatriz con unos quehaceres.	_____	_____
2. Marta quiere ponerse un suéter de Rosa para la fiesta.	_____	_____
3. Antes de salir esta mañana, Marta limpió toda la casa.	_____	_____
4. Marta no es muy considerada con sus compañeras de apartamento.	_____	_____
5. El chico favorito de Marta no va a asistir a la fiesta.	_____	_____

2 Mis cosas Identify the objects and write a sentence saying how you use them. You can use your imagination, but the sentences must be logical. (5 x 2 pts. each = 10 pts.)

modelo

Es un refrigerador. Se pone en la cocina y se guarda la comida adentro.

  1.
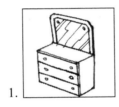 2.
 3.
 4.
 5.

1. _____
2. _____
3. _____
4. _____
5. _____

3 Un nuevo hogar (*home*) Jaime and Raquel are getting divorced. Read his note and fill in the blanks using **que, quien, quienes,** and **lo que**. (10 x 2 pts. each = 20 pts.)

> Raquel:
>
> Creo que ya no importa (1) _____ nos hizo divorciarnos. (2) _____ pasó
> entre nosotros fue maravilloso. (3) _____ nos conocen a los dos saben que fuimos muy
> felices juntos.
>
> No quiero molestarte, pero es necesario que vaya por algunas cosas (4) _____ dejé en
> el apartamento. Ya tengo (5) _____ me enviaste (*sent to me*) el sábado. Ahora quiero
> llevarme mis otras cosas (6) _____ están en la sala pequeñita. Si no te importa, te ruego
> que me regales el disco de Calle 13 (7) _____ te compré para tu cumpleaños, pero no
> te gustó. Creo que está en el armario del dormitorio. (8) _____ hay a la derecha del disco
> es para ti. Finalmente, diles a (9) _____ me llamen a casa que ya tengo un número nuevo.
> Está escrito en tu cuaderno amarillo, el (10) _____ te gusta tanto. Gracias por todo,
> hasta pronto.

4 Preguntas Your older brother and his new wife need a lot of advice. Answer their questions using formal commands. (6 x 3 pts. each = 18 pts.)

1. ¿Qué muebles debemos escoger primero? _____

   _____

2. ¿Qué cosas debemos comprar para la cocina? _____

   _____

3. ¿Qué nos recomiendas que hagamos si no estamos de acuerdo sobre los colores para las paredes?

   _____

4. ¿Es mejor que hagamos una lista de lo que necesitamos o ir comprando poco a poco? _____

   _____

5. ¿Qué debemos hacer si nos gustan muebles diferentes? _____

   _____

6. ¿Qué quehaceres debemos hacer cada semana? _____

   _____

5 Lectura Read the article and answer the questions using complete sentences. (6 x 3 pts. each = 18 pts.)

¿Tiene usted problemas para hacer los quehaceres? ¿Alguien siempre los hizo por usted?

Hay muchas personas que tienen un problema doméstico: nunca aprendieron a limpiar una casa y, cuando viven solas[1] o nadie las ayuda, no saben por dónde empezar. Si éste es su caso, no se preocupe. En Centro Limpio tenemos unos consejos básicos para aprender todo lo que necesita sobre cómo limpiar una casa.

Primero, abra las ventanas para dejar entrar el aire fresco. Después, camine por la casa y sacuda los muebles. Lave el suelo de la cocina. Después, pase la aspiradora en los otros cuartos. Revise los baños y límpielos con un producto desinfectante. Prenda la lavadora mientras limpia las habitaciones. No deje la ropa en la lavadora. Póngala inmediatamente en la secadora para que no se arrugue[2]. Haga la cama y quite la mesa, si todavía hay platos o vasos encima de ella. Hay otras cosas que puede hacer una vez a la semana, como limpiar las ventanas o lavar la estufa. Es bueno que escriba una lista de los quehaceres domésticos y que haga algunas tareas cada día; así, no tiene que limpiar todo en un día entero y va a tener más tiempo para disfrutar de su casa.

Y ya lo sabe, si realmente no quiere limpiar, llame al 520 3025 y en poco tiempo, uno de nuestros equipos de limpieza[3] va a estar en su puerta.

[1]alone [2]wrinkle [3]cleaning

1. ¿Para qué tipo de personas es este artículo?

   _____

   _____

2. Antes de limpiar la casa, ¿qué es lo primero que se recomienda hacer?

   _____

   _____

3. ¿Qué tipo de productos se deben usar para limpiar los baños?

   _____

   _____

4. Hay quehaceres que no es necesario hacer diariamente. ¿Cuáles son?

   _____

   _____

5. ¿Por qué es bueno hacer una lista de todos los quehaceres?

   _____

   _____

6. ¿Qué pueden hacer los lectores (*readers*) si no les gusta limpiar?

   _____

   _____

Tests

6 Un apartamento en la playa Write a paragraph describing the rooms, furniture, interior, and exterior of an ideal luxury beach apartment. Use the subjunctive and include four prompts from the box. (10 pts. for vocabulary + 10 pts. for grammar + 4 pts. for style and creativity = 24 pts.)

es bueno que	insisto en que
es importante que	recomiendo que
es necesario que	sugiero que

_____

_____

_____

_____

_____

_____

_____

_____

_____

_____

_____

_____

_____

_____

_____

_____

_____

_____

_____

_____

TEST C

Lección 3

1 Escuchar You will hear five personal questions. Answer them with Spanish sentences.
(5 x 2 pts. each = 10 pts.)

1. _____
2. _____
3. _____
4. _____
5. _____

2 La casa For each picture, identify the room from the list of words, and tell the cleaning people two things they must do, using formal commands. Do not repeat chores. (3 x 5 pts. each = 15 pts.)

 1.

 2.

arreglar el armario	lavar el suelo
cocina	limpiar la mesa
comedor	pasar la aspiradora
dormitorio	planchar la ropa
hacer la cama	sacudir los muebles
lavar los platos	sala

 3.

1. _____

   _____

2. _____

   _____

3. _____

   _____

Tests

3 Lectura Read the suggestions from the university's president and then answer the questions using complete sentences. (5 x 2 pts. each = 10 pts.)

> Es importante que diseñen[1] el dormitorio pensando en las necesidades de los estudiantes. Quiero que pongan las habitaciones de las chicas en el segundo piso. Este piso debe tener tres baños, y los demás, sólo dos. Las habitaciones de los chicos pueden estar en el tercer piso o en el primero. Quiero que haya dos lavadoras y dos secadoras en cada piso. Además, quiero que pongan tres lavadoras y tres secadoras más en el sótano. Por las noches, sólo se permite lavar la ropa en el sótano; no se debe molestar a los estudiantes que duermen. En la cocina es necesario que tengan dos cafeteras, dos tostadoras y seis hornos de microondas. Los estudiantes comen comida rápida y les gusta mucho usar el microondas. Finalmente, quiero que la luz sea automática, es decir, que se prenda y se apague sola[2]. Los estudiantes nunca recuerdan que la luz cuesta mucho dinero.

[1] design   [2] by itself

1. Para el rector (*president*), ¿qué es lo más importante al diseñar (*to design*) el dormitorio? _____

2. ¿En qué piso van a estar las habitaciones de las chicas? _____

3. ¿Para qué es necesario que haya lavadoras y secadoras en el sótano? _____

4. ¿Qué tipo de comida piensa el rector que prefieren los estudiantes? _____

5. ¿Por qué es necesario que la luz del dormitorio sea automática? _____

4 Un(a) experto/a Write a paragraph telling someone how to decorate or design a new house. Use formal commands and include the subjunctive in at least three of the suggestions. (6 pts. for vocabulary + 6 pts. for grammar + 3 pts. for style and creativity = 15 pts.)

TEST D   Lección 3

1 **Escuchar** You will hear five personal questions. Answer them with Spanish sentences.
  (5 x 2 pts. each = 10 pts)

1. _____
2. _____
3. _____
4. _____
5. _____

2 **El apartamento** For each picture, identify the room from the list of words, and tell the cleaning people two things they must do, using formal commands. Do not repeat chores. (3 x 5 pts. each = 15 pts.)

1.

2.

arreglar el armario	**lavar las toallas**
baño	**limpiar la mesa**
barrer el suelo	**ordenar los libros**
cocina	**pasar la aspiradora**
dormitorio	**sacudir los muebles**
hacer la cama	**sala**

3.

1. _____
   _____
2. _____
   _____
3. _____
   _____

Tests

3 Lectura Read this advertisement and answer the questions using complete sentences.
(5 x 2 pts. each = 10 pts.)

¿Quiere cambiar de vivienda? En TODOSOL tenemos lo que usted y su familia buscan. TODOSOL es un nuevo edificio en donde los apartamentos tienen cocinas grandes y con mucha luz, baños completos, balcón, entrada privada, patio y ¡sótano o altillo! Si su familia es grande, le recomendamos nuestros apartamentos *deluxe*, que tienen cuatro dormitorios. Al mudarse, no traiga sus muebles; incluso[1] venda su lavadora y su secadora. En TODOSOL no va a necesitar nada de esto porque cada apartamento ya tiene los muebles, electrodomésticos y utensilios más modernos. En nuestros apartamentos va a encontrar desde una simple cafetera hasta un juego de vajilla[2] completo, no importa si compra o si alquila. Si alquila, además, la luz es parte del alquiler. TODOSOL también ofrece servicio de limpieza[3], que incluye lavar y planchar la ropa. No lo dude más, venga con su familia a ver nuestros apartamentos. Aproveche esta oportunidad, ¡sólo va a tener que mudarse!

[1] *even* [2] *set of dishes* [3] *cleaning service*

1. ¿Qué tipo de apartamentos se describen, para alquilar o para comprar? _____
   _____

2. ¿Hay una entrada para cada apartamento o una entrada para todos? _____
   _____

3. ¿Qué recomienda el anuncio (*advertisement*) que haga el/la cliente/a con sus muebles? _____
   _____

4. ¿Qué es lo que se recomienda para una familia grande? _____
   _____

5. ¿Qué otras cosas son parte del alquiler de un apartamento? _____
   _____

4 Un(a) experto/a Write a paragraph with suggestions for cleaning and setting up a new apartment. Use formal commands and include the subjunctive in at least three of the suggestions. (6 pts. for vocabulary + 6 pts. for grammar + 3 pts. for style = 15 pts.)

_____
_____
_____
_____
_____
_____
_____
_____
_____
_____
_____
_____

Tests

TEST E   Lección 3

1 Escuchar Read the statements. Then listen to the voicemail message left for Mrs. Rivas, who is a real estate agent. Indicate whether each statement is **cierto** or **falso**. (5 x 2 pts. each = 10 pts.)

	Cierto	Falso
1. Ernesto y su familia viven en las afueras de Chicago.	_____	_____
2. Ellos quieren quedarse en su apartamento.	_____	_____
3. Quieren una casa con tres dormitorios.	_____	_____
4. Prefieren que la sala sea grande.	_____	_____
5. Es importante que la casa tenga jardín.	_____	_____

2 Completar Fill in the blanks with words from the box. (5 x 2 pts. each = 10 pts.)

habitación	lavaplatos	planchar	polvo	sacar

1. A Rebeca le gusta quitar el _____ de los muebles.

2. Ella siempre tiene que _____ la basura los martes por la mañana.

3. En casa de Juan no hay _____, así que tiene que lavarlos a mano.

4. Les ruego que arreglen su _____ ahora mismo.

5. Me encanta _____ la ropa.

Tests

3 Seleccionar Select the appropriate relative pronoun. (6 x 1 pt. each = 6 pts.)

1. El estante (que/quien) yo vi era más pequeño.
2. Ésos son los chicos de (lo que/quienes) te hablé.
3. Javi, (lo que/que) yo quiero es una lavadora nueva.
4. Las cortinas (que/quienes) compré ayer son muy lindas.
5. (Quien/Lo que) necesitamos es un congelador más grande.
6. Marcela, (quien/lo que) es de Argentina, cocina muy bien.

4 Escoger Select the appropriate formal commands. (6 x 1 pt. each = 6 pts.)

1. Chicas, (haga/hagas/hagan) la comida pero, por favor, no ensucien mucho.
2. Amigos, (compre/compres/compren) la carne para la cena.
3. Don Alberto, (saque/saques/saquen) la basura por la puerta de atrás.
4. Señor Benítez, (almuerce/almuerces/almuercen) con nosotros, por favor.
5. Muchachos, (ponga/pongas/pongan) la mesa ahora mismo.
6. Doña Felicia, no (ensucie/ensucies/ensucien) el suelo con esas botas.

5 Opciones Select the appropriate verb form. (6 x 1 pt. each = 6 pts.)

1. Es importante que Sandra _____ su habitación.

   a. arreglen   b. arregles   c. arregle   d. arregla

2. Chicos, por favor _____ sus camas ahora mismo.

   a. hagan   b. hagas   c. haga   d. hacen

3. Es bueno que ustedes _____ lo que quieren para cenar.

   a. pienses   b. pensemos   c. piensen   d. piensan

4. Es bueno que tú _____ a cocinar arroz con pollo.

   a. vuelva   b. vuelvas   c. vuelvan   d. vuelves

5. Es malo que usted _____ con esta lluvia.

   a. conduces   b. conduzca   c. conduzcas   d. conduce

6. ¿Quieres que yo _____ la aspiradora?

   a. pase   b. pasemos   c. paso   d. pases

6 Oraciones Fill in the blanks with the present subjunctive form of the verbs. (5 x 2 pts. each = 10 pts.)

1. Prefiero que nosotras _____ (volver) a leer la lección.

2. Les aconsejo que _____ (recoger) su habitación.

3. Nadia, necesito que _____ (hacer) tu cama ahora mismo.

4. Insisto en que nosotros _____ (terminar) nuestros quehaceres.

5. Te recomiendo que no _____ (conducir) con esta lluvia.

7 Completar Fill in the blanks with the formal command form of the verbs. (5 x 2 pts. each = 10 pts.)

1. Hijos, _____ (ir) a comprar la leche.

2. Niñas, no _____ _____ (ponerse) las chaquetas todavía.

3. Señorita Graciela, _____ (cerrar) las ventanas.

4. Don Ramiro, _____ (sentarse) en aquel sillón.

5. Amigas, no _____ (ser) tan antipáticas con mi novio.

8 Fin de semana Read the note that Manuel's parents left for him and fill in the blanks with the appropriate form of the verbs. (5 x 2 pts. each = 10 pts.)

Manuel:
Antes de que tu padre y yo (1) _____ (volver) de nuestro viaje,
quiero que tú y Carlos (2) _____ (hacer) algunos quehaceres.
Es necesario que tú (3) _____ (pasar) la aspiradora por toda
la casa. Dile a tu hermano que (4) _____ (quitar) el polvo de
los estantes de la sala. Y por favor, tengan cuidado cuando cocinen, no quiero que
(5) _____ (lastimarse).
Los queremos mucho,
mamá y papá

Tests

9 Completar Fill in the blanks with words from the box. (7 x 2 pts. each = 14 pts.)

aspiradora	haga	limpien	lo que	quehaceres	quien	seamos

Lavar los platos después de cenar es (1) _____ menos me gusta.

Tampoco me gustan los otros (2) _____, pero es necesario

que los (3) _____. A mi compañero de clase Lucas,

(4) _____ es de Panamá, no le molesta lavar los platos o limpiar

la cocina. Yo prefiero pasar la (5) _____ y sacudir los muebles.

Yo creo que es muy bueno que nosotros (6) _____ ordenados.

Por eso, les recomiendo que ustedes también (7) _____

su casa frecuentemente.

10 Lectura Read this online post for a roommate and answer the questions. (6 x 3 pts. each = 18 pts.)

Se busca compañero de apartamento

Somos dos estudiantes de la Universidad de las Américas. Necesitamos un compañero de apartamento que sea ordenado y limpio. También es importante que sea inteligente y que le guste la música *rock*. Lo que no queremos es un chico antipático o perezoso (*lazy*). El apartamento es de tres habitaciones, dos baños y una cocina muy grande con electrodomésticos nuevos. La habitación que está vacía (*empty*) tiene una cama y una cómoda nueva. En el edificio hay siete apartamentos más y el nuestro está en el segundo piso. También hay dos lavadoras y dos secadoras en el sótano. Si te interesa, puedes llamar al 55-24-60-93 y preguntar por Paco.

1. ¿Cuántos chicos van a vivir en el apartamento?
   a. tres
   b. cuatro
   c. cinco

2. ¿Cómo debe ser el nuevo compañero?
   a. perezoso y alegre
   b. limpio y nervioso
   c. ordenado e inteligente

3. ¿Qué les gusta a estos chicos?
   a. la música *rock*
   b. el barrio
   c. las motocicletas

4. Si alquilas la habitación, ¿qué no necesitas llevar al apartamento?
   a. un estante
   b. una cama
   c. tu ropa

5. ¿Cuántos apartamentos hay en el edificio?
   a. seis
   b. siete
   c. ocho

6. ¿Qué hay en el sótano?
   a. electrodomésticos nuevos
   b. lavadoras y secadoras
   c. dos apartamentos

TEST F   Lección 3

1 Escuchar Read the statements. Then listen to the voicemail message left for Mr. Jiménez, who is a real estate agent. Indicate whether each statement is **cierto** or **falso**. (5 x 2 pts. each = 10 pts.)

	Cierto	Falso
1. El dueño quiere que Ignacio compre el apartamento.	_____	_____
2. Ignacio necesita alquilar un apartamento.	_____	_____
3. A él no le importa que la cocina y el cuarto de baño sean pequeños.	_____	_____
4. Ignacio y su esposa quieren vivir en un sótano.	_____	_____
5. Ignacio necesita que las escaleras y los pasillos del edificio tengan espacio.	_____	_____

2 Imágenes Fill in the blanks with words from the box. (5 x 2 pts. each = 10 pts.)

lavaplatos	planchar	quitar	ruego	sacar

1. En casa de Guillermo no hay _____, entonces tiene que lavarlos a mano.

2. Laura siempre tiene que _____ la basura los martes por la mañana.

3. A ella no le molesta _____ el polvo de los muebles.

4. Me encanta _____ la ropa.

5. Les _____ que arreglen su habitación ahora mismo.

3 Seleccionar Select the appropriate relative pronoun. (6 x 1 pt. each = 6 pts.)

1. No necesito otro refrigerador. (Que/Lo que) necesito es un congelador más grande.
2. Las cortinas (quien/que) yo vi eran más largas.
3. Ésas son las chicas de (lo que/quienes) te hablé.
4. Ricardo, (que/lo que) necesitamos es limpiar la casa.
5. El sillón (quien/que) me regalaron es muy cómodo.
6. Santiago, (lo que/quien) es de Perú, cocina muy bien.

4 Escoger Select the appropriate formal commands. (6 x 1 pt. each = 6 pts.)

1. Señores, (saque/saques/saquen) la basura antes de las siete de la noche.
2. Está bien, chicos, (haga/hagas/hagan) galletas pero, por favor, no ensucien mucho.
3. Manuel, (quite/quites/quiten) el polvo de los estantes y la mesita.
4. Se los ruego, muchachos, no (ensucie/ensucies/ensucien) el suelo con esos zapatos.
5. Ana María, (ponga/pongas/pongan) la carne en el horno.
6. Chicas, por favor (barra/barras/barran) el suelo ya.

5 Opciones Select the appropriate verb form. (6 x 1 pt. each = 6 pts.)

1. ¿Quieres que yo te _____ algo?

   a. traiga   b. traigan   c. traigamos   d. traigo

2. Señoritas, _____ lo que quieren para almorzar.

   a. piensan   b. piense   c. piensen   d. piensa

3. Le ruego que no _____ usted con esta lluvia.

   a. conduzcas   b. conduzca   c. conduzcan   d. conduce

4. Te aconsejo que _____ su habitación.

   a. arreglan   b. arreglen   c. arregles   d. arreglas

5. Por favor, niños, _____ sus camas ahora mismo.

   a. hagan   b. hacen   c. hagas   d. haga

6. Quiero que Toño _____ a cocinar arroz con pollo.

   a. volver   b. vuelva   c. vuelve   d. volvamos

     Lección 3   Test F

6 Oraciones Fill in the blanks with the present subjunctive form of the verbs. (5 x 2 pts. each = 10 pts.)

1. Ana, te pido por favor que _____ (pensar) lo que quieres para desayunar.

2. Les ruego que no _____ (conducir) con esta nieve.

3. Te aconsejo que _____ (ir) a tu habitación.

4. Es importante que ellos _____ (terminar) su tarea cuanto antes.

5. Es necesario que nosotros _____ (volver) a visitar el Canal de Panamá.

7 Completar Fill in the blanks with the formal command form of the verbs. (5 x 2 pts. each = 10 pts.)

1. Don Adrián, _____ (levantarse) de ese sillón.

2. Amigos, no _____ (ser) tan antipáticos con mi novia.

3. Hijos, _____ (ir) a comprar los postres.

4. Señorita Amalia, _____ (abrir) la puerta.

5. Niños, no _____ _____ (quitarse) las chaquetas todavía.

8 Fin de semana Read the note that Carlos' parents left for him and fill in the blanks with the appropriate form of the verbs. (5 x 2 pts. each = 10 pts.)

Carlos:
Necesito pedirles algo a ti y a tu hermano antes de que tu padre y yo
(1) _____ (regresar) de nuestro viaje. Les ruego que
(2) _____ (limpiar) las ventanas. También necesito que tú
(3) _____ (pasar) la aspiradora por la alfombra del pasillo.
Es importante que tu hermano (4) _____ (sacudir) su estante.
¡Tiene mucho polvo! Y otra cosa, la computadora no funciona. Es urgente que (tú)
(5) _____ (llamar) a tu tío Benito para que la arregle.
Los queremos mucho,
papá y mamá

9 Los quehaceres Fill in the blanks with words from the box. (7 x 2 pts. each = 14 pts.)

aceptemos	haga	importante	pase	lo que	trabajen	quien

(1) _____ menos me gusta es lavar los platos después de cenar. Pero hay que hacerlo. No espero que mi madre (2) _____ la aspiradora en mi dormitorio o que (3) _____ mi cama. A mi madre, (4) _____ trabaja durante todo el día, tampoco le gusta limpiar. No me parece justo (*fair*) esperar que los demás (*others*) (5) _____ por mí. Es (6) _____ que todos (7) _____ nuestras responsabilidades.

10 Lectura Read this online post for a roommate and answer the questions. (6 x 3 pts. each = 18 pts.)

> **Se busca compañera de casa**
>
> Somos tres estudiantes de la Universidad de las Américas. Necesitamos una compañera que quiera vivir con nosotras en una casa vieja, pero muy grande y con mucha luz. Estamos buscando a una chica que sea simpática y amable. También es importante que sea ordenada y que le guste la música *pop*. Lo que no queremos es una chica perezosa (*lazy*) o aburrida. La casa es de cuatro habitaciones, tres baños y una cocina muy grande con electrodomésticos nuevos. El garaje es grande y ahí están la lavadora y la secadora. La habitación que está vacía (*empty*) tiene vista (*view*) a la playa. Nuestra calle es pequeña y tiene cinco casas más. Si te interesa, puedes llamar al 56-79-04-11 y preguntar por Silvia.

1. ¿Cuántas chicas van a vivir en la casa?
   a. tres   b. cuatro   c. cinco

2. ¿Cómo debe ser la nueva compañera?
   a. amable y ordenada   b. limpia y nerviosa   c. simpática e inteligente

3. ¿Qué les gusta a estas chicas?
   a. la playa   b. la música *pop*   c. las motocicletas

4. ¿Qué hay en el garaje?
   a. tres electrodomésticos nuevos b. un apartamento   c. una lavadora y una secadora

5. Si alquilas la habitación, ¿qué puedes ver desde la ventana?
   a. las cuatro habitaciones   b. el garaje   c. la playa

6. ¿Qué hay en el sótano?
   a. cinco   b. seis   c. siete

TEST A

Lección 4

1 Escuchar Listen to the radio advertisement for a camping site **(camping)** called **Bahía Azul** and complete the statements below. (5 x 2 pts. each = 10 pts.)

1. El camping está en _____.

2. Algunas de las actividades que puedes realizar allí son _____.

3. Para hacer una reservación _____
   _____.

4. Puedes conseguir tu boleto de entrada a mitad (*half*) de precio _____
   _____.

5. El camping está abierto _____.

2 Vocabulario Fill in the blanks with the appropriate vocabulary words. (12 x 1 pt. each = 12 pts.)

1. El _____ es un animal que vuela (*flies*) por el cielo.

2. Por el día vemos el sol; por la noche vemos la _____ y las estrellas.

3. La _____ es un animal que nos da leche.

4. Una montaña que tiene un cráter es un _____.

5. Una rosa es un tipo de _____.

6. La lluvia cae de las _____.

7. Con más de mil millones (*billion*) de personas, China e India combaten los problemas de
   la _____.

8. Una región donde no llueve nunca o casi nunca es un _____.

9. Los _____ son animales que viven en el agua.

10. Anoche vi un programa sobre _____ nuclear.

11. Para ir de excursión a las montañas, es importante seguir un _____.

12. Hay una ley que controla el número de _____ que se puede cortar
    en este bosque.

3 ¡Qué pena! Sara, an eight-year-old girl, is talking to her science teacher at school. Read the conversation and fill in the blanks with the appropriate indicative or subjunctive form of one of the verbs from the box. (10 x 2 pts. each = 20 pts.)

destruir	haber	preocuparse	saber	tener
encontrar	hablar	querer	ser	vivir

PROFESORA Sara, ¿por qué estás tan triste? ¿Tienes algún problema?

SARA No, profesora, es que mi mamá se enojó conmigo esta mañana porque tiré (*threw away*) unos papeles al suelo cuando caminaba por la calle.

PROFESORA Sara, seguro que tu mamá sólo te dice que no lo hagas para que (1) _____ lo importante que es mantener (*maintain*) limpia la ciudad.

SARA Pero eran sólo unos papeles...

PROFESORA Mira, Sara, te voy a contar una cosa antes de que (2) _____ demasiado tarde. ¿Te acuerdas cuando jugábamos en el parque de los pájaros?

SARA Sí, ¿por qué ya no vamos allí?

PROFESORA Pues, los pájaros necesitan que (3) _____ agua limpia en el lago para beber. También es importante que ellos (4) _____ árboles para vivir. Y sobre todo, es necesario que ellos (5) _____ un espacio libre.

SARA ¿Y en el parque no tienen esas cosas?

PROFESORA Ahora no. Las personas contaminaron toda el agua del parque y por eso los pájaros ya no (6) _____ allí.

SARA ¿Y no hay policías para que la gente no (7) _____ el parque?

PROFESORA Los policías no (8) _____ tener esa responsabilidad. Ésa es una responsabilidad de todas las personas. Por eso, es importante que tú (9) _____ con tus amigos y les expliques que es necesario que ellos también (10) _____ por ayudar a nuestros amigos los pájaros.

4 Preguntas Answer these questions using the subjunctive. (6 x 3 pts. each = 18 pts.)

1. ¿Qué le dices a una persona que caza animales en peligro de extinción? _____

2. La contaminación en las ciudades es muy seria. ¿Cómo podemos resolver esto? _____

3. ¿Qué puedes hacer tú para que tus amigos se preocupen más por cuidar el medio ambiente? _____

4. Nuestros recursos naturales se están terminando. ¿Qué podemos hacer con respecto a este problema? _____

5. ¿Qué sugieres para que haya menos animales en peligro de extinción? _____

6. ¿Qué es necesario que haga el gobierno para proteger la selva? _____

5 Lectura Read the poster and answer the questions using complete sentences. (6 x 3 pts. each = 18 pts.)

La protección y la conservación del medio ambiente son una responsabilidad que todos compartimos. Aunque pienses que tú solo/a no vas a resolver el problema, es necesario que todos hagamos algo. Aquí tienes algunas recomendaciones sobre lo que puedes hacer (y aconsejar que hagan tus parientes y amigos) para proteger nuestro planeta:

• No uses más agua de la que necesitas en tu casa.

• No tires[1] basura cuando vayas a un parque, a un río o a la playa.

• Habla con tus amigos para que reciclen el vidrio, el aluminio y el plástico.

• Organiza un grupo de reciclaje en tu comunidad y sugiere a tus amigos que hagan esto en sus ciudades.

• Planta un árbol cada estación y cuídalo para que se haga grande y bonito.

• Diles a tus parientes que participen[2] en programas de conservación.

• Participa en proyectos para descubrir nuevas formas de energía.

• No olvides que éste es tu planeta, protégelo de quienes lo destruyen.

Necesitamos tu ayuda y la ayuda de tus amigos. Sin su colaboración, es posible que nuestros niños no puedan jugar al aire libre y que no conozcan nunca muchos animales maravillosos que hoy se encuentran en peligro de extinción.

[1]*throw away*   [2] *participate*

1. ¿Cuál es el objetivo de este cartel?

_____

_____

2. Aunque pensemos que solos/as no podemos solucionar el problema, ¿qué pide el cartel que hagamos?

_____

_____

3. ¿Qué recomendaciones se incluyen para proteger la naturaleza?

_____

_____

4. ¿Qué se recomienda hacer con los diferentes tipos de basura?

_____

_____

5. ¿Qué tipo de grupos se aconseja organizar?

_____

_____

6. Si no colaboramos (*collaborate*), ¿qué consecuencias puede haber en el futuro?

_____

_____

Tests

6 Mis deseos Write a paragraph about the environment and what should be done to protect it. Use the subjunctive and conjunctions. (9 pts. for vocabulary + 9 pts. for grammar + 4 pts. for style and creativity = 22 pts.)

_____

_____

_____

_____

_____

_____

_____

_____

_____

_____

_____

_____

_____

_____

_____

_____

_____

_____

_____

_____

_____

Lección 4   Test A

TEST B   Lección 4

1 Escuchar Listen to the segment of a radio broadcast about the environment and complete the statements below. (5 x 2 pts. each = 10 pts.)

1. El camping está en _____.

2. Las plantas son necesarias para _____

   _____.

3. Lo que pasa con muchos animales es que _____

   _____.

4. Hay regiones que _____

   _____.

5. Para parar la deforestación _____.

2 Vocabulario Complete the sentences using vocabulary words. (12 x 1 pt. each = 12 pts.)

1. Una masa de agua que está rodeada (*surrounded*) de tierra es un

   _____.

2. La _____ ocurre cuando los bosques se destruyen.

3. Una región donde no llueve nunca o casi nunca es un

   _____.

4. Las nubes y el sol están en el _____.

5. Durante el día vemos el sol; por la noche vemos la luna y las

   _____.

6. La _____ es un animal que nos da leche.

7. El salmón es un tipo de _____.

8. El turismo que protege y conserva la naturaleza es el _____.

9. En China hay muchas _____ donde hacen muchos productos

   que necesitamos.

10. Un volcán es una montaña que tiene un _____.

11. El lugar donde vivimos es nuestro medio _____.

12. Para conservar los recursos, debemos _____ el aluminio, el vidrio

    y el plástico.

© by Vista Higher Learning, Inc. All rights reserved. | **173** | **Lección 4**   Test B

Tests

3 Entre amigos Emilio is telling Marta about a TV program he saw. Fill in the blanks with the indicative or subjunctive form of one of the verbs from the box. (10 x 2 pts. each = 20 pts.)

cambiar	controlar	destruir	reciclar	resolver
contaminar	desarrollar	proteger	reducir	usar

EMILIO Esta mañana vi un programa en la televisión sobre la energía nuclear. Ojalá que el gobierno (1) _____ las leyes para que todos nosotros (2) _____ energías alternativas y (3) _____ el medio ambiente. Es importante que (4) _____ otros tipos de energía.

MARTA ¡Qué interesante! Ojalá que entre todos (5) _____ los problemas que tenemos en nuestro planeta.

EMILIO Sí, en el programa también dijeron que casi no (6) _____ los plásticos y el aluminio.

MARTA Claro. Yo también creo que el gobierno de nuestra ciudad debe contribuir para que todos (7) _____ la contaminación de alguna forma. El otro día estuve en el Parque Luna, donde jugábamos de niños, ¿lo recuerdas?

EMILIO Sí, claro. ¿Quieres que vayamos allí a hacer un picnic?

MARTA Pues es una lástima, pero no podemos ir. Como nuestro gobierno no (8) _____ la contaminación y no escribe leyes para que las fábricas no (9) _____, allí ya no se puede respirar.

EMILIO Es terrible que nuestros propios vecinos (10) _____ los lugares más bonitos que tiene la ciudad. Creo que tenemos que hacer algo pronto para mejorar esta situación.

4 Preguntas Answer these questions using the subjunctive. (6 x 3 pts. each = 18 pts.)

1. ¿Qué podemos hacer en caso de que nos quedemos sin árboles? _____

2. La deforestación en tu región es muy seria. ¿Qué podemos hacer para resolver esto? _____

3. ¿Qué puedes hacer tú en tu comunidad para que las personas reciclen? _____

4. Estamos destruyendo nuestros recursos naturales. ¿Qué podemos hacer para salvar el planeta? _____

5. ¿Qué podemos hacer para que haya menos animales en peligro de extinción? _____

6. ¿Qué temes que pase si no reducimos la contaminación? _____

5 Lectura Read the article and answer the questions using complete sentences. (6 x 3 pts. each = 18 pts.)

> La conservación de nuestras ciudades, ríos, lagos, mares, bosques y animales no es la responsabilidad del gobierno, es tu responsabilidad. ¿Crees que no hay nada que puedas hacer? Muchas personas dicen que "a menos que otros países dejen de contaminar..." o "con tal de que el gobierno escriba leyes para resolver este problema...", ellas no pueden "hacer nada". Creen que no tienen el poder necesario para cambiar las cosas. Pero esto no es cierto, tú sí puedes ayudar, y aquí te vamos a explicar cómo:
>
> • Antes de comprar cualquier producto, debes asegurarte[1] de que realmente lo necesitas.
>
> • Nunca compres bebidas en lata.
>
> • Si vas a poner algo en la basura, necesitas pensar si hay alguna parte que puedas reciclar.
>
> • No debes consumir comida que se venda en recipientes de espuma de poliestireno[2]. Esto es muy malo para el medio ambiente.
>
> • Cuando escribas, usa las dos caras[3] del papel y recuerda que es necesario que plantes un árbol como mínimo cada año.
>
> • No debes usar productos contaminantes, si es necesario, es mejor que cambies de producto.
>
> Lo más importante es que recuerdes que éste es TU planeta, y si tú no haces nada por evitar que se destruya, tus hijos ya no van a encontrar lugares donde puedan jugar. Es tu decisión: ¿realmente quieres que todos vivamos en una burbuja de cristal[4] para poder respirar aire no contaminado? Ese futuro está más cerca de lo que piensas.

[1]*be sure*   [2]*styrofoam*   [3]*sides*   [4]*glass bubble*

1. ¿Cuál es el mensaje principal de este artículo (*article*)?

   _____

   _____

2. ¿Qué tipo de excusas tienen las personas para que no les pidan que hagan algo por el planeta?

   _____

   _____

3. ¿Hay algo específico que podamos hacer, según el artículo?

   _____

   _____

4. ¿Para qué debemos examinar las cosas antes de ponerlas en la basura?

   _____

   _____

5. ¿Qué se recomienda hacer para reducir el uso de papel?

   _____

   _____

6. ¿Qué tipo de futuro es posible que tengan nuestros hijos según el artículo?

   _____

   _____

| 175 | **Lección 4**   Test B

Tests

6 Mi ciudad Write a paragraph about the environment and what should be done to protect it. Focus on your city or state and actions that can be done locally as well as globally. Use the subjunctive and conjunctions. (9 pts. for vocabulary + 9 pts. for grammar + 4 pts. for style and creativity = 22 pts.)

_____

_____

_____

_____

_____

_____

_____

_____

_____

_____

_____

_____

_____

_____

_____

_____

_____

_____

_____

_____

_____

_____

_____

_____

Tests

TEST C

Lección 4

1 Escuchar You will hear five personal questions. Answer them with Spanish sentences. (5 x 2 pts. each = 10 pts.)

1. _____
2. _____
3. _____
4. _____
5. _____

2 Soluciones Using the expressions in the box, write about your hopes and fears, given the situations represented. (6 pts. for vocabulary + 6 pts. for grammar + 3 pts. for style and creativity = 15 pts.)

| a menos que | en caso de que | es terrible | para que |
| con tal de que | es ridículo | ojalá | |

1.

2.

3.

1. _____
   _____

2. _____
   _____

3. _____
   _____

| 177 | **Lección 4** Test C

3 Lectura Read the letter and answer the questions using complete sentences. (5 x 2 pts. each = 10 pts.)

Querida Ana:

Te escribo desde el parque de mi ciudad. Esta mañana vine a pasear y descubrí que las cosas ya no son como eran. El agua está contaminada, la deforestación es terrible y hasta el aire que se respira está lleno de cosas malas para la salud. A menos que todos hagamos algo para mejorar esta situación, no creo que nuestros hijos puedan jugar aquí en el futuro como lo hacíamos tú y yo en el pasado. Es necesario que intentemos[1] tener un plan para desarrollar el ecoturismo en nuestra ciudad. ¿Tú qué piensas sobre esto? Con tal de que el gobierno nos permita recibir dinero de las personas de la ciudad, yo creo que podemos organizar una reunión para que todos conozcan la situación de nuestros parques y de nuestros ríos y ayuden a mejorarla. Es una lástima que un parque tan bonito esté afectado por la contaminación. También podemos participar en un programa de reciclaje para que dejen de tirar[2] basura todos los visitantes del parque. En fin, cuando regrese te llamo y preparamos un plan de acción, ¿de acuerdo?

Un saludo de tu amiga Luisa

[1] *we try*   [2] *throw*

1. ¿Cuál es el tema central de la carta de Luisa a Ana? _____
_____

2. ¿Por qué no cree Luisa que sus hijos puedan jugar en el parque en el futuro? _____
_____

3. ¿Qué tipo de programa cree Luisa que es necesario organizar? _____
_____

4. ¿Por qué es importante que la gente conozca la situación del parque? _____
_____

5. ¿Cómo piensa Luisa que sus ideas van a cambiar el futuro del parque? _____
_____

4 Una carta Write to your governor about the ecological problems affecting your state. Include expressions with the subjunctive to state what may happen, as well as your feelings about the current situation and your hopes for a better future. (6 pts. for vocabulary + 6 pts. for grammar + 3 pts. for style and creativity = 15 pts.)

_____
_____
_____
_____
_____
_____
_____
_____

TEST D

Lección 4

1 **Escuchar** You will hear five personal questions. Answer them with Spanish sentences.
   (5 x 2 pts. each = 10 pts.)

   1. _____

   2. _____

   3. _____

   4. _____

   5. _____

2 **Situaciones** Using the expressions in the box, write about your hopes and fears, given the situations
   represented. (6 pts. for vocabulary + 6 pts. for grammar + 3 pts. for style and creativity = 15 pts.)

a menos que	en caso de que	es terrible	para que
con tal de que	es ridículo	ojalá	

1.

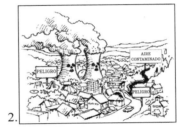

2.

3.

   1. _____

   _____

   2. _____

   _____

   3. _____

   _____

| **179** | **Lección 4**   Test D

3 Lectura Read the letter and answer the questions with sentences. (5 x 2 pts. each = 10 pts.)

Querido Sergio:

Estoy en el mar Mediterráneo, en un barco de la asociación Greenpeace, y tengo buenas noticias[1].

¡El gobierno escuchó nuestras protestas y va a cambiar las leyes sobre contaminación! Nosotros les explicamos que a menos que hagan algo pronto, las aguas de este maravilloso mar van a estar tan contaminadas que no va a quedar ni un pez. Además, les comentamos que para que se reduzca la basura en las playas y en las costas[2], es necesario que todos sepan cuál es la situación. Nosotros vamos a ayudar a las autoridades a organizar un programa para reciclar y recoger basura en todas las playas. Si quieres venir, avísame cuáles son las dos semanas de este verano en que puedes trabajar con nosotros. Después, yo te puedo llamar para que conozcas algo más sobre esta organización dedicada a proteger la naturaleza, los animales y todos aquellos lugares del planeta que tanto nos gustan.

Te escribo muy pronto,

Carlos

[1]*news*   [2]*coasts*

1. ¿Para qué le escribe Carlos a Sergio? _____
   _____

2. ¿Qué problema le explicaron los de Greenpeace al gobierno? ¿Con qué objetivo? _____
   _____

3. ¿Para qué es necesario que todos sepan cuál es la situación actual? _____
   _____

4. Si Sergio quiere participar (*participate*) en estas actividades con Carlos, ¿qué debe hacer? _____
   _____

5. ¿Para qué trabajan las personas de Greenpeace? _____
   _____

4 Mi contribución Write to your mayor about the ecological problems that affect your city. Be sure to include expressions with the subjunctive to state what may happen if we do not do anything to stop it, as well as your feelings about the current situation and your hopes for a better future. (6 pts. for vocabulary + 6 pts. for grammar + 3 pts. for style and creativity = 15 pts.)

_____
_____
_____
_____
_____
_____
_____
_____
_____
_____

Tests

TEST E

Lección 4

1 Escuchar Read the statements. Then listen to a pamphlet's description of Adirondack Park and indicate whether each statement is **cierto** or **falso**. (5 x 2 pts. each = 10 pts.)

	Cierto	Falso
1. El parque de los Adirondacks está en Vermont.	_____	_____
2. El monte Marcy es la montaña más baja del estado de Nueva York.	_____	_____
3. Los Adirondacks están protegidos desde hace más de cien años.	_____	_____
4. En los Adirondacks se puede acampar.	_____	_____
5. En los Adirondacks se prohíbe pescar.	_____	_____

2 Completar Select the appropriate word. (5 x 2 pts. each = 10 pts.)

1.  El _____ grande me gusta más que el pequeño.
   a. perro
   b. gato
   c. pez

2.  Se prohíbe alimentar (*feed*) a los _____.
   a. peces
   b. árboles
   c. animales

3.  En el centro del estanque (*pond*) hay un(a) _____.
   a. pájaro
   b. flor
   c. piedra

4.  Hicieron un picnic en un _____ rodeado (*surrounded*) de montañas.
   a. sendero
   b. valle
   c. pez

5.  ¿Cuál es tu opinión sobre el uso de la energía _____?
   a. solar
   b. nuclear
   c. sucia

 Lección 4 Test E

Tests

3 Completar Fill in the blanks with the subjunctive form of the verbs. (6 x 1 pt. each = 6 pts.)

1. Temo que el cambio climático no _____ (tener) solución.

2. Me alegro de que los halcones (*falcons*) no _____ (estar) en peligro de extinción.

3. Me sorprende que los gobiernos no _____ _____ (tomarse) en serio el

   cambio climático.

4. Los ecologistas temen que _____ (haber) una sobrepoblación de venados (*deer*) en California.

5. Nos molesta que tú no _____ (reciclar) tu basura.

6. Espero que todos nosotros _____ (usar) más energías renovables en el futuro.

4 Escoger Select the appropriate form of the verb. (12 x 1 pt. each = 12 pts.)

1. Dudo que los osos polares (*polar bears*) (van/vayan) a sobrevivir (*survive*).

2. Luisa está segura de que (se puede/se pueda) evitar la extinción de algunas especies.

3. No hay duda de que la deforestación (está/esté) afectando algunos ecosistemas.

4. Es imposible que yo (reciclo/recicle) suficiente (*enough*) aluminio.

5. Es cierto que ustedes (niegan/nieguen) el cambio climático.

6. Es probable que (hay/haya) menos especies (*species*) de animales en el futuro.

7. No negamos que (existe/exista) un grave problema de sobrepoblación.

8. Ellos no creen que su carro (contamina/contamine).

9. No es seguro que esta fábrica (reduce/reduzca) su nivel de contaminación.

10. No cabe duda de que mis primos (evitan/eviten) tirar basura en la calle.

11. Es improbable que tú (destruyes/destruyas) estos árboles.

12. Es verdad que nosotros (conservamos/conservemos) energía.

     Lección 4 Test E

5 Oraciones Select the appropriate expression. (5 x 2 pts. each = 10 pts.)

1. El calentamiento global no se va a parar _____ hagamos algo.

   a. en caso de que   b. a menos que   c. con tal de que

2. _____ la energía solar no contamina.

   a. A menos que   b. Hasta que   c. No hay duda de que

3. Vamos a caminar por el bosque _____ salga el sol.

   a. sin que   b. después de que   c. para que

4. Corre, vamos a casa _____ llueva.

   a. antes de que   b. a menos que   c. si que

5. No podemos resolver este problema _____ tú nos ayudes.

   a. sin que   b. cuando   c. después de que

6 Reciclar Fill in the blanks with words from the box. (5 x 2 pts. each = 10 pts.)

estés	plástico	sea
molesta	recicle	

Es posible que reciclar (1) _____ una de las mejores formas de proteger el medio ambiente. Quizás no te das cuenta (*you're not aware*), pero reciclar vidrio, aluminio y (2) _____ ahorra mucha energía. Me (3) _____ que la gente no (4) _____ todos estos materiales. Otra forma de ahorrar energía es apagar la pantalla de tu computadora cuando no la (5) _____ usando.

7 Escribir Fill in the blanks with the subjunctive form of the verbs. (5 x 2 pts. each = 10 pts.)

1. Me alegro de que el ecoturismo _____ (ser) un buen negocio (*business*).

2. Es una lástima que tú no _____ (reciclar) el vidrio.

3. No crees que ellos _____ (querer) usar energía solar.

4. Ojalá todos nosotros _____ (poder) respirar aire puro.

5. Teme que _____ (haber) sobrepoblación en este país.

8 Un ave norteamericana Select the appropriate words. (7 x 2 pts. each = 14 pts.)

La grulla blanca (*whooping crane*) es un ave de Norteamérica en (1) (desarrollo/conservación/peligro) de extinción. Estas grullas son las aves más altas de Norteamérica. Según (*according to*) algunas organizaciones (2) (ecológicas/puras/nucleares), la gran amenaza (*threat*) de la grulla blanca es la (3) (deforestación/solución/globalización). El gobierno federal (4) (contamina/reduce/protege) a estas aves en parques naturales de estados como Florida y Texas. Pero se teme que (5) (sea/esté/está) demasiado tarde. Quizás (6) (quedas/queden/quedamos) muy pocas para evitar su (7) (extinción/población/migración).

9 Lectura Read the article, then select the appropriate word to complete each sentence. (6 x 3 pts. each = 18 pts.)

> **Energías renovables**
>
> El uso de petróleo (*petroleum*) y carbón (*coal*) produce CO_2. El CO_2 es responsable del calentamiento global. En todo el mundo se está tratando de desarrollar energías renovables para parar el cambio climático. El viento y el sol son las fuentes (*sources*) más conocidas de energía renovable. En Roscoe, Texas, está la central eólica (*wind farm*) más grande del mundo. Y en el desierto Mojave, en California, está la central solar (*solar farm*) más potente (*powerful*) del planeta. La economía de nuestro país todavía necesita petróleo y carbón, pero es probable que en el futuro se puedan cambiar totalmente por energías renovables.

1. El petróleo y el carbón son la causa del _____ global.

   a. viento   b. sol   c. calentamiento

2. Es posible que nuevas energías renovables _____ el cambio climático.

   a. reduzcan   b. destruyan   c. reciclen

3. En Roscoe se usa la energía del _____.

   a. sol   b. agua   c. viento

4. En el desierto Mojave se usa la energía del _____.

   a. viento   b. sol   c. agua

5. Usamos el petróleo y el carbón porque nuestro/a _____ todavía los necesita.

   a. economía   b. futuro   c. energía

6. Es posible que en el futuro _____ usar más energías renovables.

   a. dejemos que   b. podamos   c. evitemos

TEST F   Lección 4

1 Escuchar Read the statements. Then listen to a pamphlet's description of Adirondack Park and indicate whether each statement is **cierto** or **falso**. (5 x 2 pts. each = 10 pts.)

	Cierto	Falso
1. El parque de los Adirondacks está en Vermont.	_____	_____
2. El monte Marcy es la montaña más alta del estado de Nueva York.	_____	_____
3. Los Adirondacks no hay ríos.	_____	_____
4. En los Adirondacks se puede esquiar.	_____	_____
5. En los Adirondacks se puede pasear por el bosque.	_____	_____

2 Completar Select the appropriate word. (5 x 2 pts. each = 10 pts.)

1.  Los _____ grandes me gustan más que los pequeños.
   a. pájaros
   b. gatos
   c. perros

2.  En el centro del estanque (*pond*) hay una _____.
   a. hierba
   b. piedra
   c. luna

3.  Se prohíbe alimentar (*feed*) a los _____.
   a. peces
   b. animales
   c. árboles

4.  La _____ no es renovable.
   a. energía eléctrica
   b. energía solar
   c. energía nuclear

5.  Hicieron un picnic cerca de un _____.
   a. lago
   b. volcán
   c. desierto

Tests

3 Completar Fill in the blanks with the subjunctive form of the verbs. (6 x 1 pt. each = 6 pts.)

1. Espero que en muchos países _____ _____ (usarse) más energías renovables en el futuro.

2. Algunos ecologistas temen que _____ (haber) una sobrepoblación de venados (*deer*) en California.

3. Es ridículo que los gobiernos no _____ (hacer) nada para parar el calentamiento global.

4. Es una lástima que los tigres _____ (estar) en peligro de extinción.

5. Me molesta que nosotros no _____ (reciclar) la basura.

6. Temo que el cambio climático no _____ (tener) solución.

4 Escoger Select the appropriate form of the verb. (12 x 1 pt. each = 12 pts.)

1. Es imposible que yo (reciclo/recicle) suficiente plástico.

2. Es verdad que nosotros (conservamos/conservemos) mucha energía.

3. Isela está segura de que (se puede/se pueda) evitar la extinción de muchas especies (*species*).

4. No es seguro que nuestra ciudad (reduce/reduzca) su nivel (*level*) de contaminación.

5. Dudo que los osos polares (*polar bears*) (van/vayan) a sobrevivir (*survive*).

6. Es improbable que tú (destruyes/destruyas) estas plantas.

7. No hay duda de que la deforestación (está/esté) afectando algunos ecosistemas.

8. Es probable que (hay/haya) menos árboles en el futuro.

9. No cabe duda de que ustedes (evitan/eviten) tirar basura en la calle.

10. Octavio y Valeria no creen que su carro (contamina/contamine).

11. No negamos que (existe/exista) un grave problema de sobrepoblación.

12. Es cierto que ustedes (niegan/nieguen) el calentamiento global.

5 Oraciones Select the appropriate expression. (5 x 2 pts. each = 10 pts.)

1. _____ la energía solar no contamina.

   a. No hay duda de que   b. Hasta que   c. A menos que

2. No puedo resolver este problema _____ ustedes me ayuden.

   a. cuando   b. sin que   c. después de que

3. Corre, vamos a casa _____ llueva.

   a. sin que   b. a menos que   c. antes de que

4. El cambio climático no va a parar _____ hagamos algo.

   a. en caso de que   b. a menos que   c. con tal de que

5. Vamos a caminar por el bosque _____ salga el sol.

   a. sin que   b. para que   c. después de que

6 Reciclar Fill in the blanks with words from the box. (5 x 2 pts. each = 10 pts.)

aluminio	medio ambiente	recicle
estés	reciclar	

Es posible que reciclar sea una de las mejores formas de proteger el
(1) _____ . Quizás no te das cuenta (*you're not aware*),
pero (2) _____ vidrio, (3) _____
y plástico ahorra (*saves*) mucha energía. Me molesta que la gente no
(4) _____ todos estos materiales. Otra forma de ahorrar energía es apagar
la pantalla de tu computadora cuando no la (5) _____ usando.

7 Escribir Fill in the blanks with the subjunctive form of the verbs. (5 x 2 pts. each = 10 pts.)

1. Teme que _____ (haber) una sobrepoblación en el continente (*continent*).

2. Ojalá que tú _____ (poder) respirar aire puro.

3. Es una lástima que nosotras no _____ (reciclar) el vidrio.

4. Me alegro de que el ecoturismo _____ (conservar) el medio ambiente.

5. Los expertos no creen que la energía solar _____ (ser) la única solución.

    | **187** | **Lección 4** Test F

8 Un ave norteamericana Select the appropriate words. (7 x 2 pts. each = 14 pts.)

La grulla blanca (*whooping crane*) es un (1) (valle/pez/ave) de Norteamérica que está en peligro de
(2) (conservación/reciclaje/extinción). Estas grullas viven en el Golfo de México y emigran (*migrate*)
al sur de Canadá. Según (*according to*) algunas organizaciones (3) (solares/climáticas/ecológicas),
la gran amenaza (*threat*) de la grulla blanca es la (4) (población/deforestación/conservación). El
gobierno federal (5) (contamina/protege/reduce) a estas aves en parques naturales de Florida y Texas.
Pero se teme que (6) (esté/sea/está) demasiado tarde. Quizás queden muy pocas para evitar su
(7) (población/extinción/migración).

9 Lectura Read the article, then select the appropriate word to complete each sentence.
(6 x 3 pts. each = 18 pts.)

Energías renovables

El uso de petróleo (*petroleum*) y carbón (*coal*) produce CO_2. El CO_2 es responsable del
calentamiento global. En todo el mundo se está tratando de desarrollar energías renovables para
parar el cambio climático. El viento y el sol son las fuentes (*sources*) más conocidas de energía
renovable. En Roscoe, Texas, está la central eólica (*wind farm*) más grande del mundo. Y en el
desierto Mojave, en California, está la central solar (*solar farm*) más potente (*powerful*) del planeta.
La economía de nuestro país todavía necesita petróleo y carbón, pero es probable que en el futuro se
puedan cambiar totalmente por energías renovables.

---

1. El petróleo y el carbón son la causa del _____ global.

   a. viento   b. calentamiento   c. agua

2. Es posible que nuevas energías renovables _____ el cambio climático.

   a. reciclen   b. destruyan   c. reduzcan

3. En Roscoe se usa la energía del _____.

   a. sol   b. viento   c. agua

4. En el desierto Mojave se usa la energía del _____.

   a. sol   b. viento   c. agua

5. Usamos el petróleo y el carbón porque nuestro/a _____ todavía los necesita.

   a. energía   b. futuro   c. economía

6. Es posible que en el futuro _____ usar más energías renovables.

   a. podamos   b. dejemos que   c. evitemos

| 188 |

Tests

TEST A   Lección 5

1 Escuchar Listen to the statements and indicate if they are **lógico** or **ilógico.** (5 x 2 pts. each = 10 pts.)

1. _____   3. _____   5. _____

2. _____   4. _____

2 ¿Cómo llego a...? Using **nosotros/as** commands, write directions for the situations below. (3 x 4 pts. each = 12 pts.)

modelo

JUANCHO: Estoy en la Plaza Bolívar y necesito comprar unas aspirinas en la farmacia.

Caminemos dos cuadras...

1. **CARMEN:** Estoy en la escuela y quiero comer. Necesito saber cómo llegar al café Primavera.

_____
_____
_____

2. **ROSA:** Estoy en la farmacia y necesito mi carro. Necesito saber cómo llegar al estacionamiento de la calle Bella Vista.

_____
_____
_____

3. **DANIEL:** Estoy en la Casa de la Cultura y necesito tomar un tren. Necesito saber cómo llegar a la terminal.

_____
_____
_____

3 ¿Qué es? Write a sentence that demonstrates the meaning of each item. You can use your imagination, but the sentences must be logical. (10 x 2 pts. each = 20 pts.)

> *modelo*
>
> hacer diligencias
>
> **Hago diligencias los sábados: voy al banco, al supermercado y a la lavandería.**

1. la carnicería _____

   _____

2. el banco _____

   _____

3. la panadería _____

   _____

4. el supermercado _____

   _____

5. el estacionamiento _____

   _____

6. la cuenta corriente _____

   _____

7. la heladería _____

   _____

8. pagar a plazos _____

   _____

9. la pescadería _____

   _____

10. ahorrar _____

    _____

4 El turista Fill in the blanks with the past participle of the verbs in parentheses. (5 x 2 pts. each = 10 pts.)

JORGE ¡Ay! Este mapa está (1) _____ (escribir) en otra lengua. Creo que estoy (2) _____ (perder).

PAZ Buenas noches, joven. Se ve usted muy (3) _____ (confundir). ¿Necesita saber cómo llegar a algún lugar?

JORGE Sí, por favor. Estoy (4) _____ (morir) de hambre y no encuentro ningún restaurante.

PAZ No se preocupe, yo conozco uno a dos cuadras de aquí que está (5) _____ (abrir) las 24 horas del día.

JORGE ¡Muchas gracias!

Lección 5   Test A

5 Preguntas Answer these questions using complete sentences. (5 x 2 pts. each = 10 pts.)

1. ¿Qué tipo de servicios quieres que ofrezca tu banco? _____
   _____

2. ¿Conoces a alguien que tenga una cuenta corriente y una cuenta de ahorros? _____
   _____

3. ¿Compraron tus padres alguna cosa que tengan que pagar a plazos? _____
   _____

4. ¿Hay algún supermercado que esté abierto 24 horas al día en tu ciudad? _____
   _____

5. En la peluquería, ¿prefieres pagar al contado o con tarjeta de crédito? ¿Por qué? _____
   _____

6 Lectura Read this advertisement from a local bank. Then answer the questions in complete sentences.
(5 x 3 pts. each = 15 pts.)

¡Descubra el mundo del Banco CAPITAL!

El Banco CAPITAL le ofrece ahora la oportunidad de abrir sus cuentas, tanto corrientes como de ahorros, en cualquier[1] momento del día o de la noche. Nuestros empleados se ocupan de sus necesidades financieras, así usted no se preocupa por nada. Las puertas de CAPITAL están abiertas todos los días de la semana, incluso los domingos. Si quiere saber cómo abrir una cuenta en CAPITAL, todo está muy bien explicado en nuestro sitio web. También puede encontrar información sobre nuestros servicios en los letreros que están puestos en muchas calles de la ciudad. En CAPITAL todo está diseñado[2] para gente como usted, con mucho trabajo y poco tiempo. No lo piense más y venga hoy mismo. Nuestras luces están prendidas, nuestros empleados están preparados y, lo que es más importante, hasta le tenemos preparado un café. Lo esperamos.

[1]any   [2]designed

1. ¿Cuál es el objetivo del mensaje del Banco CAPITAL? _____
   _____

2. ¿Qué tipo de cuentas se pueden abrir en este banco? _____
   _____

3. ¿Dónde se puede encontrar información sobre cómo abrir una cuenta en el Banco CAPITAL?
   _____

4. ¿Para qué tipo de personas es este banco? _____
   _____

5. ¿Qué les tiene preparado el banco a sus clientes, además de la información? _____
   _____

7 Mis requisitos Imagine you manage a bank. Write a paragraph describing the characteristics you would like your clients to have. Include their personal as well as financial habits.
- Include as many details as possible.
- Include at least 5–6 characteristics.
- Use the subjunctive in adjective clauses to state your preferences.

(9 pts. for vocabulary + 9 pts. for grammar + 5 pts. for style and creativity = 23 pts.)

_____
_____
_____
_____
_____
_____
_____
_____
_____
_____
_____
_____
_____
_____
_____
_____
_____
_____

TEST B

Lección 5

1 Escuchar Listen to the statements and indicate if they are **lógico** or **ilógico**. (5 x 2 pts. each = 10 pts.)

1. _____ 3. _____ 5. _____

2. _____ 4. _____

2 ¿Cómo voy allí? Using **nosotros/as** commands, write directions for the situations below.
(3 x 4 pts. each = 12 pts.)

> *modelo*
>
> **JUANCHO:** Estoy en la Plaza Bolívar y necesito comprar unas aspirinas en la farmacia.
>
> *Caminemos dos cuadras...*

1. **RONALDO:** Estoy en la joyería y necesito medicamentos. Necesito saber cómo llegar a la farmacia.

   _____

   _____

   _____

2. **ERNESTO:** Estoy en la calle El Matadero y necesito mi carro. Necesito saber cómo llegar al estacionamiento de la calle Miranda.

   _____

   _____

   _____

3. **PILAR:** Estoy en el banco y tengo que ver a un amigo en una plaza cerca de la calle Sucre. Necesito saber cómo llegar a la Plaza Sucre.

   _____

   _____

   _____

Tests

3 ¿Qué es? Write a sentence that demonstrates the meaning of each item. You can use your imagination, but the sentences must be logical. (10 x 2 pts. each = 20 pts.)

> *modelo*
>
> hacer diligencias
>
> **Hago diligencias los sábados: voy al banco, al supermercado y a la lavandería.**

1. la frutería _____

_____

2. pagar al contado _____

_____

3. la pastelería _____

_____

4. el salón de belleza _____

_____

5. la joyería _____

_____

6. la lavandería _____

_____

7. el buzón _____

_____

8. hacer cola _____

_____

9. indicar cómo llegar _____

_____

10. el cajero automático _____

_____

4 El banco Fill in the blanks with the past participle of the verbs in parentheses. (5 x 2 pts. each = 10 pts.)

LUCIO Hola, señorita. Parece estar (1) _____ (confundir). ¿Está
(2) _____ (perder)?

LAURA Pues, creo que sí. ¿Sabe si por aquí hay un banco (3) _____ (abrir) a esta hora?

LUCIO Pues, creo que ya todos están (4) _____ (cerrar). ¿Por qué no va al cajero automático de aquella esquina?

LAURA Ya fui, pero está (5) _____ (romper).

LUCIO ¡Uy!, qué mala suerte.

Lección 5 Test B

5 Preguntas Answer these questions using complete sentences. (5 x 2 pts. each = 10 pts.)

1. ¿Cuánto tiempo hace que tienes abierta una cuenta en el banco? _____
_____

2. ¿Conoces a alguien que trabaje en una pastelería? _____
_____

3. En la cafetería de tu escuela, ¿tienes que pagar al contado? _____
_____

4. ¿Hay algún supermercado que esté cerca de tu escuela? _____
_____

5. ¿Tienes algún amigo o alguna amiga que quiera trabajar en un salón de belleza? _____
_____

6 Lectura Read this advertisement from COUR, an express mail service, and answer the questions with sentences. (5 x 3 pts. each = 15 pts.)

COUR, lo más completo en correo urgente

¿Ya conoce COUR? ¿Ya usó alguno de nuestros servicios? Si es así, seguramente sabe que tenemos el mejor servicio de correo urgente. Cuando desee enviar un paquete, no tiene que salir de su casa. Simplemente visite nuestro sitio web o llame por teléfono para que nuestros empleados le den la información que necesita. También puede olvidarse de las estampillas y de escribir largas etiquetas[1]. Ya tenemos las etiquetas preparadas con toda su información escrita. Con COUR, sus cartas y paquetes van a ser enviados en un abrir y cerrar de ojos[2]. Si lo desea, puede visitar nuestra oficina central en la calle Murcia, enfrente del Banco SOL y de la joyería Martínez, a dos pasos[3] del centro de la ciudad. Nuestro letrero está iluminado[4], así que no puede perderse. No lo piense más. Empiece hoy mismo a usar el único servicio de correo urgente que está pensado para lo que se necesita en el siglo XXI. ¡COUR está hecho para usted!

[1]labels   [2]in the blink of an eye   [3]steps   [4]lit-up

1. ¿Por qué no hay otro servicio de correo como el de COUR? _____
_____

2. ¿Qué debe hacer una persona que desea enviar un paquete? _____
_____

3. ¿Por qué no es necesario que la persona escriba largas etiquetas? _____
_____

4. ¿En qué parte de la ciudad están las oficinas centrales de COUR? _____
_____

5. ¿Por qué es muy fácil ver el letrero de COUR? _____
_____

Lección 5 Test B

Tests

7 Mi banco Write a paragraph indicating all the characteristics you would like your bank to have. Describe its financial services and its staff.

- Include as many details as possible.
- Include at least 5–6 characteristics.
- Use the subjunctive in adjective clauses to state your preferences.

(9 pts. for vocabulary + 9 pts. for grammar + 5 pts. for style and creativity = 23 pts.)

_____

_____

_____

_____

_____

_____

_____

_____

_____

_____

_____

_____

_____

_____

_____

_____

_____

_____

_____

Lección 5 Test B

TEST C

Lección 5

1 Escuchar You will hear five personal questions. Answer them with Spanish sentences.
(5 x 2 pts. each = 10 pts.)

1. _____
2. _____
3. _____
4. _____
5. _____

2 Mis diligencias For each drawing, identify the place and, using **nosotros/as** commands, suggest two things to do there. (5 x 3 pts. each = 15 pts.)

1. _____
_____
2. _____
_____
3. _____
_____
4. _____
_____
5. _____
_____

Lección 5 Test C

Tests

3 Lectura Using **nosotros/as** commands, suggest solutions to your brother's problems.
(5 x 2 pts. each = 10 pts.)

> *modelo*
>
> Necesito encontrar una panadería que esté abierta.
> **¡Busquemos una panadería ahora!**

Para: hermanomayor@mensajes.com	De: hermanopequeño@mensajes.com	Asunto: Mis problemas

¡Hola, hermano! Ya sé que vienes a mi apartamento esta tarde, pero te escribo este mensaje porque tengo muchos problemas. Primero, tengo que abrir una cuenta corriente antes del lunes. Es muy importante porque se lo prometí a papá. También necesito lavar la ropa porque mañana me voy a ver con una chica. Ésta es la primera vez que salimos y no puedo ir con la ropa sucia. Después, tengo que enviar un paquete. Tenía que enviarlo ayer, pero lo olvidé y ahora no sé qué hacer para solucionarlo. Pero ésos no son todos mis problemas, tengo más. Mi compañero dice que es importante que pague el alquiler del apartamento antes de mañana. Y lo peor de todo es que, como ya sabes, hace mucho frío y no sé dónde está mi chaqueta. ¿Qué me pongo? Escríbeme pronto o ven a casa. Yo estoy aquí, muy nervioso y muy deprimido.
Te espero.

1. _____
2. _____
3. _____
4. _____
5. _____

4 El supermercado perfecto What makes going to a supermarket a more pleasant experience? Write a paragraph with your preferences regarding services, location, parking, and public transportation. Use the subjunctive in adjective clauses and the past participles of at least four verbs in the box.
(6 pts. for vocabulary + 6 pts. for grammar + 3 pts. for style = 15 pts.)

abrir	hacer	pagar	poner	preferir	quedar

_____
_____
_____
_____
_____
_____
_____
_____
_____

| 198 | **Lección 5** Test C

TEST D   Lección 5

1 Escuchar You will hear five personal questions. Answer them with Spanish sentences.
(5 x 2 pts. each = 10 pts.)

1. _____
2. _____
3. _____
4. _____
5. _____

2 Mis diligencias For each drawing, identify the place and, using **nosotros/as** commands, suggest two
things to do there. (5 x 3 pts. each = 15 pts.)

1.    2.    3.

4.    5.

1. _____
_____
2. _____
_____
3. _____
_____
4. _____
_____
5. _____
_____

Tests

3 Lectura Using **nosotros/as** commands, suggest solutions to your older sister's problems.
(5 x 2 pts. each = 10 pts.)

> **modelo**
> No tengo dinero, nunca ahorro nada, voy a ser pobre... ¡Qué horror!
> **¡Abramos una cuenta de ahorros para ti en el banco de la esquina!**

Para: jmc1999@elcorreo.com	De: margaritaconproblemas@elcorreo.com	Asunto: Mi estrés

¡Hola! Te escribo porque estoy un poco deprimida y tengo tantos problemas que no sé qué hacer para solucionarlos. Mira, en la universidad no me va muy bien ahora. Todos los días llego tarde a mis clases porque nunca encuentro un lugar para estacionar el coche. Además, creo que no voy a sacar buenas notas en mi clase de español. Tengo que enviarle una composición a mi profesor por correo electrónico y no está escrita todavía. Estoy en casa porque me siento tan mal que no quiero salir. Además, sólo tengo ropa sucia para ponerme. Llamé a mamá y a papá para pedirles más dinero, pero... imagínate, no me lo van a dar. Te escribo ahora porque sé que hoy quieres venir a comer a mi apartamento, pero no tengo nada de comida en casa. ¿Me escribes si piensas en alguna solución?
Un beso.

1. _____
2. _____
3. _____
4. _____
5. _____

4 Un nuevo centro comercial Write a paragraph describing the services, stores, and layout that a new shopping center in your city should have. Use the subjunctive in adjective clauses and include the past participles of at least four verbs from the box.
(6 pts. for vocabulary + 6 pts. for grammar + 3 pts. for style = 15 pts.)

cobrar	depositar	describir	escribir	romper	ver

_____
_____
_____
_____
_____
_____
_____
_____

TEST E   # Lección 5

1 Escuchar Read the statements. Then listen to the airplane magazine's description of Madrid and indicate whether each statement is **cierto** or **falso**. (5 x 2 pts. each = 10 pts.)

	Cierto	Falso
1. La narradora (*narrator*) dice que Madrid no tiene muchos lugares interesantes.	_____	_____
2. El Prado es un parque de Madrid.	_____	_____
3. El Real Madrid es un equipo de fútbol.	_____	_____
4. La narradora dice que muchos barrios tienen tiendas.	_____	_____
5. Madrid es una ciudad sin parques.	_____	_____

2 Imágenes Fill in the blanks with words from the box. (5 x 2 pts. each = 10 pts.)

carta	cartero	cruzar	paquete	sellos

1. El _____ tiene mucha prisa.

2. Don Antonio va a echar una _____ al buzón.

3. Jaime quiere comprar diez _____.

4. Es peligroso _____ la calle jugando con una pelota.

5. Quiero enviar este _____ a Costa Rica.

Tests

3 Escribir Fill in the blanks with the appropriate **nosotros/as** commands. (6 x 1 pt. each = 6 pts.)

1. _____ (Cruzar) en la esquina, que es más seguro.

2. No _____ (llamar) a Andrea. Es muy antipática.

3. _____ (Correr) a la tienda antes de que cierren.

4. No _____ (pagar) con esa tarjeta de crédito.

5. _____ (Jugar) al fútbol con tus hermanos.

6. _____ (Pedir) un préstamo en este banco.

4 Escoger Select the appropriate form of the verb. (6 x 1 pt. each = 6 pts.)

1. Quiero comer un plato que no (tiene/tenga) carne.

2. Voy a comprarme esta bicicleta. No (es/sea) muy cara.

3. Necesito que me ayude una persona que (es/sea) muy inteligente.

4. Vamos a escalar la montaña que (tiene/tenga) forma (*shape*) de sombrero.

5. ¿Dónde consigo algún libro que (está/esté) escrito por Julio Cortázar?

6. No puedo ir a ninguna casa donde (hay/haya) gatos.

5 Oraciones Fill in the blanks with the appropriate past participles. (6 x 1 pt. each = 6 pts.)

1. En la cocina hay dos ventanas _____ (abrir).

2. El secreto está _____ (descubrir).

3. Hay tres platos _____ (romper) en el armario.

4. Hernán es un hombre _____ (decidir) y seguro.

5. Estas casas están _____ (hacer) de madera (*wood*).

6. La mesa está _____ (poner).

Tests

6 Verbos Complete the chart with **nosotros/as** commands. (5 x 2 pts. each = 10 pts.)

Infinitivo	Mandatos afirmativos	Mandatos negativos
estudiar	estudiemos	no estudiemos
irse	(1)	(2)
leer	(3)	
levantarse	(4)	
escribirle		(5)

7 Opciones Select the appropriate word. (5 x 2 pts. each = 10 pts.)

1. Esta carta tiene el _____ puesto.

    a. letrero   b. sello   c. cartero

2. Voy a ir a la _____ para que me peinen.

    a. joyería   b. peluquería   c. carnicería

3. Llevan tres pantalones negros y dos camisas blancas a la _____.

    a. lavandería   b. zapatería   c. panadería

4. Quiero ir a la Plaza del Sur. ¿Me puede _____ cómo llegar?

    a. cobrar   b. firmar   c. indicar

5. ¿Fuiste al banco a pedir un _____?

    a. cajero   b. sobre   c. préstamo

8 Completar Fill in the blanks with words from the box. (5 x 2 pts. each = 10 pts.)

cerradas	hecha	resuelto
escrito	prendidas	

1. Esta botella está _____ de plástico reciclado.

2. Pensamos que el problema ya está _____.

3. Las luces están _____ en toda la casa.

4. Mi ensayo sobre nuestra ciudad ya está _____.

5. Las puertas del supermercado están _____.

9 Elena Fill in the blanks with words from the box. (7 x 2 pts. each = 14 pts.)

contado	préstamo	sea	tiene
corriente	quiere	tenga	

A Elena le gusta la computación. La computadora que (1) _____ ahora es vieja y necesita una que (2) _____ más moderna. Quiere comprar una computadora que (3) _____ mucha memoria (*memory*). Pero a Elena sólo le quedan 700 dólares en su cuenta (4) _____. Probablemente va a tener que pedir un (5) _____. ¡Pero Elena tiene suerte! Encontró la computadora que (6) _____ en Internet. Sólo vale 670 dólares y la puede pagar al (7) _____.

10 Lectura Read the opinion piece, then select the appropriate word to complete each sentence. (6 x 3 pts. each = 18 pts.)

El campo o la ciudad

Es posible que la vida en el campo sea más sana que la vida en la ciudad. En el campo hay menos ruido[1] y menos contaminación. La gente, generalmente, es más amable en las zonas rurales que en las grandes ciudades. Sin embargo[2], muchas personas prefieren vivir en la ciudad. Cuando se vive en el campo, se tiene que ir en carro a todas partes. A veces se tiene que viajar varias millas para ir de compras. En la ciudad, todo está cerca: las tiendas, los cines, la escuela, hasta los amigos.

[1]*noise* [2]*However*

1. Posiblemente, vivir en el campo sea más _____ que vivir en la ciudad.

   a. difícil   b. saludable   c. cómodo

2. En el campo se respira _____ que en la ciudad.

   a. peor   b. mejor   c. menos

3. Hay mucha gente _____ en las zonas rurales.

   a. simpática   b. lista   c. ocupada

4. Es necesario tener _____ cuando se vive en el campo.

   a. cajero   b. carro   c. salud

5. Las tiendas de las zonas rurales muchas veces no están _____.

   a. cerca   b. llenas   c. abiertas

6. Si vives en la ciudad, puedes _____ tiendas, cines y escuelas cerca de tu casa.

   a. indicar   b. cruzar   c. encontrar

TEST F

Lección 5

1 Escuchar Read the statements. Then listen to the airplane magazine's description of Barcelona and indicate whether each statement is **cierto** or **falso**. (5 x 2 pts. each = 10 pts.)

	Cierto	Falso
1. El narrador (*narrator*) dice que Barcelona tiene muchos lugares interesantes.	_____	_____
2. Los edificios de Gaudí están en Barcelona.	_____	_____
3. El Barça es un equipo de béisbol.	_____	_____
4. El narrador dice que muchos barrios tienen tiendas.	_____	_____
5. Barcelona tiene parques.	_____	_____

2 Imágenes Fill in the blanks with words from the box. (5 x 2 pts. each = 10 pts.)

carta	cruzar	sellos
cartero	paquete	

1. Sergio pone la _____ en un sobre.

2. Los paquetes los entrega el _____.

3. Carola quiere enviar este _____ a Brasil.

4. Debes mirar a la derecha y a la izquierda antes de _____ la calle.

5. Deme cinco _____ de 18 pesos, por favor.

Tests

3 Escribir Fill in the blanks with the appropriate **nosotros/as** commands. (6 x 1 pt. each = 6 pts.)

1. No _____ (pagar) al contado, a plazos es mejor.

2. _____ (Pedir) un préstamo en el banco para comprar una casa.

3. _____ (Firmar) el documento hoy mismo.

4. _____ (Jugar) al vóleibol este fin de semana.

5. No _____ (cruzar) todavía, hay demasiado tráfico.

6. _____ (Comer) ya, tengo mucha hambre.

4 Escoger Select the appropriate form of the verb. (6 x 1 pt. each = 6 pts.)

1. Voy a ir a esa pastelería, que no (es/sea) muy cara.

2. Vamos a comer en el café que (tiene/tenga) un letrero rojo.

3. Busco a alguien que (puede/pueda) enviar un paquete por mí.

4. No puedo ir a ninguna tienda donde no (acepten/aceptan) tarjetas de crédito.

5. Necesito que me ayuden personas que (son/sean) organizadas.

6. Visitemos algún museo que (está/esté) abierto.

5 Oraciones Fill in the blanks with the appropriate past participles. (6 x 1 pt. each = 6 pts.)

1. No me gustan las ventanas _____ (cerrar), ¡abrámoslas!

2. Ella llevaba _____ (poner) unos zapatos hermosos.

3. Hernán es un hombre _____ (decidir) y disciplinado (*disciplined*).

4. Hay un espejo _____ (romper) en el pasillo.

5. ¿Viste que los cuadros estaban _____ (caer) en el suelo?

6. En la sala hay una ventana _____ (abrir).

Tests

6 Verbos Complete the chart with **nosotros/as** commands. (5 x 2 pts. each = 10 pts.)

Infinitivo	Mandatos afirmativos	Mandatos negativos
caminar	caminemos	no caminemos
decir		(1)
irse	(2)	(3)
describirla	(4)	
acostarse		(5)

7 Opciones Select the appropriate word. (5 x 2 pts. each = 10 pts.)

1. Voy a ir a la _____ para que me peinen.

   a. heladería   b. carnicería   c. peluquería

2. Quiero viajar a un país donde _____ español.

   a. se habla   b. hablarse   c. se hable

3. Quiero ver una película que no _____ triste.

   a. es   b. sea   c. ser

4. Esta carta tiene la _____ puesta.

   a. esquina   b. estampilla   c. cuenta

5. Descanso un rato porque todas las diligencias ya están _____.

   a. hechas   b. dobladas   c. comenzadas

8 Completar Fill in the blanks with words from the box. (5 x 2 pts. each = 10 pts.)

> abiertos   escritos   visitadas
> cerrada   prendidas

1. En Nueva York hay letreros _____ en muchas lenguas.

2. Hoy la Quinta Avenida está _____ porque hay un desfile (*parade*).

3. Me gustan todas esas luces _____ en Times Square.

4. Siempre encuentras lugares _____ durante toda la noche.

5. Es una de las ciudades más _____ de los Estados Unidos.

9 Carmen Fill in the blanks with words from the box. (7 x 2 pts. each = 14 pts.)

ahorros	efectivo	sea	tiene
busca	préstamo	tenga	

A Carmen le encantan las computadoras. Necesita una que (1) _____ más rápida porque la que (2) _____ ahora no está funcionando bien. Como a Carmen sólo le quedan 700 dólares en su cuenta de (3) _____, probablemente va a tener que pedir un (4) _____. ¡Pero Carmen tiene mucha suerte! Necesita una computadora barata y que (5) _____ mucha memoria (*memory*). Y en Internet encontró justo la computadora que (6) _____. Sólo vale 670 dólares y la puede pagar en (7) _____.

10 Lectura Read the opinion piece, then select the appropriate word to complete each sentence. (6 x 3 pts. each = 18 pts.)

El campo o la ciudad

Es probable que la vida en la ciudad sea más cómoda que la vida en el campo. En la ciudad todo está cerca: los supermercados, las escuelas, los bancos. También hay muchas actividades culturales, cines y teatros. Sin embargo[1], muchas personas prefieren vivir en el campo, sin importarles que haya que viajar varias millas para ir de compras o que se deba usar el carro para todo. Para muchas personas importa más que en el campo hay menos ruido[2] y menos contaminación. Y que además la gente, generalmente, es más amable en las zonas rurales que en las grandes ciudades.

[1]*However*   [2]*noise*

1. La vida en la ciudad puede ser más _____ que la vida en el campo.

   a. antipática   b. cómoda   c. saludable

2. En la ciudad los supermercados están más _____ que en el campo.

   a. cerca   b. lejos   c. limpios

3. Hay menos _____ en el campo que en la ciudad.

   a. escuelas   b. cines   c. restaurantes

4. Las tiendas de las zonas rurales muchas veces están _____.

   a. cerca   b. abiertas   c. lejos

5. El _____ no es tan necesario cuando se vive en la ciudad.

   a. carro   b. cajero   c. ruido

6. Si vives en el campo, posiblemente seas más _____ que si vives en la ciudad.

   a. amable   b. interesante   c. inteligente

Tests

TEST A

Lección 6

1 Escuchar Listen to this radio announcement for the **Club Metropolitano**. Then, complete the sentences.
(6 x 2 pts. each = 12 pts.)

1. Para hacer ejercicio, el gimnasio tiene _____.

2. Los entrenadores del club _____.

3. Ya no es necesario estar a dieta porque _____.

4. En el club han preparado cada detalle (*detail*) _____.

5. Cada nutricionista tiene un grupo de _____.

6. Para participar en las actividades del club durante abril, mayo y junio _____
_____.

2 El bienestar Describe how these people had or had not been keeping up with their fitness routines.
Include what they had been doing at the gym, as well as what they had probably been doing or not doing
for their health outside the gym in the past few weeks. Use the past perfect indicative and name at least
two activities for each person/group.
(6 pts. for vocabulary + 6 pts. for grammar + 3 pts. for style = 15 pts.)

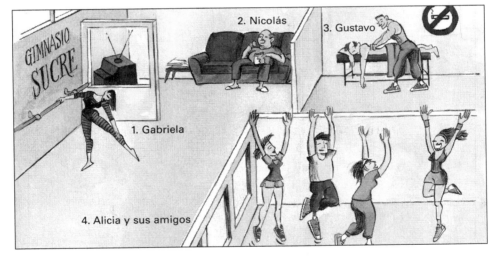

1. _____
_____

2. _____
_____

3. _____
_____

4. _____
_____

| **209** | **Lección 6** Test A

3 Entre amigos Fill in the blanks with the verbs in parentheses, using the present perfect indicative or present perfect subjunctive. (10 x 2 pts. each = 20 pts.)

ADELA ¿Gustavo? ¡Qué guapo estás! Es maravilloso que (1) _____ (adelgazar) tanto.

GUSTAVO Sí, yo (2) _____ (tomar) dos clases de ejercicios aeróbicos este semestre y acabo de empezar otra. Y (3) _____ (decidir) levantar pesas tres días por semana también. Pero, Adela, ¿qué haces tú por aquí?

ADELA Hace dos o tres meses que vengo a este gimnasio. Es que vengo generalmente por la noche.

GUSTAVO Y yo siempre vengo por la mañana. Me alegro de que tú (4) _____ (comenzar) a venir aquí. Oye, ¿te gusta tu nuevo trabajo en el banco?

ADELA Me gusta muchísimo. (5) _____ (trabajar) allí un mes. (6) _____ (hacer) muchos amigos nuevos. Y tú, ¿todavía trabajas en el hospital?

GUSTAVO Sí, pero (7) _____ (aceptar) un trabajo en el consultorio del doctor Vargas.

ADELA Qué bien! Creo que te va a gustar mucho. Oye, Gustavo, estás sudando mucho... ¿Ya (8) _____ (ir) a tu clase de ejercicios esta mañana?

GUSTAVO Sí, y también (9) _____ (tener) tiempo de levantar pesas.

ADELA Tienes más energía que yo, Gustavo. Bueno, me alegro de que nos (10) _____ (ver). ¡Qué sorpresa!

4 Preguntas Answer these questions using complete sentences. (5 x 2 pts. each = 10 pts.)

1. ¿Qué tipo de ejercicio has hecho últimamente? _____
_____

2. ¿De cuáles de los beneficios (*benefits*) del ejercicio ya habías oído hablar? _____
_____

3. ¿Has comido una dieta equilibrada este semestre? Incluye algunos detalles (*details*). _____
_____

4. ¿Qué has hecho en los últimos años para estar sano/a? Da detalles. _____
_____

5. ¿Qué tipo de deportes habías practicado antes de cumplir los diez años? Explica. _____
_____

5 Lectura Read this magazine article and answer the questions using complete sentences.
(6 x 3 pts. each = 18 pts.)

¡Somos una nación sedentaria y cada vez más gorda!

¿Sabe cuánto dinero gastamos al año en nuestro país en dietas y productos para adelgazar? Sesenta mil millones[1] de dólares. Sin embargo, irónicamente, el 66% de la población adulta no está en buena forma y debe bajar de peso. En otras palabras, una de cada tres personas tiene sobrepeso[2] y esto, con el tiempo[3], puede afectar gravemente su salud.

Si usted ha aumentado de peso, debe buscar una solución. ¿Ha visitado a un nutricionista? Si no lo ha hecho, no espere más. Un nutricionista puede sugerirle una dieta más sana, que contenga más proteínas y menos colesterol. ¿No ha seguido los consejos de su médico? Pues ahora es el momento de hacerlo. ¿Apenas hace ejercicio? Posiblemente usted nunca haya practicado algún deporte con frecuencia, pero no se preocupe. Puede comenzar a asistir a un gimnasio de su ciudad e ir mejorando poco a poco con la ayuda de entrenadores. Lo más importante es que todos los días usted haya hecho algo por mejorar su salud y mantener su cuerpo en forma.

[1]*billion*   [2]*overweight*   [3]*eventually*

1. ¿De qué habla este artículo (*article*)?

   _____

   _____

2. ¿Por qué se puede afectar gravemente la salud de una de cada tres personas?

   _____

   _____

3. Según la revista, ¿por qué es importante visitar a un nutricionista?

   _____

   _____

4. ¿Qué se aconseja que la persona haga con los consejos de su médico?

   _____

   _____

5. ¿Qué puede hacer alguien que nunca haya practicado ningún deporte con frecuencia?

   _____

   _____

6. ¿Qué se recomienda que haya hecho cada persona antes de acostarse?

   _____

   _____

6 Mi héroe/heroína Think about someone famous who has affected the way you think about health concerns such as diet and exercise.

• Write a paragraph explaining what this person has done that has had such an impact on you.

• Write about what he or she had done before you heard of him or her.

• Use the perfect tenses.

• If you cannot think of anyone, feel free to use your imagination. Some well-known names are Dr. Atkins, Richard Simmons, Jennifer Hudson, and Oprah Winfrey.

(10 pts. for vocabulary + 10 pts. for grammar + 5 pts. for style and creativity = 25 pts.)

_____

_____

_____

_____

_____

_____

_____

_____

_____

_____

_____

_____

_____

_____

_____

_____

_____

_____

_____

_____

Tests

TEST B   Lección 6

1 Escuchar Listen to the radio announcement for the **Club Bosque y Mar**. Then, complete the sentences. (6 x 2 pts. each = 12 pts.)

1. Es posible que hayas visto estos clubes sin saber que _____.
2. Estos gimnasios siempre están _____.
3. Mientras estás en la cinta caminadora _____.
4. Puedes levantar pesas mientras _____.
5. Cuando hayas terminado de hacer ejercicio, _____.
6. Además de hacer ejercicioen el club, puedes _____.

2 El bienestar Describe how these people had or had not been keeping up with their fitness routines. Include what they had been doing at the gym, as well as what they had probably been doing or not doing for their health outside the gym in the past few weeks. Use the past perfect indicative and name at least two activities for each person or group. (6 pts. for vocabulary + 6 pts. for grammar + 3 pts. for style = 15 pts.)

1. _____
_____
2. _____
_____
3. _____
_____
4. _____
_____

| 213 | **Lección 6** Test B

3 ¡Qué sorpresa! Fill in the blanks with the verbs in parentheses, using the present perfect indicative or present perfect subjunctive. (10 x 2 pts. each = 20 pts.)

MANOLO ¿Beatriz? ¡Cuánto tiempo! Casi no te (1) _____ (conocer). Estás guapísima.

BEATRIZ Ay, Manolo, qué alegría verte. No me sorprende que no me conozcas. Hace ya casi cinco años que no nos vemos. ¿Qué hay de nuevo en tu vida? ¿(2) _____ (terminar) tus estudios?

MANOLO Sí, bueno... Mis compañeros y yo (3) _____ (graduarse) hace cuatro años, pero regresé a la universidad para estudiar nutrición, y ya terminé.

BEATRIZ ¡No me digas! No puedo creer que tú (4) _____ (estudiar) nutrición. ¿Sabes que yo soy nutricionista en el hospital San Juan?

MANOLO ¡Qué coincidencia! Yo (5) _____ (tratar) de encontrar trabajo allí, pero mi horario no es flexible. ¿Y por qué te interesa tanto la nutrición?

BEATRIZ Bueno, porque hace unos años me iba a casar y quería adelgazar antes de la boda. Así que estuve aprendiendo sobre nutrición y me interesó tanto que decidí hacer de ello mi profesión. Parece imposible que yo (6) _____ (olvidar) la comida rápida completamente, pero ahora cuido más mi dieta.

MANOLO Es verdad, ahora que lo pienso, dudo que tú (7) _____ (pasar) un solo día de tu vida sin comerte una hamburguesa... Pero bueno, ¿(8) _____ (casarse)? ¿(9) _____ (tener) hijos?

BEATRIZ Sí, me casé con un dentista, pero nosotros todavía no (10) _____ (decidir) si queremos tener hijos. ¿Y tú?

MANOLO Soltero, chica, sin remedio...

BEATRIZ Pues yo tengo a la chica perfecta para ti. Aquí tienes mi número. Llámame esta noche y te lo cuento todo.

MANOLO Estupendo. ¡Que tengas un gran día! Hasta la noche.

BEATRIZ Adiós, Manolo.

4 Preguntas Answer these questions with complete sentences. (5 x 2 pts. each = 10 pts.)

1. ¿Qué tipo de información te puede dar una persona que haya estudiado nutrición?
   _____

2. ¿Habías sido miembro (*member*) de algún equipo antes de venir a esta escuela? Explica.
   _____

3. Has decidido trabajar como entrenador(a). ¿Qué crees que debes hacer para tener éxito (*be successful*)? _____

4. ¿Has aprendido algo importante sobre nutrición o salud en esta lección? Explica. _____

5. ¿Qué has hecho para aliviar el estrés este año? _____

5 Lectura Read this newspaper article and answer the questions with complete sentences.
(6 x 3 pts. each = 18 pts.)

¿Es usted fumador(a)[1]? ¿Ha decidido hacer algo por su salud? ¿Quiere llevar una vida sana, pero no lo ha conseguido? Nunca es tarde para empezar; éste es el momento. Como debe saber, el tabaco es malo para su salud. ¿Ha hecho ejercicio últimamente? Piense: si no fuma, su cuerpo va a estar en mejor forma y no va a tener problemas al respirar. Además, considere que cada vez que usted ha fumado, ha contaminado el aire que todos respiramos.

El tabaco es una adicción, pero aunque usted haya sido adicto/a a la nicotina toda su vida, eso no quiere decir que no pueda dejar ese hábito tan peligroso[2]. Nosotros podemos ofrecerle ayuda para que no fume más. Aunque usted haya tratado de no fumar en el pasado y haya fracasado[3], lo que importa es que quiera salir de ese ciclo. Por eso estamos aquí para ayudarle a conseguir que esta vez sea la última. Venga a vernos. No importa si ha fumado toda la vida, si sólo fuma una vez al día o a la semana, o si tiene otros malos hábitos además del tabaco. Nuestros empleados pueden ofrecerle consejos personalizados y ayudarle a encontrar el método ideal para usted. Llame al 582-93-02 y pida una cita. Después de haber hablado con nosotros, se va a sentir mejor y su salud va a mejorar muchísimo.

[1] *a smoker*   [2] *very dangerous habit*   [3] *failed*

1. ¿De qué habla este artículo (*article*)?

   _____

   _____

2. ¿Cuándo es el momento de hacer algo por la salud?

   _____

   _____

3. Cuando una persona ha fumado, ¿cómo afecta el aire?

   _____

   _____

4. ¿Es importante por cuánto tiempo ha sido adicta a la nicotina una persona?

   _____

   _____

5. ¿Qué puede hacer la persona si ha tratado de no fumar y ha fracasado?

   _____

   _____

6. ¿Qué dice el artículo que va a ocurrir cuando la persona haya hablado con un(a) consejero/a?

   _____

   _____

Tests

6 Una persona especial Think about someone in your family or community who has done something important to promote good health and exercise habits to those around him or her.

• Write a paragraph explaining what this person has done that has had so much impact on others.

• Write about what he or she had done before you heard of him or her.

• Explain what has made you select him or her as a source of inspiration.

• Use the perfect tenses. If you cannot think of anyone, feel free to invent someone.

(10 pts. for vocabulary + 10 pts. for grammar + 5 pts. for style and creativity = 25 pts.)

_____

_____

_____

_____

_____

_____

_____

_____

_____

_____

_____

_____

_____

_____

_____

_____

_____

_____

_____

_____

_____

_____

Tests

TEST C

Lección 6

1 Escuchar You will hear five personal questions. Answer them with Spanish sentences.
(5 x 2 pts. each = 10 pts.)

1. _____
2. _____
3. _____
4. _____
5. _____

2 ¿Que han hecho? Indicate at least one thing that each person has just done, using the present perfect indicative, and one thing that you really don't think they have done, using the present perfect subjunctive. Use vocabulary from this lesson. (5 x 3 pts. each = 15 pts.)

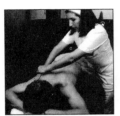  

1. Roger   2. Sandra y sus amigas   3. Mercedes

4. Sebastián   5. Raquel

1. _____
_____
2. _____
_____
3. _____
_____
4. _____
_____
5. _____
_____

Tests

3 Lectura Read this dialog and answer the questions with complete sentences. (5 x 2 pts. each = 10 pts.)

RAMIRO Doctor Mira, estoy muy preocupado por mi salud.

DR. MIRA Bueno, vamos a ver qué tan preocupado está... ¿Ha tratado de no fumar?

RAMIRO Pues doctor, lo había intentado[1], pero después de unos días volví a hacerlo.

DR. MIRA Ya veo... ¿Ha hecho ejercicio desde la última vez que vino a verme?

RAMIRO Pues... había decidido ir a ese gimnasio nuevo de mi calle, pero no pude ir...

DR. MIRA ¿Ha comido una dieta sana?

RAMIRO No, doctor, ya le he dicho que no puedo llevar una dieta sana porque no sé cocinar.

DR. MIRA Muy bien, Ramiro, pues lo que necesita hacer es irse a su casa.

RAMIRO Pero... no me ha recomendado ningún medicamento, no me ha examinado...

DR. MIRA Lo siento, Ramiro, tengo muchos pacientes. No puedo perder mi tiempo con un paciente que no haya decidido mejorar su salud. Vuelva cuando haya decidido cuidarse. Adiós.

[1]*tired*

1. ¿Por qué había ido Ramiro al consultorio del doctor Mira? _____
   _____

2. ¿Qué razones da Ramiro para explicar por qué continúa fumando? _____
   _____

3. ¿Crees que Ramiro había llevado una vida activa o sedentaria antes de ir al consultorio? ¿Por qué?
   _____

4. ¿Por qué crees que el doctor Mira se ha enojado con Ramiro? _____
   _____

5. ¿Cuándo le dice el doctor Mira a Ramiro que debe regresar a su consultorio? _____
   _____

4 Con tu doctora You are at your doctor's office and she has given you a form to fill out. Write a paragraph using the perfect tenses to explain what you have done to improve your health since the school year started, what you had done before, and what you hope to achieve in the near future. And remember, it really doesn't have to be true... (6 pts. for vocabulary + 6 pts. for grammar + 3 pts. for style = 15 pts.)

_____
_____
_____
_____
_____
_____
_____
_____
_____

TEST D

Lección 6

1 Escuchar You will hear five personal questions. Answer them with Spanish sentences.
(5 x 2 pts. each = 10 pts.)

1. _____
2. _____
3. _____
4. _____
5. _____

2 ¿Que han hecho? Indicate at least one thing each person has done, using the present perfect indicative, and one thing that you really don't think that person has done, using the present perfect subjunctive. Use vocabulary from this lesson. (5 x 3 pts. each = 15 pts.)

1. Javier

2. Rosa

3. Roberto

4. Mariela

5. Lorena

1. _____
   _____
2. _____
   _____
3. _____
   _____
4. _____
   _____
5. _____
   _____

3 Lectura Read this dialog and answer the questions using complete sentences. (5 x 2 pts. each = 10 pts.)

ENFERMERO Vamos a ver, Samuel, ¿has comido algo esta mañana?

SAMUEL No. Necesito adelgazar para participar en un combate de boxeo[1].

ENFERMERO Samuel, has adelgazado 15 libras[2] en dos semanas. Eso es muy peligroso.

SAMUEL No me importa, necesito adelgazar más. He adelgazado porque he hecho mucho ejercicio. Ahora tengo que prepararme para este momento tan importante. Por eso, todos los días levanto pesas, corro, hago ejercicios aeróbicos y como sólo naranjas...

ENFERMERO ¿Has hablado con un nutricionista?

SAMUEL No es necesario. Mi entrenador dice que voy a ganar si adelgazo un poco más.

ENFERMERO Samuel, estás en el hospital porque tu cuerpo no está en buena forma. Si haces tanto ejercicio, necesitas una buena nutrición. Mira, voy a llamar a nuestra nutricionista y a nuestro psicólogo. Quiero que hables con ellos antes de irte.

SAMUEL Cuando haya hablado con ellos, me voy; tengo una reunión con mi entrenador...

[1]*boxing match* [2]*pounds*

1. ¿Por qué no ha comido Samuel esta mañana? _____
   _____

2. ¿Qué ha hecho Samuel para adelgazar tanto en dos semanas? _____
   _____

3. ¿Qué había hecho Samuel antes de ahora para estar en forma? _____
   _____

4. ¿Crees que Samuel ha hablado con un nutricionista? _____
   _____

5. ¿Qué quiere hacer Samuel cuando haya hablado con la nutricionista y el psicólogo? _____
   _____

4 Mi forma física You're applying for an athletic scholarship. Write a paragraph, using perfect tenses, explaining what you have done to stay in shape, what you had done before, and what you hope to achieve with this scholarship. (6 pts. for vocabulary + 6 pts. for grammar + 3 pts. for style = 15 pts.)

_____

_____

_____

_____

_____

_____

_____

_____

_____

TEST E   Lección 6

1 Escuchar Read the statements. Then listen to the excerpt of Marisol's radio show about fitness and indicate whether each statement is **cierto** or **falso**. (5 x 2 pts. each = 10 pts.)

	Cierto	Falso
1. Marisol dice que se puede estar en buena forma en poco tiempo.	_____	_____
2. Primero hay que hacer ejercicios aeróbicos.	_____	_____
3. Recomienda que corran por lo menos una hora.	_____	_____
4. Se debe empezar rápido y terminar despacio.	_____	_____
5. Van a calentarse por cinco minutos en la cinta caminadora.	_____	_____

2 Imágenes Fill in the blanks with words from the box. (5 x 2 pts. each = 10 pts.)

| equilibrada | estiramiento | forma | músculos | teleadicto |

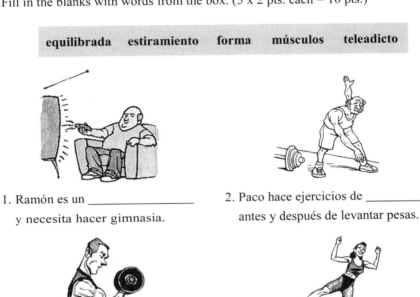

1. Ramón es un _____ y necesita hacer gimnasia.

2. Paco hace ejercicios de _____ antes y después de levantar pesas.

3. Levantar pesas ayuda a desarrollar los _____.

4. Sonia se mantiene en _____ haciendo ejercicios aeróbicos.

5. Es necesario comer una dieta _____.

         Lección 6   Test E

3 Completar Fill in the blanks with the present perfect form of the verbs. (6 x 1 pt. each = 6 pts.)

1. Mi padre ya _____ _____ (hacer) gimnasia.

2. Yo no _____ _____ (beber) ninguna bebida alcohólica.

3. Tú _____ _____ _____ (lastimarse) tres veces esta semana.

4. Ya son las cuatro y Pablo y yo todavía no _____ _____ (comer).

5. Carlos, ¿_____ _____ _____ (tomarse) ya tus vitaminas?

6. Mis hermanos ya _____ _____ (correr) un maratón (*marathon*).

4 Opciones Select the appropriate verb forms. (6 x 1 pt. each = 6 pts.)

1. Yo ya _____ salido cuando llamaste a mi puerta.
   a. había   b. habían   c. habías

2. Ustedes ya _____ vivido en California antes de mudarse a Texas.
   a. habías   b. habían   c. había

3. Nosotros no _____ despertado todavía.
   a. te habías   b. me había   c. nos habíamos

4. Tú nunca _____ hecho tanto ejercicio como aquel día.
   a. habías   b. habíamos   c. había

5. Cuando llegué, tú ya _____ dormido.
   a. se habían   b. me habías   c. te habías

6. Ella ya _____ estado aquí, pero lo recordaba de otra manera.
   a. habíamos   b. había   c. habían

5 Verbos Select the appropriate verb forms. (6 x 1 pt. each = 6 pts.)

1. Es posible que yo (ha/haya/he) comido demasiado.
2. Ya (ha/haya/había) salido el sol cuando llegamos nosotros.
3. Cuando el timbre sonó (*bell rang*), ya (hayamos/hemos/habíamos) terminado el examen.
4. (Había/Ha/Haya) nevado mucho cuando llegamos a la ciudad.
5. No puedo creer que ustedes (habían/hayan/han) vendido su perro.
6. Javier y yo no (había/hayamos/hemos) hecho ejercicio en mucho tiempo.

6 Relacionar Match the sentence parts. (5 x 2 pts. each = 10 pts.)

A	B
_____ 1. Espero que Marcos	a. hayas visitado el museo que te recomendaron.
_____ 2. Nos alegramos de que ustedes	b. hayamos adelgazado en dos meses.
_____ 3. Dudan que tú	c. me haya lastimado cuando bajé del autobús.
_____ 4. Es posible que yo	d. hayan cocinado para nosotros.
_____ 5. Parece imposible que nosotros	e. me haya traído las vitaminas que le pedí.

7 Escoger Fill in the blanks with words from the box. (5 x 2 pts. each = 10 pts.)

aeróbicos	calorías	engordar	pesas	sedentaria

Para controlar tu peso puedes contar las (1) _____ que consumes cada día.
Para no (2) _____, se recomienda consumir 2.500 calorías si eres hombre
y 2.000 si eres mujer. Si eres una persona (3) _____, probablemente tengas que
consumir menos calorías. Si eres una persona activa que levanta (4) _____
en el gimnasio o que hace ejercicios (5) _____, puedes consumir más calorías.

8 Oraciones Fill in the blanks using the past perfect or the present perfect subjunctive.
(5 x 2 pts. each = 10 pts.)

1. Cuando llegaste al parque, nosotros ya _____ _____ (correr) cuatro millas.

2. Me alegro de que ustedes _____ _____ (decir) la verdad.

3. No creo que Sofía _____ _____ (lavar) todos los platos todavía.

4. ¿Tú ya _____ _____ (ver) esta película antes?

5. Dudo que Genaro _____ _____ (traer) helados para todos.

Tests

9 Ayer Select the appropriate verb forms. (7 x 2 pts. each = 14 pts.)

Ayer me lastimé mientras (1) (me entrenaba/me he entrenado/me haya entrenado) para un partido de baloncesto. El médico me (2) (haya dicho/ha dicho/hemos dicho) que tengo torcido el tobillo derecho. Es posible que no (3) (has hecho/han hecho/haya hecho) suficientes (*enough*) ejercicios de estiramiento. Es una lástima, porque (4) (estaba/esté/haya estado) en muy buena forma. De hecho (*In fact*), yo nunca (5) (había jugado/habías jugado/habían jugado) tan bien como esta semana. Lo bueno es que la lesión (*injury*) no (6) (hayan sido/ha sido/has sido) muy grave. El doctor me (7) (ha recomendado/haya recomendado/recomiendas) que no juegue baloncesto por tres semanas.

10 Lectura Read the report, then select the appropriate word or phrase to complete each sentence. (6 x 3 pts. each = 18 pts.)

Fumar

Fumar es muy malo para la salud y, en especial, para el corazón. Se dice que el tabaco[1] ha causado la muerte de medio millón de estadounidenses este año. Las personas que fuman gastan un promedio[2] de 2.000 dólares al año en tabaco. Según[3] algunos estudios científicos[4], el tabaco es más adictivo que el alcohol. Según el Centro de Control de Enfermedades[5], sólo un 2,5 por ciento de las personas que tratan de dejar el tabaco lo consiguen la primera vez. Los médicos opinan que lo mejor es simplemente no empezar a fumar.

[1]*tobacco*   [2]*average*   [3]*According to*   [4]*scientific*   [5]*Center for Disease Control*

1. Si fumas te puedes enfermar del _____.
   a. colesterol   b. corazón   c. alcohol

2. 500 mil personas de los EE.UU. _____ por causas relativas (*causes relating*) al tabaco.
   a. han muerto   b. han fumado   c. se han enfermado

3. Las personas gastan un promedio de _____ dólares al año en tabaco.
   a. mil   b. dos mil   c. tres mil

4. El alcohol es _____ adictivo _____ el tabaco.
   a. tan, como   b. menos, que   c. más, que

5. _____ por ciento de quienes quieren dejar de fumar, lo consiguen la primera vez.
   a. Más del cinco   b. Más del siete   c. Menos del cinco

6. Los _____ recomiendan no empezar a fumar.
   a. médicos   b. artistas   c. ingenieros

| 224 | **Lección 6** Test E

TEST F

Lección 6

1 Escuchar Read the statements. Then listen to the excerpt of Ricardo's radio show about diet and fitness and indicate whether each statement is **cierto** or **falso**. (5 x 2 pts. each = 10 pts.)

	Cierto	Falso
1. Ricardo dice que se puede adelgazar en más de diez meses.	_____	_____
2. Antes de correr hay que calentarse.	_____	_____
3. Recomienda correr por lo menos una hora y media.	_____	_____
4. Se debe empezar corriendo por veinte minutos.	_____	_____
5. Van a calentarse por cinco minutos en la cinta caminadora.	_____	_____

2 Imágenes Fill in the blanks with words from the box. (5 x 2 pts. each = 10 pts.)

aeróbicos	dieta	ejercicios	pesas	teleadicto

1. Es importante comer una _____ equilibrada.

2. Levantar _____ ayuda a desarrollar los músculos.

3. Nadia se mantiene en forma haciendo ejercicios _____ .

4. César hace _____ de estiramiento antes y después de levantar pesas.

5. Manuel es un _____ y necesita ser más activo.

3 Completar Fill in the blanks with the present perfect form of the verbs. (6 x 1 pt. each = 6 pts.)

1. Yo no _____ _____ _____ (beberse) tu jugo de naranja.

2. Tú _____ _____ _____ (lastimarse) dos veces esta semana.

3. Mis amigos _____ _____ (llevar) una vida sana.

4. Luis, ¿_____ _____ _____ (tomarse) ya tus vitaminas?

5. Mi madre ya _____ _____ (hacer) gimnasia.

6. Ya son las cinco y Adrián y yo todavía no _____ _____ (comer).

4 Opiniones Select the appropriate verb forms. (6 x 1 pt. each = 6 pts.)

1. Ustedes ya _____ vivido en Seattle antes de mudarse a Baltimore.
   a. habías   b. habían   c. había

2. Tú nunca _____ hecho tantas diligencias como aquel día.
   a. había   b. habíamos   c. habías

3. Yo ya _____ salido cuando llamaron por teléfono.
   a. había   b. habían   c. habías

4. Ella ya _____ estado aquí, pero no se acordaba.
   a. habíamos   b. había   c. habían

5. Nosotros no _____ arreglado todavía.
   a. te habías   b. me había   c. nos habíamos

6. Cuando llegué, tú ya _____ ido.
   a. se habían   b. me habías   c. te habías

5 Verbos Select the appropriate verb forms. (6 x 1 pt. each = 6 pts.)

1. Ya (había/ha/haya) nevado cuando llegamos a la montaña.
2. Es posible que yo (he/haya/había) dormido demasiado.
3. Ya (has/hayas/habías) salido cuando fui a tu casa.
4. Víctor y yo no (había/hayamos/hemos) entrenado en mucho tiempo.
5. Nuestros padres nos (hayan/han/hay) pedido que estudiemos más.
6. No puedo creer que ustedes (habían/han/hayan) vendido su cinta caminadora.

6 Relacionar Match the sentence parts. (5 x 2 pts. each = 10 pts.)

A	B
_____ 1. Nos alegramos de que ustedes	a. hayas comido en el café que te recomendaron.
_____ 2. Parece imposible que nosotros	b. hayamos adelgazado en un mes.
_____ 3. Es posible que yo	c. me haya comprado las pesas que le pedí.
_____ 4. Espero que Julio	d. hayan preparado la cena para nosotros.
_____ 5. Dudan que tú	e. me haya lastimado cuando subí al autobús.

7 Escoger Fill in the blanks with words from the box. (5 x 2 pts. each = 10 pts.)

activa   adelgazar   consumes   ejercicio   peso

Para controlar tu (1) _____ puedes contar las calorías que (2) _____ cada día. Para (3) _____, se recomienda consumir 2.500 calorías si eres hombre y 2.000 si eres mujer. Si eres una persona (4) _____, probablemente tengas que consumir más calorías. Si eres una persona sedentaria, te recomendamos hacer más (5) _____ y consumir menos calorías.

8 Oraciones Fill in the blanks using the past perfect or the present perfect subjunctive. (5 x 2 pts. each = 10 pts.)

1. Cuando llegaste al parque, nosotros ya _____ _____ (correr) cuatro millas.
2. Me alegro de que ellos _____ _____ (decir) la verdad.
3. No creo que Felicia _____ _____ (planchar) toda la ropa todavía.
4. ¿Tú ya _____ _____ (ver) esta película antes?
5. Dudo que Iván _____ _____ (traer) galletas para todos.

9 Ayer Select the appropriate verb forms. (7 x 2 pts. each = 14 pts.)

(1) (Me lastimo/Me he lastimado/Me haya lastimado) ayer mientras me entrenaba para un partido de vóleibol. El médico me dijo que (2) (me haya torcido/me he torcido/nos hemos torcido) la rodilla izquierda. Es posible que no (3) (has hecho/han hecho/haya hecho) suficientes (*enough*) ejercicios de estiramiento. Es una lástima, porque (4) (esté/haya estado/estaba) en muy buena forma. De hecho (*In fact*), yo nunca (5) (había jugado/habías jugado/habían jugado) tan bien como esta semana. Lo bueno es que no (6) (me haya dolido/me ha dolido/me has dolido) demasiado. El doctor me (7) (ha recetado/haya recetado/recetas) unos medicamentos.

10 Lectura Read the report, then select the appropriate word or phrase to complete each sentence. (6 x 3 pts. each = 18 pts.)

Beber alcohol

Beber mucho alcohol es malo para la salud, especialmente para el hígado[1]. Se dice que el alcohol ha causado la muerte de casi cien mil estadounidenses este año. Los adictos[2] al alcohol gastan un promedio[3] de 15 dólares diarios en alcohol, es decir 5.000 dólares al año, aproximadamente. Según[4] algunos estudios científicos[5], el alcohol es muy adictivo, aunque menos que el tabaco[6]. Y menos de un 5 por ciento de las personas que tratan de dejar el alcohol lo consiguen sin ayuda. Los médicos opinan que lo mejor es simplemente no empezar a beber alcohol.

[1]*liver*   [2]*addicts*   [3]*average*   [4]*According to*   [5]*scientific*   [6]*tobacco*

1. Si bebes alcohol te puedes enfermar del _____.
   a. hígado   b. colesterol   c. cáncer

2. Unas 100 mil personas de los EE.UU. _____ por causas relativas al alcohol.
   a. han muerto   b. han fumado   c. se han enfermado

3. Los alcohólicos gastan un promedio de _____ dólares al año en alcohol.
   a. mil   b. dos mil   c. cinco mil

4. El alcohol es _____ adictivo _____ el tabaco.
   a. tan, como   b. menos, que   c. más, que

5. Sólo un 5 por ciento de quienes quieren dejar el alcohol _____ sin ayuda.
   a. muere   b. lo consigue   c. no lo consigue

6. Los _____ recomiendan no empezar a beber.
   a. médicos   b. artistas   c. ingenieros

Tests

TEST A   Lección 7

1 Escuchar Listen to the definitions and select the profession being described. (5 x 2 pts. each = 10 pts.)

1. a. abogado/a   b. peluquero/a   c. pintor(a)
2. a. arquitecto/a   b. bombero/a   c. científico/a
3. a. político/a   b. actor/actriz   c. reportero/a
4. a. maestro/a   b. psicólogo/a   c. secretario/a
5. a. técnico/a   b. contador(a)   c. consejero/a

2 ¿Qué seré? Based on the pictures, say what each person will do for work once qualified. Mention at least two things that he or she will do or receive as part of the job. Use the future tense, vocabulary from this lesson, and words from the box. (3 x 5 pts. each = 15 pts.)

1. Juan

2. Laura

arqueólogo/a	estudiar
cientifíco/a	tener éxito
diseñador(a)	trabajar
peluquero/a	viajar

3. Manolo y Pepe

1. _____

   _____

   _____

2. _____

   _____

   _____

3. _____

   _____

   _____

Tests

3 El consejero de Luis Luis is talking with his academic advisor. Read the conversation and fill in the blanks with the future or future perfect. (15 x 1 pt. each = 15 pts.)

LUIS Hola, profesor. Venía a hablar con usted de mi futuro académico.

CONSEJERO Sí, lo sé. Y cuando nos veamos en septiembre, ¿qué (1) _____ (hacer/*future perfect*) durante el verano?

LUIS Bueno. Este verano (2) _____ (ir/*future*) al hospital para trabajar.

CONSEJERO ¿Al hospital? ¿No ibas a ser arquitecto?

LUIS No, he decidido que (3) _____ (ser/*future*) médico y (4) _____ (ayudar/*future*) a las personas. (Yo) (5) _____ (ofrecer/*future*) mis servicios en las comunidades pobres.

CONSEJERO Ya, y todo será como en los cuentos (*stories*) y tú (6) _____ (tener/*future*) mucho éxito y todos nosotros (7) _____ (ser/*future*) muy felices... Luis, ¡estás soñando (*dreaming*)!

LUIS No, profesor, sé lo que estoy diciendo. (8) _____ (trabajar/*future*) en pediatría porque me gustan mucho los niños.

CONSEJERO Y yo voy a ser astronauta... Luis, estás en tu último año de universidad. Para ser médico (9) _____ (necesitar/*future*) estudiar siete años más. Además, con tus calificaciones (*grades*)... ¿crees realmente que (ellos) te (10) _____ (aceptar/*future*) en la escuela de medicina?

LUIS No lo sé profesor, me (11) _____ (preparar/*future*) muy bien para el examen.

CONSEJERO Ay, Luis, Luis... ¿qué voy a hacer contigo? ¿Y qué (12) _____ (pasar/*future*) con la arquitectura? ¿La (13) _____ (dejar/*future*) para siempre?

LUIS No lo sé, lo (14) _____ (pensar/*future*) este fin de semana, y el lunes ya (15) _____ (tomar/*future perfect*) una decisión. Ahora no tengo tiempo, tengo que ir a comprar un medicamento para las náuseas. Mi amigo Ronaldo se cayó y yo me sentí mareado cuando vi la sangre (*blood*) en su rodilla.

4 Preguntas Answer these questions using complete sentences and the past subjunctive. (6 x 3 pts. each = 18 pts.)

1. ¿Qué querían tus padres que hicieras el verano pasado? _____

2. ¿Era importante para ti que consiguieras un trabajo este año? ¿Por qué? _____

3. ¿Qué te recomendaron tus maestros para tener éxito en los exámenes? _____

4. ¿Qué te sugirió tu consejero/a académico/a este año? _____

5. Cuando eras niño/a, ¿qué insistían tus padres que hicieras? _____

6. ¿Qué esperabas que hicieran tus amigos este año? _____

5 Lectura Amparo has just moved to a new city. Read her e-mail to her boyfriend and answer the questions using complete sentences. (6 x 3 pts. each = 18 pts.)

Lucas:

Ya alquilé el apartamento. Cuando tú vengas, ya habré terminado con las diligencias más importantes. Mañana iré a la agencia de trabajo a llevar mi currículum y después llamaré a la compañía de televisión por cable para que venga pronto un técnico. Yo creo que para cuando tú llegues, ya habrán hecho la instalación[1]... ¡Por lo menos, eso espero! Ah, también iré a ver los servicios de Internet que hay aquí, porque creo que con un poco de suerte conseguiré un teletrabajo, y así podré trabajar desde casa. Pienso que en dos o tres semanas habré encontrado algo que me guste, pero en fin, nunca se sabe. Por cierto, ¿habrás acabado tus exámenes cuando vengas aquí? Si es así, como yo también habré terminado los míos, podremos dar una fiesta para celebrarlo.

¿Qué te parece? Bueno, ya me escribirás o llamarás cuando tengas tiempo y me contarás cómo van las cosas por allá, ¿verdad? Tengo muchas ganas de verte. Y en tan sólo unas semanas... ¡estarás aquí!

Un beso muy grande,

Amparo

[1]*installation*

1. ¿Qué habrá terminado de hacer Amparo cuando vaya Lucas?
   _____
   _____

2. ¿Adónde habrá llevado su currículum Amparo?
   _____
   _____

3. ¿Qué cree Amparo que habrá pasado cuando llegue Lucas?
   _____
   _____

4. ¿Qué tipo de trabajo piensa Amparo que conseguirá?
   _____
   _____

5. ¿Por qué quiere saber Amparo si Lucas ya habrá terminado sus exámenes cuando llegue?
   _____
   _____

6. ¿Cuándo cree Amparo que Lucas le escribirá o la llamará?
   _____
   _____

6 Yo de mayor seré... Write a paragraph about your future: explain what you will do for a living and what steps you will take in order to obtain your dream job. Use the future and the future perfect tenses and vocabulary from this lesson. Be creative... This is your own future! (10 pts. for style and creativity + 10 pts. for grammar + 4 pts. for vocabulary = 24 pts.)

_____

_____

_____

_____

_____

_____

_____

_____

_____

_____

_____

_____

_____

_____

_____

_____

_____

_____

_____

_____

_____

TEST B   Lección 7

1 Escuchar Listen to the definitions and select the profession being described. (5 x 2 pts. each = 10 pts.)

1. a. abogado/a   b. peluquero/a   c. pintor(a)
2. a. arquitecto/a   b. arqueólogo/a   c. bombero/a
3. a. carpintero/a   b. actor/actriz   c. técnico/a
4. a. maestro/a   b. psicólogo/a   c. secretario/a
5. a. electricista   b. contador(a)   c. consejero/a

2 ¿Qué seré? Based on the pictures, say what each person will do for work once qualified. Mention at least two things that he or she will do or receive as part of the job. Use the future tense, vocabulary from this lesson, and words from the box. (3 x 5 pts. each = 15 pts.)

1. Juan

2. Manola

abogado/a	ganar dinero
cocinero/a	recibir beneficios
médico/a	trabajar en...
pintor(a)	visitar

3. Artu y Dani

1. _____
_____
_____

2. _____
_____
_____

3. _____
_____
_____

3 El padre de Marta Marta finished high school several years ago but has yet to decide what she wants to do professionally. Read the conversation and fill in the blanks with the future or the future perfect of the verbs in parentheses. (15 x 1 pt. each = 15 pts.)

PADRE Marta, no puedes pasar todo tu tiempo con tu amiga Elena. Algún día (tú) (1) _____ (tener/*future*) que pensar qué es lo que vas a hacer con tu vida.

MARTA Pues para cuando cumpla los 23 años, ya (2) _____ (encontrar/*future perfect*) un novio rico. Después yo (3) _____ (casarse/*future*) y (4) _____ (disfrutar/*future*) de la vida.

PADRE Marta, no hables así. Eres una mujer inteligente y con mucho talento. Yo no voy a estar aquí siempre y después (tú) (5) _____ (estar/*future*) sola.

MARTA Papá, no digas eso...

PADRE No sé, Marta, no me gusta tu forma de hablar. Hay muchas personas que no tienen las oportunidades que tú tienes de estudiar, de trabajar o de hacer lo que quieras.

MARTA Bien, papá, ¿crees que te (6) _____ (gustar/*future*) mi plan si te digo que para cuando tenga 30 años (yo) (7) _____ (ayudar/*future perfect*) a los niños de Etiopía o que (8) _____ (cuidar/*future perfect*) de los animales que viven en la calle?

PADRE Marta, ¿sabes qué? He decidido que (tú) no me (9) _____ (faltar/*future*) al respeto (*disrespect me*) nunca más. Desde hoy, (tú) (10) _____ (vivir/*future*) en otra casa o (11) _____ (pagar/*future*) tu parte del alquiler. Ni tu mamá ni yo te (12) _____ (apoyar/*future*) mientras no decidas hacerte responsable de tu futuro.

MARTA Pues bien, papá, para mañana, Elena y yo ya (13) _____ (irse/*future perfect*)... Probablemente (yo) (14) _____ (viajar/*future*) unas semanas al Caribe, a nuestra casa de las Bahamas, y desde allí (yo) te (15) _____ (enviar/*future*) una postal.

PADRE ¡Suficiente! ¡Eres una mala hija! Pero escucha mis palabras: algún día lo sentirás y, entonces, ya será demasiado tarde.

MARTA Papá, no te enojes...

4 Preguntas Answer these questions with sentences using the past subjunctive. (6 x 3 pts. each = 18 pts.)

1. ¿Qué te sugirió tu consejero/a académico/a que estudiaras? _____

2. ¿Qué te recomendaron tus padres que hicieras el verano pasado? _____

3. ¿Qué te sugirió tu profesor(a) que hicieras para esta prueba? _____

4. ¿Qué le aconsejaste a tu hermano/a mayor antes de su primera entrevista? _____

5. ¿Qué te recomendó tu jefe/a en tu primer día de trabajo? _____

6. ¿Qué te prohibió tu profesor(a) de español que hicieras en la clase? _____

5 Lectura Rafa is organizing a community-wide job fair at your school. He is in charge of running your team and assigning each person a different task, and he is preparing a status report. Read the memo and then answer the questions using complete sentences. (6 x 3 pts. each = 18 pts.)

Compañeros y compañeras:

Creo que, con un poco más de trabajo, tendremos todo preparado en unos días. Si Marta habla con el personal de tecnología esta tarde, las computadoras ya habrán llegado cuando vengan los técnicos, así que eso ya está resuelto. Jorge irá al centro esta noche y alquilará las mesas y las sillas que necesitamos. Es importante que nos traigan todos los muebles pronto, porque en dos días todos los invitados ya habrán recibido la invitación y estaremos muy ocupados con otras cosas. Manolo se ocupará de[1] la comida y de las bebidas. Habrá sándwiches para todos. El director[2] de la escuela ha dicho que nos regalará unos refrescos y dulces para esta feria de trabajo[3]. Carlos y Maura llamarán a todas las compañías que van a asistir para confirmar que vendrán. Así, cuando lleguen, ya habrán decidido dónde estará cada compañía y qué puestos de trabajo ofrecerán en nuestra comunidad[4]. Les diré inmediatamente si algo cambia. Gracias a todos.

Rafa

---

[1]*will take care of*   [2]*principal*   [3]*job fair*   [4]*community*

1. ¿Cuál es el objetivo de este memo?

_____

_____

2. ¿Qué pasará si Marta no habla con el personal de tecnología esta tarde?

_____

_____

3. ¿Quién verá que traigan los muebles para la feria de trabajo?

_____

_____

4. ¿Por qué es necesario que Jorge haga su trabajo pronto?

_____

_____

5. ¿Cómo ayudará el director de la escuela al equipo organizador?

_____

_____

6. ¿Por qué es importante que Carlos y Maura llamen a todas las compañías para confirmar que irán?

_____

_____

6 Lo que haré Write a paragraph about your future.

- Explain what you will do for a living.
- Describe what steps you will take in order to achieve your dream job.
- Include any additional studies you will follow and the reasons why this will be your chosen path.
- Use the future and the future perfect tenses, and vocabulary from this lesson.
- Be creative... This is your own future!

(10 pts. for vocabulary + 10 pts. for grammar + 4 pts. for style and creativity = 24 pts.)

_____
_____
_____
_____
_____
_____
_____
_____
_____
_____
_____
_____
_____
_____
_____
_____
_____
_____
_____
_____

Lección 7 Test B

TEST C

Lección 7

1 Escuchar You will hear five personal questions. Answer them with Spanish sentences.
(5 x 2 pts. each = 10 pts.)

1. _____
2. _____
3. _____
4. _____
5. _____

2 Quiero ser... Hypothesize about these teenagers' futures. Guess what plans each person has, using the future tense, and guess how this plan contrasts with the wishes of his or her family, using the past subjunctive. (3 x 5 pts. each = 15 pts.)

modelo

La familia de Marta insistía en que ella...
(*past subjunctive*).

Pero Marta... (*future tense*)

1. Carlos   2. Sara

abogado/a	esperar
arqueólogo/a	estudiar
científico/a	preferir
médico/a	querer
peluquero/a	ser
pintor(a)	viajar

3. Tomás y Daniel

1. _____
_____

2. _____
_____

3. _____
_____

3 Lectura Mateo is interviewing a job applicant on the phone. Read their conversation and then answer the questions using complete sentences. (5 x 2 pts. each = 10 pts.)

MATEO Buenos días. Quería agradecerle[1] que se interese por nuestra compañía.

ASPIRANTE Es un placer. Quería hacerle preguntas sobre este trabajo durante la entrevista.

MATEO El puesto que tenemos tiene muchas responsabilidades y un sueldo alto.

ASPIRANTE Ah, ¿sí? Pues yo no creía que fuera un trabajo de tanta responsabilidad. La verdad es que me sorprendió que pidieran a una persona con muchos estudios para un trabajo así...

MATEO ¿Por qué no me habla un poco de su trabajo anterior?

ASPIRANTE Sí, claro. A mí me gustaba bastante mi último trabajo. El problema es que mi jefe siempre quería que yo trabajara los fines de semana. Cuando hablé con él, mi jefe se puso muy nervioso y me dijo que buscara otro trabajo donde trabajara de lunes a viernes.

MATEO Ya, ya veo. ¿Y por qué decidió solicitar trabajo en nuestra empresa, entonces?

ASPIRANTE Pues básicamente porque mi amiga Lucía me sugirió que enviara una solicitud. Ella dice que ustedes pagan mucho dinero y el trabajo es muy fácil.

[1]*thank you*

1. ¿Qué pensaba el aspirante sobre este trabajo antes de la entrevista? _____
_____

2. ¿Qué quería hacer el aspirante en esta entrevista por teléfono? _____
_____

3. ¿Qué hizo el aspirante para que su jefe no lo hiciera trabajar los fines de semana? ¿Qué hizo el jefe?
_____

4. ¿Por qué le sugirió Lucía al aspirante que enviara una solicitud para este trabajo? _____
_____

5. ¿Crees que es posible que el aspirante tuviera éxito en esta entrevista? ¿Por qué? _____
_____

4 Mis planes Write a paragraph stating what you expect to have accomplished professionally by the year 2050. Use vocabulary from this lesson and the future and future perfect tenses. Be as creative as possible. (6 pts. for vocabulary + 6 pts. for grammar + 3 pts. for style = 15 pts.)

TEST D   Lección 7

1 Escuchar You will hear five personal questions. Answer them with Spanish sentences.
(5 x 2 pts. each = 10 pts.)

1. _____
2. _____
3. _____
4. _____
5. _____

2 Quiero ser… Hypothesize about these teenagers' futures. Guess what plans each person has for the future, using the future tense, and guess how this plan contrasts with the wishes of his or her family, using the past subjunctive. (3 x 5 pts. each = 15 pts.)

modelo

La familia de Jorge insistía en que… (*past subjunctive*).
Pero Jorge… (*future tense*).

1. Marla   2. Sara

abogado/a	esperar
arqueólogo/a	estudiar
gerente	preferir
médico/a	querer
peluquero/a	ser
pintor(a)	viajar

3. Tomás y Daniel

1. _____
_____

2. _____
_____

3. _____
_____

| **239** | **Lección 7**   Test D

3 Lectura Read the conversation between Andrea and a counselor at a career center and then answer the questions using complete sentences. (5 x 2 pts. each = 10 pts.)

ANDREA Buenas tardes. Estoy buscando empleo desde hace tres semanas y no he encontrado nada todavía. Quisiera dejarles mi currículum.

CONSEJERO Buenas tardes, señorita. No se preocupe. Aquí la ayudaremos a encontrar un puesto que le guste. ¿Cuál es su ocupación?

ANDREA Soy peluquera. En mi último empleo, me pidieron que renunciara porque ya no podían pagar mi sueldo, ni el de otros empleados. La verdad es que sólo he trabajado un año, así que necesito obtener más experiencia.

CONSEJERO Claro. Por favor, llene esta solicitud para que en el futuro tomemos en cuenta su currículum. Mientras usted hace eso, voy a revisar las ofertas que tenemos. Estoy seguro de que mañana ya habrá recibido por lo menos un mensaje de alguien que quiera entrevistarla. ¡Ah, ya está! Mire, hay cinco ofertas.

ANDREA Gracias. Responderé a todas. También tengo una pregunta. En su anuncio leí que ustedes dan asesoría[1] gratis antes de una entrevista. ¿Es cierto? Eso me sorprendió; pensé que todas las agencias cobraban por ese servicio.

CONSEJERO Sí, es gratis.

ANDREA Excelente. Entonces, quisiera usar ese servicio. ¿Me da una cita, por favor?

CONSEJERO Por supuesto.

[1]consultation

1. ¿Cuánto tiempo hace que Andrea está buscando empleo? _____

_____

2. ¿Qué quiere dejar en la agencia? _____

_____

3. ¿Qué le pidieron a Andrea en su último empleo? ¿Por qué?_____

_____

4. ¿De qué está seguro el consejero? _____

_____

5. ¿Qué le sorprendió a Andrea sobre el servicio de asesoría? ¿Lo usará? _____

_____

4 Sus planes Write a paragraph stating what you expect your best friend to have accomplished professionally by the year 2050. Use vocabulary from this lesson and the future and future perfect tenses. (6 pts. for vocabulary + 6 pts. for grammar + 3 pts. for style and creativity = 15 pts.)

_____

_____

_____

_____

_____

_____

_____

_____

Lección 7   Test D

TEST E   Lección 7

1 Escuchar Read the sentence beginnings. Then listen to the graduation speech by a professor at Universidad Central and select the appropriate ending for each sentence. (5 x 2 pts. each = 10 pts.)

1. Para agosto, los chicos ya habrán empezado...
   a. sus estudios.   b. a buscar un trabajo.   c. su especialización.

2. Algunos de los estudiantes ya habrán hecho...
   a. sus prácticas.   b. un viaje.   c. su investigación.

3. Quizá sus primeros empleos no ofrezcan...
   a. un buen horario.   b. un ascenso.   c. buenos beneficios.

4. Lo que importa es que los estudiantes están obteniendo...
   a. beneficios.   b. entrevistas.   c. experiencia.

5. El profesor dice que lo más importante es tener un trabajo...
   a. que pague bien.   b. que les guste.   c. divertido.

2 Imágenes Fill in the blanks with words from the box. (5 x 2 pts. each = 10 pts.)

actor	bomberos	cocinero	compañía	de negocios

1. Los _____ generalmente tienen un buen salario.

2. Samuel es _____ en un famoso restaurante de Las Vegas.

3. Andrea tiene mucho éxito como mujer _____.

4. Coral trabaja en el laboratorio de una _____ internacional.

5. Ramón desea tener mucho éxito como _____.

3 Escribir Fill in the blanks using the future tense. (6 x 1 pt. each = 6 pts.)

> *modelo*
>
> Sabrina **cantará** (cantar) en la fiesta de cumpleaños de Tania.

1. ¿Crees que el jefe me _____ (dar) un aumento de sueldo?

2. Si no te das prisa, tú y yo _____ (llegar) tarde.

3. Creo que en el futuro ustedes _____ (ser) hombres de negocios.

4. Los Estados Unidos _____ (invertir) en energías renovables.

5. El mes que viene (yo) _____ (leer) tres novelas.

6. Cuando (yo) llegue a casa, te _____ (decir) lo que pienso.

4 Anuncio Fill in the blanks with words from the box. (5 x 2 pts. each = 10 pts.)

beneficios	contadores	deberán	ofreceremos	salario

Se buscan (1) _____ para compañía internacional. Los aspirantes
(2) _____ tener cinco años de experiencia en esta área
y demostrar que tienen un nivel alto de inglés hablado y escrito. Para empezar,
(3) _____ un buen (4) _____ anual
y (5) _____ como seguro médico y vacaciones pagadas.

5 Completar Fill in the blanks using the past subjunctive. (6 x 1 pt. each = 6 pts.)

> *modelo*
>
> Nos sorprendió que Tomás **recibiera** (recibir) todos esos paquetes.

1. Elena quería que yo _____ (invertir) en su proyecto.

2. Le pedí a Andrés que _____ (dejar) ese trabajo.

3. En ese momento, Ana temía que los jefes la _____ (despedir).

4. (Yo) _____ (querer) hablar con don Arturo, por favor.

5. Me fui del país antes de que ellos _____ (poder) contratarme.

6. Mi jefa esperaba que todos nosotros _____ (ser) responsables.

6 Oraciones Fill in the blanks using the future perfect. (6 x 1 pt. each = 6 pts.)

> *modelo*
>
> En dos meses, yo **habré regresado** (regresar) de Santo Domingo.

1. En agosto, mi abuelo _____ _____ (cumplir) los 99 años.

2. Mañana por la tarde los científicos _____ _____ (regresar) de la excursión.

3. Dentro de una semana, yo ya _____ _____ (obtener) una entrevista de trabajo.

4. Para el viernes, nosotros ya _____ _____ (contratar) a los nuevos técnicos.

5. Cuando terminen el curso de economía, ustedes ya_____ _____ (aprender) a invertir su dinero.

6. Cuando el jefe regrese, tú ya _____ _____ (preparar) la presentación.

7 Verbos Select the appropriate verb form. (5 x 2 pts. each = 10 pts.)

1. Este año yo (ahorraré/ahorrara) mil dólares.

2. Te pidieron que no (llegarás/llegaras) tarde a la reunión.

3. El viernes ellos (terminarán/terminaran) su proyecto.

4. Estoy segura de que tú y yo (tendremos/tuviéramos) mucho éxito.

5. No era necesario que él (irá/fuera) a la entrevista.

8 Escoger Select the appropriate word or phrase. (5 x 2 pts. each = 10 pts.)

1. Dentro de _____ ya estarás casado.
   a. semana   b. veinte años   c. mes de junio

2. ¡No sabemos lo que traerá el _____!
   a. salario   b. futuro   c. oficio

3. No esperaba que Antonio _____ tan pronto de la reunión.
   a. habrá llegado   b. llegará   c. llegara

4. Para cuando vuelvas, ya te _____ el puesto que querías.
   a. habrás dado   b. dará   c. habrán dado

5. En el _____ solicitan pintores y carpinteros.
   a. ascenso   b. gerente   c. anuncio

Tests

9 Completar Select the appropriate word or phrase. (7 x 2 pts. each = 14 pts.)

> Querido hijo:
>
> Yo sé que elegir una profesión no es fácil. Algunas personas saben desde la niñez qué
> (1) (empleo/anuncio/ascenso) quieren para el futuro, pero la mayoría no lo sabe. Mi
> hermano estuvo diez años en el mundo de los (2) (negocios/aspirantes/oficios) y luego se
> dio cuenta (*realized*) de que quería ser (3) (jefe/actor/político) de teatro. Mi madre trabajó
> de (4) (peluquera/aspirante/carrera) durante años. Después dejó ese empleo y entró a la
> universidad a estudiar para ser (5) (compañía/reunión/abogada). ¿Y tú? Para cuando
> salgas de la escuela, tal vez ya (6) (decidieras/habré decidido/habrás decidido) lo que
> quieres estudiar. Pero si no es el caso, tu padre y yo (7) (seguiré/seguirás/seguiremos)
> a tu lado.

10 Lectura Read the article, then indicate whether each statement is **cierto** or **falso**.
(6 x 3 pts. each = 18 pts.)

> ### Lo bueno y lo malo del teletrabajo
>
> Cada vez más estadounidenses trabajarán en sus casas. Según el informe del censo, en
> 2010 casi seis millones de personas trabajaron desde su casa en este país. Esta opción
> tiene muchas ventajas[1]. En primer lugar, no tienes que gastar ni dinero ni tiempo en
> transporte[2]. Simplemente te levantas, te arreglas, te preparas un café y ¡a trabajar!
> También puedes tener tu propio horario. Pero el teletrabajo también tiene sus
> inconvenientes[3]. En casa no encontrarás compañeros de trabajo con quienes hablar y a
> veces pasarás mucho tiempo con asuntos[4] domésticos. Sí, trabajar en tu casa es muy
> cómodo, pero ser tu propio jefe es muy difícil.

[1]*advantages* [2]*transportation* [3]*disadvantages* [4]*matters*

	Cierto	Falso
El artículo dice que:		
1. muchos estadounidenses trabajan en casa.	_____	_____
2. si trabajas en casa, ahorrarás en transporte.	_____	_____
3. en casa puedes trabajar con el horario que quieras.	_____	_____
4. trabajando en casa tienes muchos compañeros junto a ti.	_____	_____
5. si trabajas en casa, no tendrás tiempo para problemas domésticos.	_____	_____
6. no es fácil ser tu propio jefe.	_____	_____

| **244** |

TEST F   Lección 7

1 Escuchar Read the sentence beginnings. Then listen to the graduation speech by a professor at Universidad Central and select the appropriate ending for each sentence. (5 x 2 pts. each = 10 pts.)

1. Para finales de enero, los chicos ya habrán empezado...
   a. su especialización.   b. sus estudios.   c. sus prácticas.

2. Algunos de los estudiantes ya habrán hecho...
   a. la tarea.   b. sus prácticas.   c. un viaje.

3. Quizá sus prácticas profesionales no ofrezcan...
   a. buenos beneficios.   b. un buen horario.   c. un ascenso.

4. Lo que importa es que los estudiantes están obteniendo...
   a. entrevistas.   b. experiencia.   c. beneficios.

5. El profesor dice que lo más importante es tener un trabajo...
   a. que les guste.   b. divertido.   c. que pague bien.

2 Imágenes Fill in the blanks with words from the box. (5 x 2 pts. each = 10 pts.)

actriz	bomberos	corredor de bolsa	empresa	reunión

1. Coral trabaja en el laboratorio de una _____ que hace maquillaje.

2. Fernanda desea ser una _____ famosa.

3. Andrés trabaja en Wall Street. Es un _____ que siempre tiene prisa.

4. Los _____ tienen una ocupación peligrosa (*dangerous*).

5. La _____ terminará a las diez de la mañana.

Tests

3 Escribir Fill in the blanks using the future tense. (6 x 1 pt. each = 6 pts.)

> *modelo*
> Sabrina **cantará** (cantar) en la fiesta de cumpleaños de Tania.

1. Creo que en el futuro tú _____ (ser) una gran mujer de negocios.

2. Tan pronto como lleguemos a casa, (nosotros) te _____ (decir) lo que pensamos.

3. El próximo mes, Adriana _____ (correr) el maratón (*marathon*) de Boston.

4. Si no nos damos prisa, llegaremos tarde porque ya _____ (haber) demasiado tráfico.

5. Canadá y México _____ (invertir) en energías limpias y renovables.

6. ¿Crees que el jefe _____ (querer) saber la verdad?

4 Anuncio Fill in the blanks with words from the box. (5 x 2 pts. each = 10 pts.)

beneficios	deberán	gerentes	podrá	sueldo

Empresa internacional busca (1) _____ con experiencia.
El (2) _____ anual es muy bueno. En el futuro, la compañía
también (3) _____ ofrecer (4) _____ como
seguro médico y vacaciones pagadas. Los aspirantes (5) _____ tener
un nivel alto de inglés hablado y escrito, y más de cinco años de experiencia.

5 Completar Fill in the blanks using the past subjunctive. (6 x 1 pt. each = 6 pts.)

> *modelo*
> Nos sorprendió que Tomás **recibiera** (recibir) todos esos paquetes.

1. Nosotros _____ (querer) hablar con el gerente, por favor.

2. Darío deseaba que los entrevistadores le _____ (dar) ese puesto.

3. Los técnicos esperaban que tú _____ (ser) más responsable.

4. Andrés nos pidió que _____ (creer) en sus intenciones (*intentions*).

5. Los corredores de bolsa me sugirieron que _____ (invertir) en ese negocio.

6. Yo quería que Elena _____ (venir) conmigo a la reunión.

6 Oraciones Fill in the blanks using the future perfect. (6 x 1 pt. each = 6 pts.)

> *modelo*
>
> En dos meses, yo **habré regresado** (regresar) de Santo Domingo.

1. Cuando tú llegues de tu viaje, yo ya _____ _____ (terminar) de leer el libro que me diste.

2. En un año, ustedes ya _____ _____ (conseguir) el ascenso.

3. Dentro de dos años, tú _____ _____ (renunciar) para crear tu propia empresa.

4. Ella ya _____ _____ (preparar) la cena para cuando ustedes lleguen a su casa.

5. Los reporteros y yo _____ _____ (regresar) del pueblo mañana por la tarde.

6. Para el viernes, las aspirantes ya _____ _____ (mandar) sus solicitudes.

7 Verbos Select the appropriate verb form. (5 x 2 pts. each = 10 pts.)

1. La semana que viene (terminaré/terminara) mi proyecto.

2. El año que entra, tú y yo (ahorraremos/ahorráramos) dos mil dólares.

3. Nos pidieron que no (llegaremos/llegáramos) tarde a la videoconferencia.

4. No era necesario que tú (irás/fueras) a la reunión.

5. Estoy segura de que ella lo (pasará/pasara) muy bien contigo.

8 Escoger Select the appropriate word or phrase. (5 x 2 pts. each = 10 pts.)

1. ¿Cómo saber qué traerá el _____?
   a. futuro   b. salario   c. oficio

2. Dentro de _____ ya estaré casado y con hijos.
   a. semana   b. diez años   c. mes de junio

3. No esperaba que Enrique y tú _____ tan pronto.
   a. habrá llegado   b. llegaran   c. llegarán

4. Mariana trabaja en una _____ donde fabrican autos.
   a. solicitud   b. compañía   c. ocupación

5. Para cuando vuelvas, la reunión ya se _____.
   a. habremos terminado   b. habrá terminado   c. habrán terminado

9 Completar Select the appropriate word or phrase. (7 x 2 pts. each = 14 pts.)

> Querido hija:
>
> Yo sé que elegir una carrera no es fácil. Algunas personas saben desde la niñez qué
> (1) (ocupación/ascenso/solicitud) quieren para el futuro, pero la mayoría no lo sabe. Mi
> hermana fue corredora de (2) (negocios/bolsa/oficios) por diez años y luego se dio cuenta
> (*realized*) de que quería ser (3) (jefe/arqueóloga/actriz) de teatro. Tu tía Luisa trabajó de
> (4) (psicóloga/aspirante/carrera) durante años. Al final dejó esa profesión y ahora es una
> (5) (compañía/diseñadora/reunión) con mucho éxito. Bueno, sabes que tu madre y yo
> (6) (seguiré/seguirás/seguiremos) a tu lado. Con suerte, para cuando salgas de la escuela
> ya (7) (habrá sabido/habrá decidido/habrás decidido) lo que quieres estudiar.

10 Lectura Read the public service announcement, then indicate whether each statement is **cierto** or **falso**.
(6 x 3 pts. each = 18 pts.)

> ### Lo malo y lo bueno del teletrabajo
>
> Cada vez más estadounidenses trabajarán en sus casas. Según el informe del censo, en
> 2010 casi seis millones de personas trabajaron desde su casa en este país. Esta opción
> tiene algunos inconvenientes[1]. En primer lugar, en casa no encontrarás compañeros de
> trabajo con quienes hablar y a veces pasarás mucho tiempo con asuntos[2] domésticos.
> Pero el teletrabajo también tiene muchas ventajas[3]. No tienes que gastar ni dinero ni
> tiempo en transporte[4]. Simplemente te levantas, te arreglas, te preparas un café y ¡a
> trabajar! También puedes tener tu propio horario. Sí, ser tu propio jefe es muy difícil,
> pero trabajar en tu casa es muy cómodo.

[1]*disadvantages* [2]*matters* [3]*advantages* [4]*transportation*

	Cierto	Falso
El artículo dice que:		
1. casi seis millones de estadounidenses trabajaron desde su casa en 2010.	_____	_____
2. trabajando en casa tienes muchos compañeros junto a ti.	_____	_____
3. si trabajas en casa, no tendrás tiempo para problemas domésticos.	_____	_____
4. si trabajas en casa, ahorrarás en transporte.	_____	_____
5. en casa puedes trabajar con el horario que quieras.	_____	_____
6. es muy fácil ser tu propio jefe.	_____	_____

Tests

TEST A

Lección 8

1 Escuchar Read these items. Then, listen to a review of a play and fill in the blanks in the sentences. (5 x 2 pts. each = 10 pts.)

1. La obra *Agua de mayo* ganó _____ en el Festival de Teatro de Otoño.

2. Carlos Fuertes y Mariana Cortés son _____.

3. El _____ es un talentoso hombre extranjero.

4. Las profesiones de los personajes principales son _____ y _____.

5. Al final de la obra, el público _____.

2 El festival de arte Look at the picture of an arts festival and describe what is going on, with at least seven sentences. (6 pts. for vocabulary + 6 pts. for grammar + 3 pts. for style and creativity = 15 pts.)

_____

_____

_____

_____

_____

_____

_____

_____

_____

_____

_____

_____

_____

_____

_____

_____

_____

_____

_____

Tests

3 Preparación Carmen is auditioning for a job as a singer in a band. The band leader, Fernando, wants to know what kind of person she is before he offers her the job. Provide Carmen's responses in a way that allows her to get the job. Use the conditional tense. (5 x 2 pts. each = 10 pts.)

FERNANDO Carmen, estoy leyendo tu currículum y me gustaría hacerte algunas preguntas, si no te importa...

CARMEN Sí, claro. ¿Qué querías saber?

FERNANDO ¿Qué sería lo primero que harías al ser parte de nuestra banda?

CARMEN (1) _____

FERNANDO Ya veo... Y dime, ¿puedes bailar también, además de cantar?

CARMEN (2) _____

FERNANDO Estupendo, entonces... Unas preguntitas más y enseguida pasamos a la audición...
A ver, hacemos muchos viajes con la banda. ¿Prefieres tener tu propio cuarto o no te importa compartir un cuarto con toda la banda?

CARMEN (3) _____

FERNANDO Está bien. Imagina que uno de los músicos se equivoca (*makes a mistake*) cuando tú estás cantando. Tú, ¿qué harías?

CARMEN (4) _____

FERNANDO De acuerdo, y ya la última pregunta... Carmen, ¿cuándo puedes empezar a practicar con nosotros?

CARMEN (5) _____

4 Una breve conversación Fill in the blanks with the missing parts of this conversation.
(10 x 2 pts. each = 20 pts.)

LOLA La verdad, Julia, me molestó mucho que no (1)_____ (venir) al concierto conmigo.

JULIA (2) _____ (ir) contigo, pero tenía mucho trabajo. Era imposible que
(3) _____ (llegar) a tiempo.

LOLA De todas formas, yo (4) _____ (preferir) saber eso que me estás diciendo antes de llegar allí.

JULIA Lo sé, Lola, pero ¿recuerdas lo que pasó la última vez que fuimos juntas a la ópera? Era obvio que yo también (5) _____ (querer) saber si ibas a llegar, y tú me tuviste esperando casi dos horas en la puerta...

LOLA Esto es increíble. La verdad, esa noche nunca pensé que tú 6) _____ (ser) capaz de hacer algo así por lo que pasó en la ópera el año pasado... No eres una buena amiga...

JULIA Ay, no es para tanto, después de todo, dudo que nosotras (7) _____ (divertirse) en ese concierto.

LOLA ¿Por qué?

JULIA Pues temía que Mario (8) _____ (sentarse) con nosotras. Me daba miedo de que tú (9) _____ (darse cuenta) de que tu ex ahora es mi novio.

LOLA ¿¡Qué!? Ojalá nunca los (10) _____ (conocer) a ninguno de los dos. Así que, desde hoy, olvídate de mí, de nuestra amistad y de los dos mil dólares que me prestaste para mi carro.

5 Preguntas Answer these questions using the conditional or conditional perfect.
(5 x 2 pts. each = 10 pts.)

1. ¿Qué tipo de película le habrías recomendado a un(a) amigo/a para ver en su primera cita? ¿Por qué?

_____

2. ¿Qué habrías hecho tú de encontrarte en la misma situación que Carmen, la chica de la Actividad 3?

_____

3. Van a hacer una película de tu vida. ¿Quién haría el papel del personaje principal?

_____

4. Si hacen una película de tu vida, ¿qué tipo de película sería? ¿Por qué?

_____

5. Has ganado un concurso y vas conocer a tu celebridad (*celebrity*) favorita. ¿Qué harías?

_____

6 Lectura Ronaldo, an aspiring actor, has just spent one month trying his luck in Hollywood. Read the letter to his mother and then answer the questions. (5 x 3 pts. each = 15 pts.)

Querida mamá:

Te habría escrito antes, pero tenía que organizar mi vida un poco antes de hablar contigo y con mis amigos. El último mes ha sido realmente difícil para mí. Yo habría preferido tener un poco más de suerte. Si hubiera seguido tus consejos, habría tenido menos problemas. Sobre todo[1], no habría perdido mi trabajo. También me habría gustado que alguien me hubiera ayudado, así seguro que habría tenido éxito en Hollywood; pero como estaba solo y triste, no creía que nadie me escucharía, y ¿sabes qué? Era verdad. Después de un mes de asistir a todas las audiciones que veía en el periódico, todavía no hay nadie que sepa quién soy. Para mí el cine es lo más importante, y habría hecho lo imposible por tener un papel en una película. Te visitaría y te contaría más cosas, pero tú y yo sabemos que ésa no es una buena idea. Además, tu esposo probablemente se enojaría y yo no necesito más problemas. Me habría gustado mucho conseguir un trabajo, aunque hubiera sido sólo durante el verano, y así te habría mandado un poco de dinero para ayudar con los gastos[2] de mis hermanos, porque sé que comen mucho y que la escuela es muy cara... Te dejo mamá, te llamaría por teléfono, pero tendría que salir a la calle y buscar un lugar desde donde llamar.

Ronaldo

[1]*Above all* [2]*expenses*

1. ¿Habría escrito esta carta Ronaldo después de tener éxito en Hollywood? _____

_____

2. ¿Cómo habría tenido Ronaldo menos problemas? _____

_____

3. Según la carta, ¿preferiría Ronaldo que su madre estuviera casada con otra persona? ¿Por qué?

_____

4. ¿Cuál crees que es la situación económica de la madre de Ronaldo? ¿Cómo lo sabes?

_____

5. Crees que el apartamento de Ronaldo tiene teléfono? Explica cómo lo sabes.

_____

Tests

7 Lo que conseguiría Imagine that you find yourself in Ronaldo's situation. Full of hopes and passion for your trade, you head to Hollywood to try to make a name for yourself.

- Write a paragraph stating your thoughts. Be as detailed as possible.
- Don't forget to include the conditional and the conditional perfect to express your thoughts.
- Use these questions as a guide:

What steps would you follow?

What preparations would you make in advance?

Would you take someone with you?

How long do you think you would last?

Why would you be successful, as opposed to Ronaldo?

What would you do differently?

(8 pts. for vocabulary + 8 pts. for grammar + 4 pts. for style and creativity = 20 pts.)

_____

_____

_____

_____

_____

_____

_____

_____

_____

_____

_____

_____

_____

_____

_____

_____

_____

_____

_____

_____

_____

Lección 8 Test A

Tests

TEST B

Lección 8

1 Escuchar Read these items. Then, listen to a dance review and complete the sentences.
(5 x 2 pts. each = 10 pts.)

1. La obra es un espectáculo de _____.

2. Federico Santos es el _____.

3. Habría sido mejor para el espectáculo tener otros _____.

4. El espectáculo tiene _____ , porque los bailarines no hacen buena pareja.

5. A las personas que no son amantes del baile, el crítico les recomienda _____.

2 El festival de arte Look at the picture and describe what is going on. Write at least seven sentences.
(6 pts. for vocabulary + 6 pts. for grammar + 3 pts. for style and creativity = 15 pts.)

_____

_____

_____

_____

_____

_____

_____

_____

_____

_____

_____

_____

_____

_____

_____

_____

_____

_____

_____

_____

Tests

3 Con un poco de suerte Alberto applied for admission to a well-known arts school. Read the interview and provide Alberto's responses. Use the conditional tense. (5 x 2 pts. each = 10 pts.)

AZUCENA Hola, Alberto, ya tenía ganas de conocerte. He oído hablar mucho de ti.

ALBERTO Hola, Azucena, yo también tenía muchas ganas de venir. Gracias.

AZUCENA Bueno, me gustaría hacerte algunas preguntas antes de evaluar tu solicitud.

ALBERTO Sí, claro, habría traído la información conmigo, pero salí de casa con mucha prisa.

AZUCENA No te preocupes. Imagina que tienes la oportunidad de entrar a nuestra escuela de arte. ¿Qué harías?

ALBERTO (1) _____

AZUCENA Ya veo. Ahora imagina que hubieras perdido una beca (*scholarship*) para estudiar aquí. ¿Qué habrías hecho para conseguir tus objetivos profesionales?

ALBERTO (2) _____

AZUCENA Tu padre es un actor famoso. De no tener un padre famoso, ¿qué posibilidades crees que tendrías de alcanzar (*achieve*) el éxito en el mundo artístico?

ALBERTO (3) _____

AZUCENA Muy bien. Y dime, ¿qué puedes sacrificar (*sacrifice*) por tu carrera artística?

ALBERTO (4) _____

AZUCENA ¡Qué interesante! Y por último, ¿hay alguna posibilidad de que me presentes a tu padre?

ALBERTO (5) _____

AZUCENA Ya veo, muy bien, pues sabrás nuestra decisión en unas semanas. Muchas gracias, Alberto.

ALBERTO Encantado, Azucena, y luego te llamo para que conozcas a mi padre.

4 Aquella conversación Fill in the blanks in the conversation. (10 x 2 pts. each = 20 pts.)

CARLOS Manuel, me molestó que no (1) _____ (venir) al partido de béisbol conmigo.

MANUEL (2) _____ (ir) contigo, pero quería ver el fútbol, así que fui con otro amigo.

CARLOS Pero Manuel, era obvio que yo (3) _____ (querer) ver el fútbol también. Cuando llegué a casa, esperaba que (tú) me (4) _____ (llamar). (5) _____ (ir) todos juntos.

MANUEL Sí, Carlos, pero ¿recuerdas lo que pasó cuando fuimos a aquel partido? Ojalá que yo (6) _____ (asistir) con una persona más tranquila que tú...

CARLOS ¿Una persona más tranquila? ¿En un partido de fútbol tan importante? A mí me sorprendió que tú no (7) _____ (estar) tan contento como yo...

MANUEL Oye, en realidad (yo) (8) _____ (preferir) no decirte esto, pero no creo que tú (9) _____ (divertirse) con nosotros.

CARLOS ¿Por qué?

MANUEL Porque no fui con un amigo, fui con Silvia, tu ex. Lo siento, ella ahora es mi novia. Ella no creía que tú y yo no (10) _____ (hablar) de esto y quería que tú fueras.

Lección 8 Test B

5 Preguntas Answer these questions using the conditional or the conditional perfect. (5 x 2 pts. each = 10 pts.)

1. ¿Qué habrías contestado a la última pregunta de la Actividad 3 de encontrarte en la situación de
   Alberto? _____

2. Imagina (*imagine*) que tu hermana te dijo que quiere ser cantante. ¿Qué habrían hecho tus padres?
   _____

3. Imagina que Disney te pide que escribas un guión (*script*) para ellos. ¿Qué tema escogerías?
   _____

4. Imagina que has ganado la lotería. En cinco años, ¿qué habrías hecho con el dinero?
   _____

5. ¿Te gustaría participar en una obra de teatro? ¿Por qué?
   _____

6 Lectura It's been three years since Alberto entered the highly-acclaimed art school. Read the letter he wrote to his father and answer the questions using complete sentences. (5 x 3 pts. each = 15 pts.)

Querido papá:

Te habría llamado mucho antes, pero mi compañero de cuarto siempre está escuchando todas mis conversaciones. Por eso he decidido escribirte esta carta. Las cosas no van muy bien por aquí. Este semestre tuve profesores que habrían preferido que yo hubiera tenido más ganas de aprender y menos dinero. Dijeron que así sería más feliz y tendría más éxito. Yo no sé qué pensar. Mis profesores no me lo habrían dicho nunca, pero yo sé que sólo me aceptaron[1] en la escuela porque soy tu hijo. Antes de que mamá se casara con el director de la escuela de arte, las cosas ya no iban bien, pero desde que se divorciaron yo sólo he tenido un problema detrás de otro. Ha sido muy difícil, la verdad. El tío Carlos me prometió que vendría a visitarme y que me ayudaría a que las cosas mejoraran, pero como estuvo tan ocupado haciendo esa versión de Hamlet para jubilados, no lo he visto desde que llegué aquí. En fin, no quiero aburrirte más, ya sé que estás muy ocupado. Espero que el estreno de tu última película sea todo un éxito. Por cierto, no me habría molestado que enviaras dinero, ¿sabes? Los cheques de mamá ya no llegan tan frecuentemente ahora que tiene otro novio, y yo podría acabar trabajando como camarero en algún sitio. ¡Imagínate, qué horror!

Alberto.

[1]*admitted*

1. Según los profesores, ¿que habría necesitado Alberto para ser más feliz? _____
   _____

2. Imagina que la madre de Alberto no está divorciada. ¿Qué habría cambiado en la vida de Alberto?
   _____

3. ¿Qué le dijo el tío Carlos a Alberto? _____
   _____

4. ¿Qué quería Alberto que su padre le mandara? ¿Por qué? _____
   _____

5. Según lo que leíste, ¿qué tipo de trabajo crees que Alberto no haría nunca? _____
   _____

 Lección 8 Test B

7 Yo en su lugar Imagine that you find yourself in Alberto's situation. You're the son or daughter of a highly-acclaimed actor and want to make a name for yourself.

• Write a paragraph stating your thoughts, and be as detailed as possible.
• Don't forget to include the conditional and the conditional perfect to express your thoughts.
• Use these questions as a guide:

   After being admitted to the art school, what steps would you take to ensure you were successful?
   What would you have done prior to requesting admission?
   Would you have used your father's name and influence to help you?
   How long do you think you would last?
   Why would you be successful?
   What would you do differently from Alberto?

(8 pts. for vocabulary + 8 pts. for grammar + 4 pts. for style and creativity = 20 pts.)

_____
_____
_____
_____
_____
_____
_____
_____
_____
_____
_____
_____
_____
_____
_____
_____
_____
_____
_____
_____

TEST C   Lección 8

1 Escuchar You will hear five personal questions. Answer them with Spanish sentences. Use the past perfect subjunctive. (5 x 3 pts. each = 15 pts.)

1. _____

2. _____

3. _____

4. _____

5. _____

2 El festival de arte Look at the picture of this art festival and describe what your best friend would have done and would have thought if he/she had had the opportunity to go to this festival. Write at least five sentences using the conditional perfect tense and vocabulary from this lesson.
(4 pts. for vocabulary + 4 pts. for grammar + 2 pts. for style and creativity = 10 pts.)

_____

_____

_____

_____

_____

_____

_____

_____

_____

_____

_____

_____

_____

_____

_____

Tests

| 257 | **Lección 8** Test C

3 Lectura Read this letter from a famous actress and answer the questions using complete sentences. (5 x 2 pts. each = 10 pts.)

> Mi nombre es Axil Pazo y hoy he cumplido mis 80 años. Mirando al pasado, no puedo evitar pensar en las cosas que habría hecho de forma diferente en mi vida. De mi vida profesional, probablemente no cambiaría nada. Tuve mucho éxito en el cine y en el teatro. Incluso durante mis primeros años como bailarina, antes de empezar en el cine, fui realmente famosa. En mi vida personal, es posible que hubiera cambiado algunas cosas, aunque llevar una vida seria y formal no es mi estilo y creo que no me habría gustado. Recuerdo que mi cuarto esposo me dijo que al trabajar tanto y pasar tan poco tiempo con mis amigos y con mi familia, terminaría muy mal y lo sentiría, antes o después. Y la verdad... la verdad es que tenía razón. Cuando murió mi madre yo estaba de gira[1] en Buenos Aires, y cuando se casó mi hermana yo me encontraba filmando[2] una película de horror en Bruselas. Pero en fin, el pasado es el pasado y pensándolo bien, no lo cambiaría. Hice todo lo que quise hacer, disfruté de lo bueno y de lo malo, y ahora, a esta edad, sólo me gustaría tener más energía para jugar con mis perritos, que son los que me dan más alegría.

[1]*on tour*   [2]*filming*

1. ¿Por qué dice Axil que no cambiaría nada de su vida profesional? _____
_____

2. ¿Cómo fueron los primeros años de la carrera artística de Axil, según su carta?_____
_____

3. Si pudiera hacer las cosas de nuevo, ¿qué crees que habría hecho Axil para no terminar su vida sola?
_____

4. ¿Crees que Axil tenía una buena relación con su familia? ¿Por qué?_____
_____

5. Según el final de la carta, ¿con quién crees que pasaría Axil su próximo cumpleaños? ¿Por qué?
_____

4 Una oportunidad Imagine that you can go back in time. What would you change? How would your life be different if those changes had taken place? Write a paragraph expressing your thoughts, using the conditional and the conditional perfect.
(6 pts. for vocabulary + 6 pts. for grammar + 3 pts. for style = 15 pts.)

_____

_____

_____

_____

_____

_____

_____

_____

Tests

TEST D

Lección 8

1 Escuchar You will hear five personal questions. Answer them with Spanish sentences. Use the past perfect subjunctive. (5 x 3 pts. each = 15 pts.)

1. _____

2. _____

3. _____

4. _____

5. _____

2 El festival de arte Look at the picture of this art festival and describe what you would have done and would have thought if you had had the opportunity to go to this festival. Write at least five sentences, using the conditional perfect tense and vocabulary from this lesson. (4 pts. for vocabulary + 4 pts. for grammar + 2 pts. for style and creativity = 10 pts.)

_____

_____

_____

_____

_____

_____

_____

_____

_____

_____

_____

_____

_____

_____

_____

Tests

3 Lectura Sandra's grandfather Isidro is telling her about his past. Read what he says and answer the questions using complete sentences. (5 x 2 pts. each = 10 pts.)

Verás, Sandra, tendría yo unos 11 ó 12 años cuando empecé a interesarme por la pintura. Mi padre no quería que trabajara con el arte. Yo sentía tanta pasión por la pintura que habría hecho cualquier cosa[1] por hacer de ella mi profesión. Como mi madre, que siempre decía la verdad, no me habría dado dinero para comprar pinceles[2] y colores sin decírselo a mi padre, yo tuve que trabajar en diferentes oficios para poder comprarlos. Nunca pensé que tendría éxito. Mi padre dudaba que yo tuviera talento, porque pensaba que en ese caso mi maestro de pintura de la escuela le habría dicho algo. Pero mi maestro no me habría ayudado nunca. Si hubiera escuchado a mi profesor, simplemente habría hecho copias[3] de Picasso, de Miró, de Frida... en fin, que habría destruido mi vida artística al tratar de ser una persona diferente. Y eso no te lo recomendaría jamás. Yo, en tu lugar, buscaría la pasión de mi vida y no descansaría hasta encontrarla. Pero tú todavía eres muy pequeñita, creo que sería mejor esperar un poco, tal vez hasta que cumplas un año para decirte todas estas cosas. Quizás entonces me responderías cuando te hablara.

[1]*anything*   [2]*brushes*   [3]*copies*

1. ¿Por qué no le habría dado dinero a Isidro su madre sin que lo supiera su padre? _____

_____

2. ¿Por qué no creía el padre de Isidro que su hijo tuviera éxito como pintor? _____

_____

3. ¿Qué tipo de pinturas habría hecho Isidro en caso de que hubiera escuchado a su profesor? _____

_____

4. ¿Qué no le recomendaría Isidro a Sandra? _____

_____

5. ¿Qué haría Isidro si estuviera en el lugar de su nieta? _____

_____

4 Una oportunidad Imagine that you and a friend can go back in time. What would you change? Write a paragraph expressing your thoughts, using the conditional and conditional perfect. (6 pts. for vocabulary + 6 pts. for grammar + 3 pts. for style and creativity = 15 pts.)

_____

_____

_____

_____

_____

_____

_____

_____

| **260** | **Lección 8**   Test D

Tests

TEST E   Lección 8

1 Escuchar Read the statements. Then listen to the radio interview of a musician and indicate whether each statement is **cierto** or **falso**. (5 x 2 pts. each = 10 pts.)

	Cierto	Falso
1. El maestro Salgado tuvo un grupo de jazz en los años setenta.	_____	_____
2. El grupo de jazz se llamaba Guitarras.	_____	_____
3. El grupo no tenía un director.	_____	_____
4. El maestro Salgado siempre sabía que sería popular con el jazz.	_____	_____
5. El grupo se separó después de grabar el primer disco.	_____	_____

2 Imágenes Fill in the blanks with words from the box. (5 x 2 pts. each = 10 pts.)

bailarina	cantante	comedias	obra maestra	toca

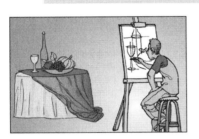

1. Juan se sabe que pintar una _____ es muy difícil.

2. Me gustan más las_____ que las tragedias.

3. Cuando Ana _____ el violín, me siento tranquila.

4. Para ser una buena _____ hay que tener mucha disciplina (*discipline*).

5. Elena es una _____ muy talentosa.

Tests

3 Condicional Fill in the blanks using the conditional tense. (6 x 1 pt. each = 6 pts.)

> modelo
>
> Susana **cantaría** (cantar) contigo mañana.

1. Yo _____ (poner) esas cerámicas en el centro de la mesa.

2. Pedro y yo te _____ (acompañar) a la ópera, pero está lloviendo.

3. ¿Ana y tú _____ (hacer) un pastel de chocolate para mí?

4. ¡Tú _____ (obtener) el papel del personaje principal!

5. Luis y Laura _____ _____ (casarse) mañana mismo.

6. La directora _____ (querer) saber qué le pasó a la orquesta.

4 Conjugar Complete the chart with the conditional forms. (5 x 2 pts. each = 10 pts.)

Infinitivo	yo	nosotros
decir	(1)	(2)
hacer	(3)	
cantar		(4)
poder	(5)	

5 Pluscuamperfecto de subjuntivo Fill in the blanks using the past perfect subjunctive. (6 x 1 pt. each = 6 pts.)

> modelo
>
> Fue muy bueno que César **se hubiera despertado** (despertarse) tan temprano.

1. No había nadie que _____ _____ (querer) pagar por ver un concierto tan malo.

2. La madre de Ignacio esperaba que él _____ _____ (aprender) a tocar el violín a los diez años.

3. Adela y yo salimos del cine antes de que ustedes _____ _____ (llegar).

4. El bailarín no creía que nosotros _____ _____ (escribir) la música del espectáculo.

5. Guillermo te pidió que lo llamaras cuando (tú) _____ _____ (ver) ese drama.

6. No era cierto que (nosotros) _____ _____ (arreglarse) más rápido para salir con ustedes.

6 Condicional perfecto Fill in the blanks using the conditional perfect. (6 x 1 pt. each = 6 pts.)

> **modelo**
>
> Ellos **habrían** **comido** (comer) pescado y ensalada.

1. Esta noche yo _____ _____ (ir) al teatro con Carlos y Miguel.

2. Lilia _____ _____ (esculpir) su mejor obra el año pasado.

3. Isabel y Julia me _____ _____ (decir) la verdad.

4. Tú _____ _____ (hacer) el papel del poeta.

5. Creo que tú y yo _____ _____

   _____ (aburrirse) en el espectáculo.

6. Esas bailarinas no _____ _____ (saber) qué hacer frente al público.

7 Verbos Fill in the blanks using the past perfect subjunctive. (5 x 2 pts. each = 10 pts.)

1. Esperaban que tú _____ _____

   _____ (despertarse) temprano para ir con ellos.

2. Dudábamos que ustedes _____ _____ (dormir) menos de

   cinco horas.

3. No había nadie que _____ _____ (poder) pintar como yo.

4. No era cierto que (nosotros) _____ _____

   _____ (quedarse) en casa toda la tarde.

5. Ustedes dudaban que yo _____ _____

   _____ (hacerse) famoso.

8 El festival Fill in the blanks with words from the box. (5 x 2 pts. each = 10 pts.)

cantantes	folclórica	habría perdido
conciertos	habría ido	

El fin de semana pasado se celebró en mi ciudad un festival de música (1) _____,

pero hizo muy mal tiempo. Con menos lluvia, (2) _____ más público. ¡Yo no me lo

(3) _____ por nada del mundo! Vinieron músicos y (4) _____

de todo el país. El último día del festival, hubo (5) _____ de algunas orquestas.

Tests

9 Escoger Select the appropriate word or phrase. (7 x 2 pts. each = 14 pts.)

Miguel Ángel, o *Michelangelo*, es uno de los grandes personajes en la historia de las (1) (bellas artes/ cerámicas/orquestas). Muchas obras de este (2) (cantante/bailarín/pintor) italiano del siglo (*century*) XVI son (3) (folclóricas/obras maestras/tragedias). Miguel Ángel (4) (trabajó/habría trabajado/ trabajaría) en el gobierno como su padre, pero se dedicó (*devoted himself*) a las artes. Miguel Ángel está entre los grandes de la (5) (comedia/cultura/poesía) universal, como William Shakespeare en la literatura o Beethoven en la (6) (ciencia ficción/entrevista/música). Sin él, la historia del arte (7) (hubiera sido/habría sido/fue) distinta (*different*).

10 Lectura Read the excerpt, then select the appropriate word or phrase to complete each sentence. (6 x 3 pts. each = 18 pts.)

¿Sabes cuál es el país que más películas produce? Si estás pensando en los Estados Unidos estás equivocado. Es la India. En los países occidentales[1] el video e Internet han tenido un efecto negativo[2] en el cine. En la India, sin embargo, la gente va cada vez más al cine. En este país se producen cerca de dos mil películas al año en más de 15 lenguas diferentes. Estas películas tienen una audiencia[3] de más de 1.500 millones de personas. La mayoría de estas películas son de bajo presupuesto[4]. Sólo un 2% cuesta 3 millones de dólares o más. Muchas de estas películas son dramas y comedias musicales con bailarines y cantantes.

[1]*western countries* [2]*negative effect* [3]*audience* [4]*low budget*

1. El país que más películas produce es _____.
   a. los Estados Unidos   b. la India   c. Canadá

2. En los países occidentales muchas personas prefieren _____ que ir al cine.
   a. ver videos   b. dirigir películas   c. viajar a la India

3. La India produce aproximadamente _____ películas al año.
   a. 2.000   b. 3.000   c. 4.000

4. _____ 1.500 millones de personas ven películas en la India.
   a. Menos de   b. Sólo   c. Más de

5. Cuesta _____ producir muchas de las películas de la India.
   a. mucho dinero   b. poco dinero   c. diez millones de dólares

6. A la gente de la India le gustan las películas _____.
   a. de terror   b. musicales   c. de ciencia ficción

TEST F

Lección 8

1 Escuchar Read the statements. Then listen to the radio interview with a singer, and indicate whether each statement is **cierto** or **falso**. (5 x 2 pts. each = 10 pts.)

	Cierto	Falso
1. Marta tenía un grupo llamado Amapola.	_____	_____
2. Nadie iba a sus conciertos.	_____	_____
3. Grabaron treinta discos.	_____	_____
4. Marta tiene un estudio de grabación (*recording studio*).	_____	_____
5. A Marta no le interesan los jóvenes.	_____	_____

2 Imagenes Fill in the blanks with words from the box. (5 x 2 pts. each = 10 pts.)

comedias	director	escritor	obra maestra	tocas

1. Para ser un buen _____ hay que tener mucho talento musical.

2. Cuando tú _____ el violín, me acuerdo de Luisa.

3. Las _____ me gustan más que las tragedias.

4. Antonio quiere hacer una _____.

5. Supe que tu _____ favorito publicó unos cuentos este año.

Tests

3 Condicional Fill in the blanks using the conditional tense. (6 x 1 pt. each = 6 pts.)

> *modelo*
>
> Susana **cantaría** (cantar) contigo mañana.

1. Yo te _____ (acompañar) con gusto al espectáculo, pero hoy no puedo.

2. ¿Qué premio nos _____ (dar) ellos?

3. ¡Tú _____ (hacer) el papel del personaje principal!

4. María _____ (deber) poner esos tejidos en la pared del comedor.

5. Mi novio _____ (querer) aprender a tocar diez instrumentos.

6. Camila y Daniel _____ _____ (irse) pronto del teatro.

4 Conjugar Complete the chart with the conditional forms. (5 x 2 pts. each = 10 pts.)

Infinitivo	yo	nosotros
decir		(1)
pintar	(2)	
poner	(3)	(4)
poder		(5)

5 Pluscuamperfecto de subjuntivo Fill in the blanks using the past perfect subjunctive.
(6 x 1 pt. each = 6 pts.)

> *modelo*
>
> Fue muy bueno que César **se hubiera despertado** (despertarse) tan temprano.

1. Te pedimos que nos llamaras cuando (tú) _____ _____(ver) ese drama.

2. Adriana salió del cine antes de que ustedes _____ _____(llegar).

3. Los padres de Germán esperaban que él _____ _____ (tocar) el piano desde los cinco años.

4. Ellos deseaban que nosotros _____ _____ (apreciar) su música.

5. El cantante no creía que Carmen _____ _____ (escribir) la música de la ópera.

6. Esta mañana era importante que (nosotros) _____ _____ _____ (arreglarse) más rápido para ir a la escuela.

6 Condicional perfecto Fill in the blanks using the conditional perfect. (6 x 1 pt. each = 6 pts.)

> **modelo**
>
> Ellos **habrían comido** (comer) pescado y ensalada.

1. Ese bailarín no _____ _____ (saber) qué hacer frente al público.

2. Yo _____ _____ (hacer) el papel del compositor.

3. Tú _____ _____ (publicar) tu mejor obra el año pasado.

4. Esta noche Catalina y yo _____ _____ (ir) a la ópera con Carlos.

5. Julia y tú me _____ _____ (aplaudir) mucho más.

6. Sé que mis padres _____ _____ _____ (aburrirse)
   en el concurso.

7 Verbos Fill in the blanks using the past perfect subjunctive. (5 x 2 pts. each = 10 pts.)

1. No había nadie que _____ _____ (poder) cantar como yo.

2. Era probable que te _____ _____ (encantar) el concierto, pero no quisiste
   ir con nosotros.

3. Dudaba que ustedes ya _____ _____ (terminar) de ver la película.

4. Mi madre deseaba que yo _____ _____
   _____ (vestirse) mejor.

5. Dudábamos que ustedes _____ _____ (regresar) de Honduras
   tan pronto.

8 El concurso Fill in the blanks with words from the box. (5 x 2 pts. each = 10 pts.)

habría apreciado	moderna	tocaron
habríamos perdido	músicos	

La semana pasada hubo un concurso de música (1) _____ en mi ciudad.

El público (2) _____ mucho el espectáculo pero estuvo nevando todo

el día. ¡Mis amigos y yo no nos lo (3) _____ por nada del mundo!

Vinieron (4) _____ de todo el país. Al final todos ellos

(5) _____ juntos una canción.

| 267 | **Lección 8** Test F

9 Escoger Select the appropriate word or phrase. (7 x 2 pts. each = 14 pts.)

> Leonardo da Vinci es uno de los grandes personajes en la historia de las (1) (bellas artes/
> cerámicas/orquestas). Muchos cuadros de este (2) (director/cantante/pintor) italiano del siglo (*century*)
> XVI son (3) (folclóricas/obras maestras/tragedias). Leonardo primero se dedicó (*devoted himself*) a la
> pintura, pero después también (4) (iría/bailaría/desarrollaría) su talento como científico e inventor.
> Leonardo está entre los grandes de la (5) (comedia/cultura/poeta) universal, como Miguel de
> Cervantes en la literatura o Mozart en la (6) (danza/escultura/música). Sin él, la historia del arte
> (7) (hubieran sido/habría sido/fue) diferente.

10 Lectura Read the excerpt, then select the appropriate word or phrase to complete each sentence.
(6 x 3 pts. each = 18 pts.)

> Casi todo el mundo piensa que los Estados Unidos es el país que más películas
> produce, pero no es así. La mayor industria[1] del cine del mundo está muy lejos de aquí,
> está en la India. En Occidente[2] muchas personas prefieren ver las películas en su casa.
> Pero en la India la gente va cada vez más al cine. Este país produce miles de películas
> al año en más de 15 lenguas diferentes. Estas películas tienen una audiencia[3] de más de
> 1.500 millones de personas. La mayoría de estas películas son de bajo presupuesto[4].
> Sólo un 2% cuesta 3 millones de dólares o más. La mayoría de estas películas son
> dramas y comedias musicales, donde los actores cantan y bailan.

[1]*industry* [2]*West* [3]*audience* [4]*low budget*

1. El país que más películas produce es _____
   a. los Estados Unidos   b. Francia   c. la India

2. En los países occidentales (*western countries*) muchas personas prefieren _____ .
   a. ir al cine   b. ver peliculas en casa   c. viajar a la India

3. La India produce _____ películas al año.
   a. millones de   b. miles de   c. cuarenta

4. Las películas de la India se hacen en _____ lenguas diferentes.
   a. más de quince   b. menos de diez   c. menos de cinco

5. Cuesta _____ producir muchas de las películas de la India.
   a. mucho dinero   b. diez millones de dólares c. poco dinero

6. A la gente de la India le gustan las películas _____ .
   a. de terror   b. de ciencia ficción   c. musicales

TEST A   Lección 9

1 Escuchar Listen to this news segment and complete the sentences. (5 x 2 pts. each = 10 pts.)

1. En España se va a hacer una encuesta para _____.

2. El huracán de Florida _____.

3. El reportaje completo sobre la situación en Florida _____.

4. En los deportes, el equipo de fútbol de Uruguay _____.

5. Los reportajes internacionales serán _____.

2 Definir Choose five words from the box and give definitions in Spanish. (5 x 2 pts. each = 10 pts.)

crimen	**encuesta**	**huelga**	**libertad**	**noticiero**
desempleo	**guerra**	**huracán**	**locutor(a)**	

1. _____

2. _____

3. _____

4. _____

5. _____

3 ¿Qué harías tú? This is Juan. Describe the situation he is in, using vocabulary from the lesson. Then indicate one thing that you would do and one thing that you would not do if you found yourself in his shoes, using **si** clauses. (2 x 5 pts. each = 10 pts.)

1.

2.

1. _____

_____

_____

_____

2. _____

_____

_____

_____

_____

| **269** | **Lección 9** Test A

Tests

4 Un reportaje Complete the news broadcast with words from the box. There are two extra words.
(10 x 1 pt. each = 10 pts.)

acontecimiento	comunicado	discriminación	incendio
artículo	desempleo	discurso	noticias
candidata	desigualdad	elecciones	transmitir

MARCOS Buenas tardes y muchas gracias por escucharnos. Les reportamos ahora las
(1) _____ más importantes del día. ¿Carla?

CARLA Hola, Marcos, buenas tardes. Empezamos con el (2) _____ más
importante de la semana. El (3) _____ escrito en el periódico
por Marta González, la (4) _____ del partido (*party*) liberal,
les ha creado (*created*) muchos problemas al presidente y al partido popular en las
próximas (5) _____.

MARCOS ¿Qué nos puedes contar sobre esto?

CARLA Pues, la señora González dice que la oposición promueve (*promotes*) la
(6) _____ racial y la (7) _____ de
la mujer. La señora González también escribió que si ella gana las próximas elecciones, su
prioridad más inmediata será ocuparse del (8) _____, ya que
hay ahora mismo más de dos millones de personas sin trabajo en nuestro país.

MARCOS Si el presidente del partido popular escribiera algo así sobre la señora González,
¿qué pasaría?

CARLA Pues mira, el presidente se ha (9) _____ con los jefes del partido
popular y dicen que esta noche van a (10) _____ una noticia
que va a sorprendernos a todos.

MARCOS Muchas gracias, Carla. Esperamos tu informe esta noche.

5 Preguntas Answer the questions using complete sentences. (6 x 3 pts. each = 18 pts.)

1. ¿Qué harías si fueras un(a) representante de los ciudadanos? _____
_____

2. Si tus compañeros/as de trabajo quieren organizar una huelga, ¿qué puedes hacer? _____
_____

3. Si tuvieras mucho dinero, ¿te presentarías como candidato/a a la presidencia de tu país? ¿Por qué?
_____
_____

4. Si fueras un(a) representante del gobierno, ¿qué harías para bajar (*lower*) los impuestos?
_____
_____

5. ¿Qué crees que cambiaría en tu vida si fueras el/la representante de tu país en la ONU (*U.N.*)?
_____
_____

6. ¿Qué harías si trabajaras en un medio de comunicación? _____
_____

Tests

6 Lectura Read the letter from a school director to the students' parents. Then answer the questions using complete sentences. (6 x 3 pts. each = 18 pts.)

Estimados padres de familia:

Como ya saben, el día 15 de abril habrá una huelga de profesores en nuestra escuela. Los objetivos de esta huelga son conseguir mejores salarios para nuestros profesores, terminar con el racismo y el sexismo en el trabajo y luchar por la igualdad de todos los participantes. Si lo desean, pueden leer más información en el periódico de mañana o, si lo prefieren, pueden escuchar o ver el noticiero de esta noche, cuando se transmitirá la noticia por radio y por televisión. En la Escuela San Antonio todos sabemos que éste es un momento difícil para nuestro país; la economía no está bien y hay mucho desempleo. Si esperamos hasta que la economía mejore para luchar por nuestros derechos, será demasiado tarde. Debemos actuar ahora, y nuestros profesores y estudiantes están preparados para luchar por conseguir nuestros objetivos. Si se quieren comunicar conmigo para hablar sobre esto, pueden llamarme a mi línea directa en la escuela o pueden venir a visitarme los martes y viernes entre las 3 y las 5 de la tarde. Si cambian nuestras actividades, se anunciará en todas las estaciones de radio y televisión para que ustedes estén informados en todo momento.

Gracias por su colaboración con nuestra causa.

Atentamente,
Luis Cardona
Director de la Escuela San Antonio

---

1. ¿Cuál es el objetivo de esta carta a los padres?

   _____

   _____

2. ¿Qué van a conseguir los profesores si la huelga tiene éxito?

   _____

3. ¿Qué pueden hacer los padres si quieren más información sobre la huelga?

   _____

4. ¿Cómo es la situación actual (*current*) del país?

   _____

5. Si éste es un momento difícil para el país, ¿por qué hacen la huelga ahora?

   _____

6. ¿Cómo pueden saber los padres si cambian las actividades?

   _____

   _____

Tests

7 El/La candidato/a Imagine you are running for office.

- Write a paragraph stating your main objectives, what you would do if you were elected, what changes you would implement, what you would fight for, etc.
- Make sure to use vocabulary from the lesson, the subjunctive, and **si** clauses.
- Feel free to comment on the work of your predecessors.

(10 pts. for vocabulary + 10 pts. for grammar + 4 pts. for style and creativity = 24 pts.)

_____

_____

_____

_____

_____

_____

_____

_____

_____

_____

_____

_____

_____

_____

_____

_____

_____

_____

_____

_____

TEST B

Lección 9

1 Escuchar Listen to this news segment and complete the sentences. (5 x 2 pts. each = 10 pts.)

1. El gobierno de México _____.
2. El terremoto de Punta del Sol _____.
3. Para saber más sobre el terremoto, _____.
4. El equipo nacional de fútbol de Paraguay _____.
5. Los reportajes internacionales _____.

2 Definir Choose five words from the box and give definitions in Spanish. (5 x 2 pts. each = 10 pts.)

candidato/a	discurso	inundación	paz	sexismo
discriminación	igualdad	luchar	prensa	

1. _____
2. _____
3. _____
4. _____
5. _____

3 ¿Qué harías tú? This is Gabriela. Describe the situation she is in, using vocabulary from this lesson. Then indicate one thing that you would do and one thing that you would not do if you found yourself in her shoes, using **si** clauses. (2 x 5 pts. each = 10 pts.)

 1.    2.

1. _____
_____
_____
_____

2. _____
_____
_____
_____

Tests

4 Las noticias Complete the news broadcast with words from the box. There are two extra words.
(10 x 1 pt. each = 10 pts.)

acontecimiento	derechos	igualdad	peligrosa
anunció	durar	luchar	racismo
ciudadanos	huelga	noticias	votar

MANOLO Y ahora pasamos a informarles de las últimas (1) _____ de nuestra ciudad. Hola, Rafa. Te escuchamos.

RAFA Hola, Manolo. Pues el (2) _____ más importante del día es, sin duda, la (3) _____ de los profesores de todas las escuelas de la ciudad.

MANOLO ¿Están cerradas todas las escuelas?

RAFA Sí, el Secretario de Educación (4) _____ esta mañana a todos los (5) _____ que esta situación continuaría si no había ningún cambio. El objetivo de los profesores es (6) _____ contra el (7) _____, promover la (8) _____ de todos los estudiantes y profesores e informar a todos de sus (9) _____ como residentes de la ciudad.

MANOLO ¿Y se sabe cuánto va a (10) _____ esta protesta?

RAFA Pues todavía no lo sabemos, Manolo. Ahora mismo estamos esperando las noticias del presidente del país, quien va a dar su opinión sobre esto.

MANOLO Muy bien, pues seguiremos informando cuando lleguen más noticias. Vamos ahora a los deportes...

5 Preguntas Answer the questions using complete sentences. (6 x 3 pts. each = 18 pts.)

1. ¿Qué harías si fueras el/la presidente/a de tu país? _____
   _____

2. Si tienes que elegir a un(a) candidato/a, ¿qué puedes hacer para informarte sobre él/ella?
   _____
   _____

3. Si tuvieras que trabajar en un medio de comunicación, ¿qué harías? _____
   _____

4. Si fueras miembro (*member*) del ejército, ¿qué harías? _____
   _____

5. ¿Qué crees que cambiaría en tu vida si vivieras en otro país? _____
   _____

6. ¿Qué harías hoy si hubiera una huelga de profesores en tu escuela? _____
   _____

 Lección 9 Test B

Nombre _____ Fecha _____

6 Lectura Read the letter from a school director to the students' parents. Then answer the questions using complete sentences. (6 x 3 pts. each = 18 pts.)

> Estimados padres de familia:
>
> Les escribo para comunicarles una gran noticia. Dos de nuestros estudiantes han preparado un reportaje maravilloso sobre la discriminación en nuestra comunidad. Hemos decidido publicar este reportaje en el periódico del domingo. Como sabemos que muchos de ustedes conocen a estos niños tan trabajadores e inteligentes, los invitamos a la celebración en la escuela para felicitarlos[1]. Si desean asistir, deben comunicarse con el jefe de acontecimientos especiales de la escuela, don Manuel Gotica, para que él les dé la información necesaria.
>
> Esta noticia es muy importante porque nos recuerda a todos que debemos seguir luchando contra la discriminación, incluso desde la escuela. Si no informamos al público de los problemas a los que se enfrentan[2] los estudiantes que sufren esta discriminación día tras día, no podremos hacer de nuestras escuelas un lugar de igualdad para todos. La igualdad es un derecho de todos los ciudadanos, sin importar los orígenes étnicos[3] o las religiones. Si los niños que vienen de culturas diferentes no pueden tener los mismos derechos que los demás estudiantes, la igualdad no existe.
>
> En las próximas semanas, la Escuela San Miguel les enviará una encuesta a su casa para saber su opinión. Cuando tengamos todos los resultados, prepararemos un informe para la escuela. Si desean leer este informe, deben comunicarse conmigo durante la última semana de este mes.
>
> Espero que puedan venir a celebrar con nuestros amigos, mañana día 12, a las 2:30 de la tarde, en la sala de fiestas de la escuela.
>
> Un cordial saludo,
> Mónica Mina
> Directora de la Escuela San Miguel

[1] congratulate them   [2] confront   [3] ethnicities

1. ¿Cuál es el objetivo de esta carta? _____

2. ¿Por qué quiere la directora informar al público de este problema? _____

3. ¿Qué pueden hacer los padres si quieren participar en la celebración? _____

4. ¿Por qué es tan importante esta noticia, según la directora? _____

5. Según la carta, ¿qué es la igualdad? _____

6. ¿Qué va a hacer la escuela para saber qué piensan los padres sobre este tema? _____

Tests

© by Vista Higher Learning, Inc. All rights reserved. | 275 | Lección 9 Test B

7 El/La candidato/a Your best friend is running to be President of the United States.

- Write a paragraph stating his or her main objectives, what he or she would do if elected, what changes he or she would implement, what he or she would fight for, etc.
- Make sure to use vocabulary from the lesson, the subjunctive, and **si** clauses in your paragraph.
- Feel free to comment on the work of his or her predecessors.

(10 pts. for vocabulary + 10 pts. for grammar + 4 pts. for style and creativity = 24 pts.)

_____

_____

_____

_____

_____

_____

_____

_____

_____

_____

_____

_____

_____

_____

_____

_____

_____

_____

_____

_____

_____

_____

_____

_____

Lección 9 Test B

Tests

TEST C   Leción 9

1 Escuchar You will hear five personal questions. Answer them with Spanish sentences.
(5 x 2 pts. each = 10 pts.)

1. _____

2. _____

3. _____

4. _____

5. _____

2 Imagínate This is Felipe. Describe each situation that he is in, using words from the box. Then indicate
one thing you would do and one thing you would not do if you found yourself in his shoes,
using **si** clauses. (3 x 5 pts. each = 15 pts.)

 1.    2.    3.

bomberos	incendio	tormenta
gato	prensa	reporteros

1. _____

_____

_____

_____

2. _____

_____

_____

_____

_____

3. _____

_____

_____

_____

_____

| **277** | **Leción 9** Test C

3 Lectura Read this news bulletin and answer the questions using complete sentences.
(5 x 2 pts. each = 10 pts.)

Por fin terminaron las fuertes lluvias producidas por el huracán Alejandro. El mayor problema de nuestros ciudadanos son las inundaciones. Más del 80 por ciento de nuestra ciudad está bajo el agua. Si usted se encuentra en esta situación, salga de la casa y no trate de arreglar nada. Es demasiado peligroso. La compañía de electricidad nos ha comunicado que no tendremos electricidad hasta la próxima semana. Si necesita ayuda urgente, debe esperar a que lo visiten los voluntarios de la Cruz Roja[1]. En este momento, los trabajadores del gobierno se encuentran ayudando a los ciudadanos del barrio Morajas, donde esta mañana ocurrió otro desastre natural. Un tornado pasó por el centro del barrio, destruyéndolo todo. Si quiere saber las últimas noticias, siga escuchando nuestros informes aquí en la radio durante el resto del día y le informaremos de todos los acontecimientos.

[1]Red Cross

1. ¿Cuál es la noticia principal de este informe? _____
   _____

2. ¿Qué aconsejan para las víctimas de las inundaciones? _____
   _____

3. ¿Qué va a pasar con la electricidad? _____
   _____

4. ¿Qué debe hacer alguien que necesite ayuda inmediatamente? _____
   _____

5. ¿Qué opciones tiene la persona que quiera saber qué pasa durante el resto del día? _____
   _____

4 Un terremoto Imagine that one morning you are awakened by a massive shaking of the ground below you. What would you do? Who would you call if you were injured? What could you do to help? Write a paragraph stating your thoughts, using vocabulary from the lesson and **si** clauses.
(6 pts. for vocabulary + 6 pts. for grammar + 3 pts. for style and creativity = 15 pts.)

_____
_____
_____
_____
_____
_____
_____
_____

Tests

TEST D

Lección 9

1 Escuchar You will hear five personal questions. Answer them with Spanish sentences.
(5 x 2 pts. each = 10 pts.)

1. _____
2. _____
3. _____
4. _____
5. _____

2 Imagínate This is Isadora. Describe each situation that she is in, using vocabulary from the lesson.
Then indicate one thing that you would do and one thing that you would not do if you found yourself in
her shoes, using **si** clauses. (3 x 5 pts. each = 15 pts.)

1.

2.   3.

choque	luchar	paz
crimen	manejar	policía

1. _____
_____
_____
_____

2. _____
_____
_____
_____

3. _____
_____
_____
_____

3 Lectura Read this newspaper excerpt and answer the questions using complete sentences.
(5 x 2 pts. each = 10 pts.)

> Ayer ocurrió un incendio en el supermercado Hipercor de nuestra ciudad. El alcalde[1] comentó que todavía no se sabe cómo ocurrió este accidente, porque la policía no ha terminado de investigar. Los reporteros también dicen que debemos esperar a que el informe de la policía nos confirme la razón del incendio. Si usted conoce a alguien que trabaje en este supermercado, puede comunicarse con los bomberos llamando al 043 y allí le darán información sobre las víctimas. Hasta el momento ha habido 38 víctimas. El alcalde ha pedido a todos los ciudadanos que no vayan al lugar del incendio hasta que sea seguro[2]. Cuando recibamos más noticias del alcalde o de la policía, se emitirá un reportaje por radio y televisión para informar a todos los ciudadanos. Las noticias del periódico de esta tarde también ofrecerán detalles sobre este desastre. En la sección internacional de este mismo periódico se habla de un incendio similar que hubo en otro supermercado Hipercor en Rusia ayer por la mañana.

[1]*mayor*   [2]*safe*

1. ¿Cuál es el objetivo de este artículo? _____
   _____

2. ¿Por qué no se sabe la causa del incendio? _____

3. ¿Qué podría hacer una persona que tuviera un(a) amigo/a empleado/a en ese supermercado?
   _____

4. ¿Qué medios de comunicación van a informar a los ciudadanos sobre la situación? _____

5. ¿Qué ha ocurrido en las noticias internacionales relacionado con este incendio? _____
   _____

4 Un huracán Imagine that a hurricane has hit your city. What would you do? Who would you call if you were injured? What could you do to help others? Write a paragraph stating your thoughts. Use vocabulary from this lesson and **si** clauses.
(6 pts. for vocabulary + 6 pts. for grammar + 3 pts. for style and creativity = 15 pts.)

_____

_____

_____

_____

_____

_____

_____

_____

_____

TEST E

Lección 9

1 Escuchar Read the statements. Then listen to the post-election interview with a presidential candidate and indicate whether each statement is **cierto** or **falso**. (5 x 2 pts. each = 10 pts.)

	Cierto	Falso
1. La reportera entrevista al candidato que ganó.	_____	_____
2. El señor Pérez cree que no habría perdido si la gente lo hubiera escuchado.	_____	_____
3. El sitio web del otro candidato no muestra soluciones a los problemas del país.	_____	_____
4. El señor Pérez piensa jubilarse este año.	_____	_____
5. Para las próximas elecciones a la presidencia, la gente lo habrá escuchado mejor.	_____	_____

2 Imágenes Fill in the blanks with words from the box. (5 x 2 pts. each = 10 pts.)

actualidades	declaró	obedecieron	político	soldado

1. El accidente ocurrió porque no se _____ las luces de los semáforos.

2. Voy a grabar una nueva canción", _____ la artista.

3. Adela informa sobre las _____ para un canal de televisión.

4. El _____ les pidió a los ciudadanos que votaran por él.

5. El _____ celebró el fin de la guerra.

3 Conjugar Fill in the blanks with the appropriate form of the verbs. (6 x 1 pt. each = 6 pts.)

1. Voy a ir contigo al cine si (yo) _____ (poder).

2. Yo voto por esa candidata si ella _____ (prometer) no subir (*raise*) los impuestos.

3. Si _____ (hacer) mal tiempo, leía con mis hermanas.

4. Si quieres el DVD de mi boda, _____ (venir) a mi casa a recogerlo.

5. Lucharé por sus derechos si ustedes _____ (votar) por mí.

6. Si nosotras no _____ (tener) dinero, nuestros padres nos daban un poco.

4 Elegir Select the appropriate verb form. (12 x 1 pt. each = 12 pts.)

1. Si Daniel y Julia (vinieron/vinieran), lo pasaríamos muy bien.

2. Si tú (hubieras cumplido/hayas cumplido) años este mes, te habría dado un regalo increíble.

3. Julio leería todo el libro en una noche si no (tuviera/tendría) tanto sueño.

4. La huelga no habría durado tanto si el gobierno (nos escucharía/nos hubiera escuchado).

5. Se lucharía contra muchos problemas si todos nosotros (elegiríamos/eligiéramos) mejores representantes.

6. Si ustedes (nos hubieran ayudado/nos habrían ayudado), habríamos podido apagar el incendio rápidamente.

7. Tan pronto como (leo/lea) el periódico, haré mi tarea.

8. Se espera que el candidato (habla/hable) con la prensa mañana.

9. Dudo que Felipe y yo (hayamos luchado/luchemos) tanto por nuestros derechos como lo hacemos ahora.

10. Ellos querían que las elecciones se (hubieran celebrado/celebraran) en junio.

11. Los ciudadanos buscaban un candidato que les (ofrezca/ofreciera) ayuda después del huracán.

12. No era cierto que el presidente (terminó/hubiera terminado) su discurso antes de lo esperado.

     Lección 9 Test E

5 Emparejar Match the sentence parts. (5 x 2 pts. each = 10 pts.)

_____ 1. Si él hubiera querido,

_____ 2. Yo vendería el auto

_____ 3. Habríamos llegado más temprano a Miami

_____ 4. Si me llama Sergio,

_____ 5. Si yo gano estas elecciones,

a. si no hubiera habido un huracán.

b. dile que no estoy en casa.

c. habría llegado a tiempo.

d. los ciudadanos estarán en buenas manos.

e. si necesitara dinero.

6 Noticias Fill in the blanks with words from the box. (5 x 2 pts. each = 10 pts.)

diario	hayan	soldados	terremoto	vayan

Ayer por la tarde ocurrió un fuerte (1) _____ en el centro de Bolivia. Todavía no tenemos información sobre las víctimas, pero se teme que (2) _____ más de quinientas. El (3) _____ local *El Mercurio* anunció hoy que más de mil (4) _____ irán a la zona (*area*) en los próximos días para ayudar a la población. Es posible que (5) _____ a necesitar ayuda internacional.

7 Una opción Select the appropriate word or phrase. (5 x 2 pts. each = 10 pts.)

1. Si no obedecen las leyes cuando manejan, es probable que haya _____ .
   a. acontecimiento   b. choques   c. violencia

2. El huracán Katrina fue uno de los mayores _____ naturales de los Estados Unidos.
   a. desastres   b. reportajes   c. ejércitos

3. Héctor tiene más de cinco años de experiencia como _____ de televisión.
   a. político   b. reportero   c. soldado

4. No es probable que la guerra _____ tan pronto.
   a. hubieras terminado   b. termina   c. termine

5. El _____ es una enfermedad muy grave.
   a. incendio   b. SIDA   c. discurso

8 Seleccionar Select the appropriate word or phrase. (7 x 2 pts. each = 14 pts.)

> **El presidente está en problemas**
>
> El presidente del país (1) (esperara/esperamos/espera) que el ejército le (2) (obedece/obedezca/obedeceremos). Es probable que el presidente (3) (consiga/consigo/consigamos) la ayuda del ejército, pero según (*according to*) las (4) (encuestas/huelgas/violencias), el líder no tiene el apoyo (*support*) de los (5) (choques/incendios/ciudadanos). "El presidente (6) (puede/habría podido/pueda) mejorar las cosas hace años, pero ya es tarde", dijo una representante de la oposición (*opposition*), y declaró: "Han sido muchos años de mentiras. ¡Queremos (7) (experiencia/elecciones/política) ya!".

9 Lectura Read the article, then select the appropriate word or phrase to complete each sentence. (6 x 3 pts. each = 18 pts.)

> **Reporteros de guerra**
>
> ¿Quieres ser reportero de guerra? ¿Estás seguro? Antes de tomar la decisión, debes saber que es uno de los trabajos más peligrosos del mundo. Cuando prendes la televisión y ves a soldados en acción, hay un periodista detrás de la cámara. Donde hay una guerra, un terremoto u otro desastre natural, siempre habrá reporteros. Los periodistas, ya sean de prensa, radio o televisión, tienen que poner su vida en peligro. Desde la primera guerra de Irak en 1990, más de 150 periodistas han muerto en ese país. Sin embargo[1], no todos los reporteros son de guerra. También puedes informar sobre deportes o política, entre otras actualidades.

[1]*However*

1. Los reporteros de _____ viven situaciones de mucha violencia.
   a. guerra   b. política   c. deportes

2. El trabajo de reportero puede ser uno de los más _____ del mundo.
   a. peligrosos   b. emocionantes   c. políticos

3. Los reporteros de guerra trabajan en _____, radio y televisión.
   a. discurso   b. diario   c. prensa

4. Los reporteros podrían perder la vida por _____ la información.
   a. trabajar   b. transmitir   c. durar

5. Desde 1990 más de ciento cincuenta periodistas han _____.
   a. ido a Irak   b. muerto en Irak   c. informado sobre Irak

6. Los reporteros también informan sobre _____.
   a. diario   b. deportes   c. el deber

TEST F   Lección 9

1 Escuchar Read the statements. Then listen to the post-election interview with a presidential candidate and indicate whether each statement is **cierto** or **falso**. (5 x 2 pts. each = 10 pts.)

		Cierto	Falso
1.	El reportero entrevista a la candidata que perdió.	_____	_____
2.	La señora Campos cree que no habría perdido si hubiera menos discriminación.	_____	_____
3.	El otro candidato no tiene ninguna directora de campaña (*campaign*).	_____	_____
4.	La señora Campos piensa jubilarse este año.	_____	_____
5.	Para las próximas elecciones, la gente será más consciente del nivel de discriminación.	_____	_____

2 Imágenes Fill in the blanks with words from the box. (5 x 2 pts. each = 10 pts.)

actualidades	medios	obedecieron	político	soldado

1. "Voy a dirigir una película", dijo la actriz a los _____ .

2. Esta reportera informa sobre las _____ para un canal de televisión.

3. El choque ocurrió porque no se _____ las luces de los semáforos.

4. El _____ celebró el fin de la guerra.

5. El _____ les pidió a los ciudadanos que votaran por él.

Tests

3 Conjugar Fill in the blanks with the appropriate form of the verbs. (6 x 1 pt. each = 6 pts.)

1. Yo voto por ese candidato si él _____ (ayudar) a los más pobres.

2. Si ellos no _____ (tener) dinero, sus padres les daban un poco.

3. Luchará por nuestros derechos si nosotros _____ (votar) por ella.

4. Si _____ (estar) lloviendo, leía con mis hermanas.

5. Si quieres el disco compacto de Juanes, _____ (pasar) por mi casa a recogerlo.

6. Van a ir contigo al cine si (ellas) _____ (poder).

4 Elegir Select the appropriate verb form. (12 x 1 pt. each = 12 pts.)

1. La ciudad tendría menos problemas si nosotros (elegiríamos/eligiéramos) mejores representantes.

2. Si ustedes (me hubieran llevado/me habrían llevado), habría escuchado el discurso en vivo.

3. Yo terminaría toda mi tarea si no (estuviera/estaría) tan cansado.

4. Si Hernán (vino/viniera), lo pasaríamos muy bien.

5. Si tú (te hubieras casado/te hayas casado) este año, te habría dado un regalo increíble.

6. La huelga no habría durado tanto si el gobierno (nos escucharía/nos hubiera escuchado).

7. Se espera que los candidatos (hablan/hablen) con los medios mañana.

8. Dudo que Pamela (haya luchado/luche) tanto por sus derechos como lo hace ahora.

9. Los ciudadanos querían que las elecciones se (hubieran celebrado/celebraran) en septiembre.

10. Tan pronto como nosotras (leemos/leamos) el diario, haremos nuestra tarea.

11. No era cierto que yo (anuncié/hubiera anunciado) mi reelección (*reelection*).

12. Los ciudadanos buscaban un candidato que les (ofrezca/ofreciera) ayuda después del tornado.

     Lección 9 Test F

5 Emparejar Match the sentence parts. (5 x 2 pts. each = 10 pts.)

_____ 1. Habríamos llegado ayer a Guatemala

_____ 2. Si Elena hubiera querido,

_____ 3. Si tú ganas estas elecciones,

_____ 4. Yo vendería mi computadora

_____ 5. Si me llama Susana,

a. si no hubiera habido un huracán.

b. dile que no estoy en casa.

c. los ciudadanos estarán en buenas manos.

d. habría llegado a tiempo.

e. si no hubiera habido un terremoto.

6 Noticias Fill in the blanks with words from the box. (5 x 2 pts. each = 10 pts.)

desastre	diarios	pueda	soldados	tornado

Esta tarde un (1) _____ destruyó cientos de casas en el centro del país. Todavía no se sabe nada sobre las posibles víctimas, pero se teme que el número (2) _____ ser mayor a cien. Los (3) _____ locales informan que más de trescientos (4) _____ serán enviados a la zona (*area*) del (5) _____ natural para ayudar a la población.

7 Una opción Select the appropriate words. (5 x 2 pts. each = 10 pts.)

1. El _____ es una enfermedad muy grave.
   a. incendio   b. choque   c. SIDA

2. El huracán Félix fue uno de los mayores _____ naturales de Nicaragua.
   a. reportajes   b. desastres   c. impuestos

3. Sonia tiene más de diez años de experiencia como _____ de radio.
   a. reportera   b. política   c. soldado

4. No es probable que la tormenta _____ pronto.
   a. terminó   b. termine   c. terminan

5. Si no se obedecen las leyes de tráfico, es probable que haya _____.
   a. crimen   b. huelgas   c. choques

Tests

8 Seleccionar Select the appropriate word or phrase. (7 x 2 pts. each = 14 pts.)

> ### El presidente está en problemas
>
> El (1) (impuesto/dictador/discurso) espera que el ejército lo ayude. Quizá (2) (consiga/consigue/consigo) su apoyo (*support*). Pero según (*according to*) las (3) (encuestas/políticas/declaraciones), el líder no tiene el apoyo de los (4) (huracanes/derechos/ciudadanos). "El presidente (5) (podría/hubiera podido/ pudiera) mejorar las cosas hace años, pero ya es tarde", declaró a la (6) (política/prensa/libertad) una representante de la oposición (*opposition*). "Han sido muchos años de dictadura (*dictatorship*). ¡Queremos (7) (experiencia/elecciones/política) ya!".

9 Lectura Read the article, then select the appropriate word or phrase to complete each sentence. (6 x 3 pts. each = 18 pts.)

> ### Reporteros de guerra
>
> ¿Quieres ser reportero de guerra? ¿Seguro? Antes de tomar la decisión, debes saber que es uno de los trabajos más peligrosos del mundo. Cuando pones la televisión y ves a soldados en acción, hay un periodista detrás de la cámara. Donde haya una guerra, un terremoto o cualquier otro desastre natural, siempre hay reporteros. Los periodistas, ya sean de prensa, radio o televisión, muchas veces viven situaciones peligrosas. Según Periodistas Sin Fronteras[1], sólo en 2013 murieron 77 periodistas. Pero no todos los reporteros son de guerra. También puedes informar sobre deportes, política o cualquier otra actividad.

[1]*Journalists Without Borders*

1. Es posible que ser reportero sea el trabajo más _____ del mundo.
   a. desastre   b. diario   c. peligroso

2. Los reporteros también informan sobre _____.
   a. desastres naturales   b. diarios   c. el deber

3. Los reporteros de guerra trabajan en _____, radio y televisión.
   a. informe   b. reportaje   c. prensa

4. Los reporteros _____ viven situaciones de mucha violencia.
   a. de guerra   b. de deportes   c. nacionales

5. En el año 2013 setenta y siete reporteros _____.
   a. informaron   b. se fueron   c. murieron

6. Los periodistas que no quieren estar cerca del peligro informan sobre _____.
   a. terremotos   b. política   c. inundaciones

EXAM A   Lecciones 1–9

1 Escuchar Read these questions. Then listen to the opening remarks made at a conference and select the answers. (5 x 2 pts. each = 10 pts.)

1. ¿Cuál es el tema central de la conferencia?
   - a. la política
   - b. el turismo
   - c. la tecnología

2. Según el profesor Sánchez, ¿cómo pasan los estudiantes más tiempo en Internet?
   - a. descargando música
   - b. navegando
   - c. estudiando

3. ¿Qué opinión tiene la doctora Vargas de la tecnología?
   - a. neutral
   - b. positiva
   - c. negativa

4. ¿Por qué no le gustan las nuevas tecnologías al doctor Garrido?
   - a. porque aumentan el estrés
   - b. porque la gente es menos activa
   - c. porque no siempre funcionan

5. ¿Quién va a hablar de la relación entre la tecnología y el trabajo?
   - a. unos jefes
   - b. unos aspirantes
   - c. unos gerentes

2 El día de Manuel Describe what happened to Manuel last Saturday. Use the vocabulary you have learned. Write at least two sentences to describe each situation, using both the preterite and the imperfect tenses. (3 pts. for vocabulary + 3 pts. for grammar + 2 pts. for style and creativity = 8 pts.)

9:00 a.m.

2:00 p.m.

_____

_____

_____

_____

_____

_____

_____

_____

_____

_____

| **289** | Lecciones 1–9   Exam A

Exams

3 La salud Give your friend some advice on these health topics, using the subjunctive and the expressions from the box. Give good reasons for your recommendations and do not repeat expressions. (5 x 2 pts. each = 10 pts.)

> *modelo*
> comer azúcar y chocolate
> **Es malo que comas azúcar y chocolate porque te hacen engordar.**

es bueno que…	aconsejar
es importante que…	(no) creer
es malo que…	esperar
es necesario que…	ojalá
	sugerir

1. hacer ejercicio frecuentemente _____

   _____

2. descansar por lo menos ocho horas cada noche _____

   _____

3. comer muchas frutas y verduras y beber mucha agua cada día _____

   _____

4. tomar mucha cafeína _____

   _____

5. buscar tiempo para salir con tus amigos _____

   _____

4 La tecnología Fill in the blanks. Pay attention to the context to determine whether to use **por** or **para**. (5 x 1 pt. each = 5 pts.)

> **Ricardo:**
>
> Necesito hablar contigo hoy (1) _____ la tarde. Tengo un problema muy serio y no puedo esperar más. Ya sé que prefieres que pida una cita (2) _____ hablar contigo en horas de trabajo, pero esto es realmente importante. ¿Recuerdas el reproductor de DVD que me prestaste (3) _____ ver el partido de fútbol? Pues verás, ayer mi novia y yo tuvimos algunos problemas; (4) _____ eso no pude ir a tu casa a jugar a las cartas. La verdad es que me puse tan nervioso hablando con mi novia, que tenía el reproductor en la mano mientras hablaba con ella y lo eché (*I threw it*) (5) _____ la ventana. No tengo perdón, lo sé. En todo caso, yo te compro otro reproductor en cuanto reciba mi próximo cheque. Por favor, no te enojes conmigo, yo necesito este trabajo...
>
> **Juan**

Exams

5 Problemas A few people you know have problems that they don't know how to solve. Read what they have to say and give them commands that will help them. Use **tú**, **ustedes**, or **nosotros/as** commands. (5 x 2 pts. each = 10 pts.)

1. **TU HERMANO** Tenemos demasiados archivos en nuestra computadora. Cuando tengo que buscar algo, necesito una hora para encontrarlo. ¿Qué hacemos? _____
_____

2. **PAMELA Y LIANA** Con frecuencia nos para la policía cuando estamos manejando. Nos gusta mucho ir rápido en el carro. ¿Qué debemos hacer para no tener problemas con la ley? _____
_____

3. **RUBÉN** El año pasado, cuando la chica que me gusta fue a la fiesta de mi amigo Raúl, yo estuve en cama con gripe. Este año, harán otra fiesta. ¿Qué puedo hacer? _____
_____

4. **TUS PADRES** Queremos mantener el mundo en buenas condiciones. Nos preocupamos mucho por la contaminación y la deforestación. ¿Qué sugieres? _____
_____

5. **CRISTINA** Mi compañera de cuarto está estudiando para ser cantante de ópera y siempre practica en nuestra habitación. Canta muy mal y a mí no me gusta nada la ópera. ¿Qué hago? _____
_____

6 Preguntas Answer these questions with Spanish sentences. Be sure that your answers reflect the verb tenses prompted in the questions. (6 x 2 pts. each = 12 pts.)

1. ¿Para qué crees que es importante aprender una lengua extranjera? _____
_____

2. ¿Es necesario que estés seguro/a antes de decidir qué clases vas a tomar? ¿Por qué? _____
_____

3. ¿Se vive bien en tu comunidad? ¿Hay alguna cosa que se debería mejorar? ¿Qué? _____
_____
_____

4. ¿Cuál ha sido el impacto de la tecnología en tu vida? _____
_____

5. ¿Qué evento importante crees que habrá ocurrido en tu vida dentro de diez años? _____
_____
_____

6. Estoy en la clase de español. ¿Cómo llego al baño? _____
_____
_____

Exams

7 Los planes Read the note that Miguel wrote about what his friends are doing during their upcoming vacation. Rewrite the note, stating what they will have done by the end of their vacation next week. (5 x 2 pts. each = 10 pts.)

> *modelo*
>
> Enviar postales a sus profesores de español. (Felipe y Rosi)
> **Felipe y Rosi habrán enviado postales a sus profesores de español para la semana que viene.**

Queridos amigos:

Antes de salir, quiero que sepan todo lo que creo que debemos hacer esta semana.

Díganme qué les parece:

(1) Comprar recuerdos para otros amigos (Felipe y Rosi)

(2) Escribir cartas a la familia (Juan)

(3) Visitar los museos de la ciudad (ustedes)

(4) Aprender un baile típico de la ciudad (Jaime y yo)

(5) Pagar la cuenta del hotel (todos)

---

1. _____

   _____

2. _____

3. _____

   _____

4. _____

   _____

5. _____

   _____

8 La carta Complete the letter with the verbs in parentheses, using the preterite, the imperfect, or the past subjunctive. (10 x 1 pt. each = 10 pts.)

Querida mamá:

Ayer por la tarde yo (1) _____ (ir) a una fiesta y

(2) _____ (divertirse) mucho. ¿Te acuerdas de que antes yo no

(3) _____ (querer) ir a fiestas porque (4) _____ (tener)

un poco de depresión después de romper con mi novio? Pues no sabes lo que pasó en la

fiesta. Mientras Julia y yo (5) _____ (tomar) un refresco y

(6) _____ (hablar) un rato, un chico muy guapo

(7) _____ (entrar) en la sala. Nosotros (8) _____ (mirarse)

durante unos minutos y bueno... ¡estoy enamorada! Julia dudaba que este chico

(9) _____ (ser) el hombre de mi vida, pero estoy feliz. ¡Qué bueno que

nos (10) _____ (conocer) en la fiesta! Te seguiré contando cuando sepa

algo más. Un beso de tu hija favorita,

Carlota

 Lecciones 1–9 Exam A

Exams

9 Lectura Read the letter that the university sent to all new students from out of town. Then, answer the questions with complete sentences. (5 x 2 pts. each = 10 pts.)

Estimados estudiantes:

En nombre de la universidad queremos darles la bienvenida a su nueva ciudad. Esperamos que estén bien en sus nuevas residencias estudiantiles y que les gusten sus clases y sus profesores. Para que tengan una estancia[1] tranquila y sin problemas, queremos darles algunos consejos sobre esta ciudad.

Lo más importante es que salgan a pasear y aprendan cómo llegar a los lugares más conocidos. Hay muchos bancos aquí que tienen cuentas especiales para estudiantes. Les recomendamos que visiten algunos de los bancos que están cerca de la universidad y que consigan información sobre las ofertas de cada uno. También hay dos correos cerca del campus. Del edificio principal, sigan derecho dos cuadras por la calle Sevilla, doblen a la derecha al llegar a la Plaza Mayor y verán una de ellas. El otro correo está enfrente de la cafetería del edificio de ingeniería. Si tienen carro, es importante que hayan llenado el formulario 327 de la universidad para poder estacionarlo en el garaje público. Si no llenan este formulario, no se les permitirá entrar con su carro. Finalmente, les recomendamos que visiten la enfermería de la universidad para conocer a nuestro equipo de enfermeros y enfermeras, quienes les pueden ayudar con cualquier tipo de problema, desde un simple dolor de cabeza hasta una depresión. No duden en consultar con sus consejeros o profesores si necesitan información sobre otros temas. Nuestros teléfonos de emergencia para la policía, los bomberos y la ambulancia están escritos en el periódico de la universidad, en la sección de información, todos los días menos los fines de semana. Les deseamos una maravillosa estancia y un feliz semestre.

Atentamente,
La Dirección[2]

---

[1]*stay* [2]*administration*

1. ¿Cuál es el objetivo de esta carta de la Dirección de la universidad? _____
_____

2. ¿Qué es importante que los estudiantes sepan sobre los bancos? _____
_____

3. ¿Cuántas cuadras es necesario que caminen para ir desde el edificio principal a la plaza Mayor?
_____
_____

4. ¿Por qué es necesario llenar el formulario 327? _____
_____

5. ¿Qué pueden hacer los estudiantes que necesiten llamar a la policía en una emergencia?
_____
_____

10 El primer trabajo A good friend of your older brother just moved to the other side of the country to start a new job. He/She has never been away from home before, and on top of moving, he/she is worried about his/her success at the new job. Write him/her an e-mail. Use the subjunctive to give advice on how to get ahead in the company, and use **si** clauses to say what you would do to adjust to a new city and look after your well-being if you were in his/her shoes. (6 pts. for vocabulary + 6 pts. for grammar + 3 pts. for style and creativity = 15 pts.)

_____

_____

_____

_____

_____

_____

_____

_____

_____

_____

_____

_____

_____

_____

_____

_____

_____

_____

_____

_____

_____

_____

_____

Exams

EXAM B

Lecciones 1–9

1 Escuchar Read these questions. Then listen to the opening remarks made at a conference and select the answers. (5 x 2 pts. each = 10 pts.)

1. ¿Cuál es el tema central de la conferencia?
   a. la política   b. la tecnología   c. el turismo

2. ¿Cómo pasan los estudiantes más tiempo en Internet?
   a. comprando ropa   b. estudiando   c. mandando y leyendo
                                                        correo electrónico

3. ¿Qué opinión tiene la doctora Mendoza de la tecnología?
   a. neutral   b. negativa   c. positiva

4. ¿Qué piensa el doctor Medina sobre las nuevas tecnologías?
   a. Hacen que las personas sean   b. Aumentan el estrés.   c. No siempre funcionan.
      menos activas.

5. ¿Quién hablará de la relación entre la tecnología y el trabajo?
   a. unos aspirantes   b. unos jefes   c. unos gerentes

2 Un día horrible Describe what happened to Angélica yesterday. Use the vocabulary you have learned. Write at least two sentences to describe each situation, and use both the preterite and the imperfect tenses. (3 pts. for vocabulary + 3 pts. for grammar + 2 pts. for style and creativity = 8 pts.)

1:00 p.m.

3:00 p.m.

_____

_____

_____

_____

_____

_____

_____

Exams

3 El bienestar Give your friends some advice on these health topics, using sentences with the subjunctive and the expressions from the box. Give good reasons for your recommendations and do not repeat expressions. (5 x 2 pts. each = 10 pts.)

modelo

beber mucho café

Es bueno que no beban mucho café, especialmente si tienen que acostarse temprano.

es bueno que...	aconsejar
es malo que...	(no) creer
es mejor que...	esperar
es urgente...	pensar
	recomendar

1. organizar su tiempo para poder descansar, trabajar y divertirse _____
   _____

2. dormir bien todos los días _____
   _____

3. evitar los hábitos malos para la salud _____
   _____

4. participar en actividades físicas _____
   _____

5. comer muchos dulces _____
   _____

4 Las excusas Read the note Amparo wrote to her Spanish teacher and fill in the blanks. Pay attention to the context to determine whether to use **por** or **para**. (5 x 1 pt. each = 5 pts.)

> Señor Ortiz:
>
> Es importante que hoy hable con usted (1) _____ explicarle por qué
> no estuve en clase el día del examen. Como ya sabe, yo siempre voy a la escuela
> caminando. Normalmente, cruzo (2) _____ el parque de la calle Rosales.
> Pues verá, el día del examen, cuando yo iba ya (3) _____ la escuela,
> me encontré con un amigo en el parque. Mi amigo estaba muy triste porque su hermana
> estaba en el hospital, así que decidí quedarme con él (4) _____ ayudarlo
> hasta que se sintiera mejor. (5) _____ eso, falté (*I missed*) a clase. Ya
> sabe que yo siempre estoy preparada para su clase, pero ese día fue todo muy difícil como
> ya le dije. Espero que me informe sobre cuándo puedo hacer el próximo examen.
>
> Muchas gracias.
>
> Amparo

Lecciones 1–9 Exam B

5 Problemas A few of your friends have problems that they don't know how to solve. Read what they have to say and give them commands that will help them. Pay attention to the context so you know whether to use a **tú**, **ustedes**, or **nosotros/as** command. (5 x 2 pts. each = 10 pts.)

1. **ÁLEX** Mi novia es una fanática del arte y de la buena música y yo... bueno, yo no tengo ningún tipo de música que le guste a ella. Le encanta la ópera. ¿Qué hago? _____
_____

2. **ESMERALDA** Estuve enferma la semana pasada, y ahora no estoy preparada para mis clases. No encuentro mis libros y tengo un examen mañana. ¿Qué puedo hacer? _____
_____

3. **RAMÓN Y LISA** Nuestra amiga Marisol siempre nos pregunta qué estamos haciendo para proteger el medio ambiente. ¿Qué vamos a hacer? _____
_____

4. **JULIÁN (tu hermano)** Siempre estás leyendo tu correo electrónico cuando yo necesito trabajar en la computadora. Tenemos que buscar una solución. ¿Qué sugieres? _____
_____

5. **ROBERTO Y MARTA** Nuestra madre dice que si no hacemos la cama y los demás quehaceres por las mañanas, no nos va a permitir hacer fiestas en casa. ¿Qué hacemos? _____
_____

6 Preguntas Answer these questions with Spanish sentences. Be sure that your answers reflect the verb tenses prompted in the questions. (6 x 2 pts. each = 12 pts.)

1. ¿Para qué crees que es necesario conocer otras personas y culturas? _____
_____

2. ¿Es importante que sepas cuál será tu profesión antes de escoger una universidad? ¿Por qué? _____
_____

3. ¿Se debería cambiar algo de tu escuela? ¿Qué? _____

4. ¿Qué has hecho últimamente para ayudar a tener un mundo sin contaminación?
_____
_____

5. ¿Qué crees que habrá ocurrido con tu equipo favorito dentro de cinco años?
_____
_____

6. Necesito llegar desde tu clase de español hasta la cafetería más cercana. ¿Cómo llego?
_____
_____

Exams

7 ¿Qué habrán hecho? Read the note that Laura wrote about what she and her friends are doing for their vacation. Then, rewrite the note stating what they will have done by the end of the week.
(5 x 2 pts. each = 10 pts.)

> *modelo*
> Ir a la ópera (Carlos y yo)
> **Carlos y yo habremos ido a la ópera para la semana que viene.**

> Queridos amigos:
> Antes de salir de viaje, quiero que nos organicemos. Por eso escribí esta lista. Díganme
> qué les parece:
> (1) Enviar el equipaje al hotel (Mariam y Robert)
> (2) Confirmar las reservaciones para el viaje (Daniel)
> (3) Practicar el español y aprender expresiones típicas de Costa Rica (Andrés y yo)
> (4) Alquilar un auto por Internet (Margarita)
> (5) Descargar nuestra música favorita para llevarla en un reproductor de MP3 (Sergio
> y Arancha)

1. _____
   _____
2. _____
   _____
3. _____
   _____
4. _____
   _____
5. _____
   _____

8 La carta Fill in the blanks in the letter with the verbs in parentheses, using the preterite, the imperfect, or the past subjunctive. (10 x 1 pt. each = 10 pts.)

> Querido papá:
> Anoche (1) _____ (ocurrir) algo muy interesante. Mientras yo
> (2) _____ (caminar) por la calle, (3) _____ (ver)
> a un chico muy guapo que (4) _____ (ser) exactamente como Robert
> Pattinson. Nosotros (5) _____ (hablar) durante unos minutos, y él
> (6) _____ (parecerme) muy inteligente; después me pidió que le
> (7) _____ (dar) mi número de teléfono. Al final se lo di. Dudaba que
> me (8) _____ (llamar), ¡pero me llamó dos horas después! Y
> (9) _____ (seguir) hablando por una hora. Ayer (10) _____(leer)
> en mi horóscopo que encontraría al hombre de mi vida, ¡qué coincidencia!
> Un besito de tu niña,
> Sonia

9 Lectura Read the letter that the director of the dormitory sent out to all students moving in to the building this semester. Then, answer the questions with sentences. (5 x 2 pts. each = 10 pts.)

> Amigos y residentes de la residencia Silva:
>
> En nombre de todos los viejos residentes de este edificio y en el mío propio, quiero darles la bienvenida y desearles un estupendo semestre. Para que tengan una estancia[1] feliz, queremos hacerles algunas recomendaciones sobre la vida en este edificio.
>
> Lo más importante es que sigan todas las instrucciones que se encuentran en el libro del residente. Si no han encontrado una copia del libro en su dormitorio, pueden llamar a la recepcionista del edificio y pedirle que les envíe una hoy mismo. El edificio tiene cinco pisos. En el quinto piso se encuentra el gimnasio. Pueden usarlo cuando quieran, pero es necesario que limpien todo antes de salir y que no olviden apagar las luces. Las luces se prenden de forma automática al entrar al gimnasio, pero ustedes deben apagarlas para ahorrar electricidad. Las lavadoras y las secadoras están en el segundo piso. No las usen después de las diez de la noche, porque pueden molestar a los estudiantes que duermen en el primer piso. Si tienen alguna emergencia, los números de teléfono de la policía, el hospital y los bomberos están escritos en los carteles que se encuentran al lado del ascensor de cada piso.
>
> En la puerta principal del edificio hay un cajero automático. Es importante que no lo usen por las noches si no ven al supervisor del edificio. Esta comunidad es bastante tranquila, pero deben tener cuidado y prevenir[2] el crimen siempre que sea posible.
>
> Si tienen dudas, problemas o necesitan alguna cosa, no duden en hablar con Ramón, el administrador del edificio, o conmigo, Luis Salas, llamando al 033 o al 034 desde el teléfono de su dormitorio.
>
> Les deseamos un feliz semestre y mucho éxito en sus estudios.
>
> Atentamente,
> Luis Salas, supervisor

[1]*stay* [2]*prevent*

1. ¿Cuál es el objetivo principal de esta carta para los residentes? _____

2. ¿Qué pueden hacer los estudiantes que no encuentren el libro del residente en sus dormitorios? _____

3. ¿Cuál es una de las cosas que no deben olvidar después de visitar el gimnasio? _____

4. ¿Cómo pueden encontrar los residentes los números de teléfono de emergencia? _____

5. ¿Por qué es importante no usar el cajero automático por las noches? _____

Exams

10 Consejos Your best friend just went to Mexico to look for a job. He/She has never been out of the country before, and he/she feels nervous. Write him/her an e-mail. Use the subjunctive to give him/her advice on how to go about looking for and getting a job; use **si** clauses to say what you would do to adjust to a new city and look after your well-being if you were in his/her shoes. (6 pts. for vocabulary + 6 pts. for grammar + 3 pts. for style and creativity = 15 pts.)

_____
_____
_____
_____
_____
_____
_____
_____
_____
_____
_____
_____
_____
_____
_____
_____
_____
_____
_____
_____
_____
_____
_____

Exams

PERFORMANCE TASK

Lección 1

Integrated Performance Assessment

All responses and communication must be in Spanish.

Context

You are the school nurse or doctor's aide. It is the beginning of the school year and you want to give students advice on how to best take care of themselves if they get come down with the common cold or flu.

Interpretive task

First you will listen to a student who has the flu describe how he feels and what his symptoms are. Listen to the audio for the **Escuchar** activity on page 47 of the textbook. As you listen, make a list of his ailments and complaints.

Interpersonal task

Compare your list with your partner's. Take turns asking each other which of the student's complaints you wrote down, and what advice you would give him to alleviate those symptoms. Then work together to come up with a list of the most common symptoms of the flu, as well as what can be done about each.

Presentational task

Prepare a short presentation in which you discuss the most common symptoms of a cold or the flu as well as how students can take care of themselves if they do fall ill. Mention at least four common symptoms, as well as four suggestions that can either alleviate those symptoms or promote a speedy recovery back to good health.

ASSESSMENT   Lección 1

Integrated Performance Assessment Rubric

	5 points	3 points	1 point
Interpretive	The student can identify most of the caller's complaints.	The student can identify only a few of the caller's complaints.	The student can hardly identify the caller's complaints.
Interpersonal	The student can accurately describe the patient's complaints in a clear manner.	The student can describe the patient's complaints with some difficulty.	The student has many difficulties in describing the patient's complaints and cannot communicate them properly.
	The student can complete an interview demonstrating mutual understanding. The result of the interview is a clear list for the student's presentation to the class.	The student can complete an interview with only some difficulty in mutual understanding. The result of the interview is a list for the student's presentation to the class.	The student can complete an interview but does not reach mutual understanding. The student is not able to prepare a list for his/her presentation to the class.
Presentational	The student can provide relevant information about common flu symptoms as well as a few pieces of advice for patients with the flu.	The student can provide some information about symptoms of the flu but details are missing, or medical advice for patients with the flu is missing.	The presentation lacks detail, and the information about symptoms and advice is unclear.

Nombre _____   Fecha _____

PERFORMANCE TASK   Lección 2

All responses and communication must be in Spanish.

Context
You are writing an article for the school newspaper about cell phones and technology use among students at your school. Your goal is to inform other students and to provide tips on balanced use of their phone.

Interpretive task
First, read the comic strip on pages 80–81 of your textbook. Make a list of the positive features of cell phones that are mentioned. Also make a list of the annoyances or implied annoyances of carrying around a cell phone all the time.

Interpersonal task
Compare your list with your partner's. Take turns asking each other what positive and negative characteristics of cell phones are mentioned in the comic strip. Then work together to come up with additional pros and cons, thinking specifically about teens at your school.

Presentational task
Write a short article in which you highlight some of the newest, most impressive, or most practical features of cell phones now. Mention at least three positive things about cell phones. Then give some tips on how to be balanced and not overuse your phone. Mention at least three tips.

Integrated Performance Assessment Rubric

	5 points	3 points	1 point
Interpretive	The student can identify several pros and cons of having a cell phone on constantly.	The student can identify only a few pros and cons of having a cell phone on constantly.	The student can hardly identify pros and cons of having a cell phone on constantly.
Interpersonal	The student can list several pros and cons of having a cell phone.	The student can list only a few pros and cons of having a cell phone.	The student can list very few pros and cons of having a cell phone.
	The student can complete an interview demonstrating mutual understanding. The result of the interview is a clear list for the student's article.	The student can complete an interview with only some difficulty in mutual understanding. The result of the interview is a list for the student's article.	The student can complete an interview but does not reach mutual understanding. The student is not able to prepare a list for his/her article.
Presentational	The student can provide relevant information about a few positive features of a cell phone and some tips for being a balanced cell phone user.	The student can provide some information about features of cell phones and balanced usage, but details are missing.	The presentation lacks detail, and the information about cell phones and advice isunclear.

PERFORMANCE TASK

Lección 3

All responses and communication must be in Spanish.

Context

You are discussing household chores with a friend when you start to suspect that you are given many more chores than your friends or siblings. You decide to dosome investigation to establish the facts. After your research, you and a partner will create a comparison chart that illustrates the tasks both of you do around the home.

Interpretive task

First, watch the **Fotonovela** episode for this chapter. As you watch, make a list of all the different household chores that you hear mentioned.

Interpersonal task

Using the list of different household chores that you made as a starting point for the discussion, talk with a partner about the different chores you have to do in your own home. Each partner should share what household chores he or she is assigned. Work together to determine how you will organize your comparison chart.

Presentational task

Create a comparison chart, listing all possible household chores and which ones each of you does around your own homes. If you like, you can also include information about which chores your siblings do. Present your chart to the class.

Integrated Performance Assessment Rubric

	5 points	3 points	1 point
Interpretive	The student can identify 6 or more household chores.	The student can identify 3 or fewer household chores.	The student can identify 2 or fewer household chores.
Interpersonal	The student can complete an interview demonstrating mutual understanding. The result of the interview is a clear chart showing the assignment of household chores.	The student can complete an interview with only some difficulty in mutual understanding. The result of the interview is a clear chart showing the assignment of household chores.	The student can complete an interview but does not reach mutual understanding. The student is not able to prepare a chart showing distribution of household chores.
Presentational	The student can provide clear, relevant information about which of the (minimum) 6 tasks he or she is assigned at home.	The student can provide relevant information about which household tasks he or she completes, but there are some spelling or grammar errors.	The student can provide some information about which household tasks he or she completes, but there are spelling or grammar errors and some information is unclear.

All responses and communication must be in Spanish.

Context

You and your classmates would like to take an ecotourism trip and are investigating different destinations. You are going to compare three different locations and then choose the destination you like the best.

Interpretive task

First, watch the **Flash cultura** video for Lesson 4. As you watch, make a list of reasons why you would like to visit the Arenal Volcano in Costa Rica. Use facts mentioned in the episode, as well as your own opinion.

Interpersonal task

Compare your list with a partner's. Take turns talking about different reasons to choose Arenal Volcano for your trip. Then, each of you should describe another destination and why it would be a good place for your class trip. You will discuss three destinations in total, including the Arenal Volcano. Between the two of you, decide which is the best destination for your trip.

Presentational task

Prepare a brief oral presentation in which you describe the destination you recommend for the class trip. Give at least three facts about it, and two reasons why you think it's the best choice among the three destinations that you considered. Be sure to include the criteria you used to make your decision.

© by Vista Higher Learning, Inc. All rights reserved. | 307 | Lección 4 Integrated Performance Task

Integrated Performance Assessment

Integrated Performance Assessment Rubric

	5 points	3 points	1 point
Interpretive	The student can identify 4 or more interesting facts or reasons to visit the Arenal Volcano.	The student can identify 3 or fewer interesting facts or reasons to visit the Arenal Volcano.	The student can identify 2 or fewer interesting facts or reasons to visit the Arenal Volcano.
Interpersonal	The student can complete an interview demonstrating mutual understanding. The result of the interview is a clear list of reasons to visit the destination of the student's choice.	The student can complete an interview with only some difficulty in mutual understanding. The result of the interview is a list of reasons to visit the destination of the student's choice.	The student can complete an interview but does not reach mutual understanding. The student is not able to prepare a list of reasons to visit a certain destination.
Presentational	The student can provide relevant information about 3 positive features of the destination of his or her choice and 2 reasons why he or she chose it.	The student can provide some information about the positive features of his or her choice and why he or she chose it.	The presentation lacks detail, and the information about the destination and reason for picking it is unclear.

PERFORMANCE TASK   Lección 5

Integrated Performance Assessment

All responses and communication must be in Spanish.

Context

Your friend wants to go to a local department store and asks you for directions. First, listen to a dialogue with a similar context and then work with a partner to discuss the different things that you can mention when you give someone directions. Then, create a map and write the directions for your friend on it, indicating as many steps and details as possible.

Interpretive task

First, listen to the audio in the **Escuchar** section on page 187 of the textbook. As you listen, make a list of things that are helpful to include when you give someone directions.

Interpersonal task

Compare your list with your partner's. Take turns discussing different things you heard mentioned in the audio and whether you think each one is useful or helpful to include. Use the conversation with your partner to decide what type of information you will include in your own map.

Presentational task

Create a map in which you describe the best way to get to a local department store from your school. Be sure to be specific and include such information as street names, whether or not to use public transit, neighborhoods, nearby landmarks, and possibly cardinal directions (east, north, etc.). Write your directions clearly on the map and share it with a few classmates.

Integrated Performance Assessment

ASSESSMENT

Lección 5

Integrated Performance Assessment Rubric

	5 points	3 points	1 point
Interpretive	The student can identify 3 or more types of directives mentioned in the audio.	The student can identify 2 or fewer things mentioned in the audio.	The student can identify 1 or fewer things mentioned in the audio.
Interpersonal	The student can complete an interview demonstrating mutual understanding. The result of the interview is a clear list of the type of information to include in the map.	The student can complete an interview with only some difficulty in mutual understanding. The result of the interview is a list of the type of information to include in the map.	The student can complete an interview but does not reach mutual understanding. The student is not able to prepare a list of the type of information to include in the map.
Presentational	The student can provide clear directions to the store on the map, including at least 3 of the suggested types of information.	The student can provide directions to the store on the map, including at least 2 of the suggested types of information.	The presentation lacks detail, and the directions are unclear.

PERFORMANCE TASK

Lección 6

All responses and communication must be in Spanish.

Context

For this task, you will talk with your classmates about different ways that people relax, and then make a brochure about a place in your community where people go to relax or relieve stress.

Interpretive task

First, watch the **Flash cultura** video for Lesson 6. As you watch, make a list of reasons why each location mentioned helps the residents of Madrid feel more relaxed and less stressed out.

Interpersonal task

Compare your list with your partner's. Take turns talking about the different ways that people relax and the most common places you and people you know visit to get away from the urgencies of everyday life to have a good time and relax. Use the conversation to pick a location in your area to talk about in your presentation.

Presentational task

Pick a local park, gym, or another location in your area where people go to relax or spend their free time. Design a brochure about the place in which you explain why people go to that location and what activities they do there. Be as specific as possible and share your brochure with a few classmates.

ASSESSMENT   Lección 6

Integrated Performance Assessment Rubric

	5 points	3 points	1 point
Interpretive	The student can identify 4 or more ways that people in the video find stress relief.	The student can identify 2 or fewer ways that people in the video find stress relief.	The student can identify 1 or fewer ways that people in the video find stress relief.
Interpersonal	The student can complete an interview demonstrating mutual understanding. The result of the interview is a clear choice of location to speak about in the presentation.	The student can complete an interview with only some difficulty in mutual understanding. The result of the interview is a clear choice of location to speak about in the presentation.	The student can complete an interview but does not reach mutual understanding. The student is not able to choose a location to speak about in the presentation.
Presentational	The student can provide relevant information about 5 features of the location on his/her brochure and why people seek it out.	The student can provide relevant information about 3 features of the location on his/her brochure and why people seek it out.	The presentation lacks detail, and the information about the location on his/her brochure and reason for picking it is unclear.

PERFORMANCE TASK

Lección 7

All responses and communication must be in Spanish.

Context

You and a partner are considering different careers. First, watch a video about professions. Then, with your partner, discuss the pros and cons of different professions. Finally, prepare a short presentation in which you describe one specific career to the class.

Interpretive task

First, watch the **Flash cultura** video for Lesson 7. As you watch, make a list of different advantages and disadvantages to different jobs.

Interpersonal task

Compare your list with your partner's. Take turns talking about the challenges and rewards of different professions. Then choose a career that you know something about and can present to the class. Tell your partner three pros and three cons of that career.

Presentational task

Prepare a brief oral presentation in which you describe a job or career. Be as specific as possible; include information about the education or training required, what the job entails, and what the relative advantages of the job are to convince your classmates that this is a good career option.

ASSESSMENT

Lección 7

Integrated Performance Assessment Rubric

	5 points	3 points	1 point
Interpretive	The student can identify 5 or more advantages or challenges of a job.	The student can identify 3 advantages or challenges of a job.	The student can identify 2 or fewer advantages or challenges of a job.
Interpersonal	The student can complete an interview demonstrating mutual understanding. The result of the interview is a clear choice of career to present to the class as well as several advantages of that job.	The student can complete an interview with only some difficulty in mutual understanding. The result of the interview is a choice of career to present to the class as well as some advantages of that job.	The student can complete an interview but does not reach mutual understanding. The student is not able to choose a profession to present nor list any advantages of it.
Presentational	The student can provide relevant information about the career as well as its relative advantages.	The student can provide some information about the career but doesn't provide much detail.	The presentation lacks detail, and the information about the career and reason for picking it is unclear.

Integrated Performance Assessment

PERFORMANCE TASK

Lección 8

All responses and communication must be in Spanish.

Context

First, you will listen to a movie review and then discuss the elements of a good review with a partner. Then you will prepare your own review and present it to the class.

Interpretive task

First, listen to the audio in the **Escuchar** section for Lesson 8, which is a fictional movie review. As you listen, take notes on the different kinds of information that are included in the review. Write down at least three different things.

Interpersonal task

Compare your notes with your partner's. Take turns talking about the different things you heard in the review. Use your conversation to make a list of important information to include in a good movie review. Include at least five different things in your list. Then choose a movie to present to the class.

Presentational task

Prepare a brief oral presentation in which you review a movie you have seen. Use the list you generated with your partner as an outline for the content of your presentation. Include as much detail as appropriate about the movie without giving away the ending.

ASSESSMENT

Lección 8

Integrated Performance Assessment Rubric

	5 points	3 points	1 point
Interpretive	The student can identify several elements of a good review.	The student can identify only a few elements of a good review.	The student can barely identify elements of a good review.
Interpersonal	The student can complete an interview demonstrating mutual understanding. The result of the interview is a clear choice of movie to review and a complete list of things to talk about.	The student can complete an interview with only some difficulty in mutual understanding. The result of the interview is a choice of movie to review and a list of things to talk about.	The student can complete an interview but does not reach mutual understanding. The student is not able to choose a movie to review, nor does he/she have a list of things to include in the presentation.
Presentational	The student can provide relevant information about the movie per his/her list.	The student can provide some information about the movie per his/her list, but the presentation lacks completeness.	The presentation lacks detail, and the information about the movie is unclear.

PERFORMANCE TASK

Lección 9

All responses and communication must be in Spanish.

Context

First, you will listen to a news bulletin and then discuss the elements of a good newscast with a partner. Finally, you will prepare your own newscast and present it to the class.

Interpretive task

First, listen to the audio in the **Escuchar** section for Lesson 9, which is a short news briefing. As you listen, take notes on the different kinds of stories that are presented and the order in which they appear. Write down at least four different things.

Interpersonal task

Compare your notes with your partner's. Take turns talking about the different things you heard in the newscast. Use your conversation to make a list of important stories to include in a short news summary. Include at least six different things in your list.

Presentational task

With your partner, prepare a brief oral presentation in which you present the day's top news stories to the class. Use the list you both generated as an outline for the content of your presentation. Think about the order in which you present the different stories, as well as how much detail each one merits.

Integrated Performance Assessment Rubric

	5 points	3 points	1 point
Interpretive	The student can identify several types of stories that can be included in the news.	The student can identify only a few types of stories that can be included in the news.	The student can barely identify story types.
Interpersonal	The student can complete an interview demonstrating mutual understanding. The result of the interview is a clear list of what to include in the student's newscast.	The student can complete an interview with only some difficulty in mutual understanding. The result of the interview is a list of what to include in the student's newscast.	The student can complete an interview but does not reach mutual understanding. The student is not able to make a list of what to include in the student's newscast.
Presentational	The student can present several stories and provide relevant information about them.	The student can present stories and provide information about them, but the presentation lacks completeness.	The presentation lacks detail, and the information about stories is unclear.

TEST A

¿Tiene fiebre? ¿Le duele la garganta? Si tiene una infección de garganta, necesita antibióticos para volver a estar sano. El antibiótico en pastillas Netol es la solución. Si quiere un medicamento efectivo y no le gustan las inyecciones, a usted le van a interesar nuestras pastillas. Muchos médicos las recomiendan a sus pacientes para curar las infecciones de garganta. Debe conseguir la receta del medicamento en el consultorio de su médico. Si está embarazada, debe hablar con su médico antes de tomar Netol. No puede tomar Netol si es alérgico a los antibióticos. Debe dejar de tomar las pastillas Netol si siente que está mareado. Para más información sobre este nuevo medicamento, llame al número 600-20-40.

TEST B

¿Le duele la garganta? ¿Siente que está congestionado? ¿Cree que tiene un resfriado? Si responde que sí, quizás usted es alérgico y no lo sabe. Si tiene estos síntomas y piensa que puede ser alérgico, necesita ir al consultorio de su médico para un examen. Si el médico le dice que es alérgico, le puede preguntar por el nuevo medicamento AirFlex. Las pastillas AirFlex le van a ayudar a olvidarse de todos los síntomas. Tiene que tomar una pastilla por la mañana, y puede llevar una vida sana. Si un día se olvida de tomar las pastillas, no debe preocuparse. El efecto de AirFlex va a seguir con usted hasta la próxima pastilla. Si está embarazada, debe hablar con su médico antes de tomar AirFlex. Si quiere más información, sólo tiene que llamar al 392-04-93.

TEST C
1. ¿Cuánto tiempo hace que estudias español?
2. ¿Se te pierden las cosas con frecuencia? ¿Qué cosas?
3. ¿Qué hacías durante las vacaciones cuando eras pequeño/a?
4. ¿Te pusieron una inyección alguna vez?
5. ¿Te enfermabas mucho cuando eras pequeño/a?

TEST D
1. ¿Con qué frecuencia vas al médico?
2. ¿Se te olvidan las cosas frecuentemente? ¿Qué cosas?
3. ¿Qué hacías cuando eras pequeño/a y te sentías enfermo/a en clase?
4. ¿Te rompiste algún hueso alguna vez?
5. ¿Tenías problemas para dormir cuando eras niño/a?

TEST E

María se cayó ayer de la bicicleta y se lastimó el tobillo. ¡Le dolía muchísimo! Fue al hospital con su mejor amiga. Mientras esperaba en la sala de emergencia, la enfermera le dio una aspirina. Luego le sacaron una radiografía. Afortunadamente, no se rompió nada. Se torció el tobillo, pero nada más. María sólo tiene que descansar durante dos días.

TEST F

Felipe se cayó ayer de la bicicleta y se lastimó la rodilla. ¡Le dolía muchísimo! Fue al hospital con su hermano mayor. Mientras esperaba en la sala de emergencia, el doctor le dio una aspirina. Luego le sacaron una radiografía. Afortunadamente, no se rompió nada. Felipe sólo tiene que descansar durante una semana.

Lección 2

TEST A

¿Ya conoce usted Teletrón? ¿Ya tiene nuestros servicios en su casa? Si no es así, no debe esperar ni un minuto más para conocer este nuevo sistema que va a cambiar su opinión de la televisión. Teletrón es un servicio de televisión por cable que le permite ver más de doscientos programas al prender su televisor. Nuestros programas incluyen opciones para toda la familia: deportes, juegos, películas y programas especiales para los más pequeños todas las tardes de lunes a viernes. Además, con Teletrón, usted puede grabar sus programas favoritos y guardarlos para verlos en su tiempo libre. Si desea más información, puede visitar nuestro sitio web, en www.teletron.tv y en unas horas va a ver Teletrón desde el sofá de su sala.

TEST B

¿Tienes problemas con tu dirección electrónica? ¿No tienes bastante espacio para guardar todos tus correos? ¡No pierdas tiempo! Entra ya a www.navegarenlared.com y crea tu dirección electrónica con 500 GB de espacio. Si lo haces antes del 12 de diciembre, no tienes que pagar nada. Además, en nuestro sitio web puedes leer todo lo nuevo en tecnología y deportes, mirar películas, imprimir fotos de tus artistas favoritos o descargarlas en tu computadora. No esperes más y crea tu dirección electrónica con 500 GB hoy mismo ¡y sin pagar!

TEST C
1. ¿Qué hacen tus amigos/as y tú cuando alguno/a tiene un problema?
2. ¿Dónde te encuentras con tus amigos/as los fines de semana?
3. ¿Qué hiciste el primer día de clases?
4. ¿Qué hacen tus papás y tú cuando regresas a casa después de pasar varias semanas lejos?
5. ¿Qué hacen los recién casados cuando termina la ceremonia de la boda?

TEST D
1. ¿Qué hacen tus papás y tú cuando se ven después de varios meses?
2. ¿Qué hacen los novios al final de una cita?
3. ¿Qué hacen tus amigos/as y tú cuando tienen algo muy importante que contarse?
4. ¿Dónde te encuentras con tus compañeros/as cuando van a estudiar juntos?
5. ¿Qué hiciste al terminar la clase pasada?

TEST E

Telefutur es el nuevo teléfono celular con conexión a Internet que usted necesita. Este sofisticado aparato le permite hacer llamadas, mandar mensajes de texto y correos electrónicos. Además, tiene función de cámara. Usted puede tomar hermosas fotografías y comunicarse por videollamada con amigos y familiares que estén fuera. Su pantalla táctil hace que el celular sea muy fácil de usar. El teléfono celular Telefutur tiene una gran memoria, lo que le permite descargar archivos y ver videos.

TEST F

Hispaplan es el nuevo plan de celular que usted necesita. Este plan le permite hacer llamadas nacionales e internacionales, mandar mensajes de texto y mucho más. Usted puede decidir si quiere conexión a Internet o no. El plan Hispaplan básico incluye 300 minutos al mes en llamadas y 200 mensajes de texto, y cuesta 49.99 dólares. El plan Hispaplan Internet incluye lo mismo que el plan Hispaplan básico además de Internet sin límite de tiempo, y cuesta 69.99 dólares. Llame ya.

Lección 3

TEST A

Víctor, cariño, soy mamá. Mira, estoy en casa de la tía Rosa y necesito unas cosas de casa. ¿Me las traes, por favor? Voy a estar aquí hasta la hora de comer. Mira, en el altillo hay un cuadro pequeño de color rojo, lo necesito urgentemente. También necesito una manta que está en el armario de mi dormitorio. Tiene unos dibujos de animalitos. Necesito también el cartel que hay en la sala, detrás del sofá. Ya sabes cuál es, ¿verdad? Bueno, puedes llamarme a mi teléfono celular si tienes problemas para encontrar algo. Muchas gracias, hijo, eres el mejor.

TEST B

Hola chicas, no puedo ayudarlas a limpiar la casa para la fiesta de esta noche, pero tengo unas sugerencias sobre lo que deben hacer. Deben limpiar la sala y pasar la aspiradora. Beatriz, sacude los muebles y lava las cortinas por favor, están sucias porque yo las ensucié ayer mientras comía chocolate. Rosa, es necesario que hagas todas las camas, la mía también, porque no tuve tiempo esta mañana. Saquen las mantas del altillo, esta noche va a hacer bastante frío y las necesitamos. Ah, por cierto, saquen mi ropa de la lavadora y pónganla en la secadora. Esta noche necesito estar guapa y tener ropa limpia porque mi chico favorito va a venir a la fiesta. Y... bueno, creo que eso es todo. Yo voy a llegar a casa treinta minutos antes de la fiesta. Son las mejores compañeras de apartamento, ¿lo sabían? Chau, chau.

TEST C

1. De todos los quehaceres domésticos, ¿qué es lo que menos te gusta hacer?
2. ¿Qué les dices a tus amigos si te dicen que quieren ver tu cuarto?
3. ¿Cuáles son los quehaceres que tienes que hacer después de comer?
4. ¿Qué le dices a tu jefe cuando te ordena sacudir los muebles de la oficina?
5. ¿Cómo les contestas a tus profesores si te ordenan plancharles las camisas?

TEST D

1. De todos los quehaceres domésticos, ¿qué es lo que más te gusta hacer?
2. ¿Qué les dices a los amigos de tu madre si te dicen que quieren verte cocinar?
3. ¿Cuáles son los quehaceres que tienes que hacer todos los días?
4. ¿Qué le dices a tu jefe si te ordena limpiar su oficina?
5. ¿Cómo le contestas a tu profesor de español si te pide un café?

TEST E

Hola, señora Rivas. Me llamo Ernesto Palacios. Mi familia y yo vivimos en un apartamento en el centro de Chicago, pero queremos mudarnos a una casa. Queremos que tenga tres dormitorios, que la cocina tenga mucha luz y que la sala sea grande. Además, la casa que queremos debe tener jardín para que mi hijo pueda jugar afuera. Si encuentra una casa así, en las afueras de la ciudad, por favor llámeme al 312-476-1580.

TEST F

Buenas tardes, señor Jiménez. Me llamo Ignacio Sanmartín. Mi esposa y yo vivimos en un apartamento cerca del centro, pero el dueño va a venderlo. Estamos buscando otro para alquilar. Queremos que esté en un barrio seguro y también que tenga dos habitaciones. Es importante que la cocina y el cuarto de baño sean grandes y que haya muchas ventanas. Ah, y algo más: es absolutamente necesario que las escaleras y los pasillos del edificio sean grandes porque tenemos un piano. Si encuentra algún apartamento así, por favor llámeme al 316-499-2357.

Lección 4

TEST A

¿Quieres venir a un lugar donde puedas descansar y practicar ecoturismo? En el Camping Bahía Azul de Colombia tenemos exactamente lo que buscas. Algunas de las actividades que puedes hacer mientras nos visitas incluyen: ir de excursión por el valle, pasear por el río para descubrir las especies de plantas y peces que están en peligro de extinción y visitar la central de energía solar Conersol. Para que no te pierdas la oportunidad de pasar unos días aquí, es necesario que nos llames al 930-29-38. Con tal de que hagas tu reservación antes del 31 de mayo, vas a pasar unos días maravillosos. Y si visitas nuestro sitio web en *www.campingbahiaazul.com*, puedes conseguir un boleto a mitad de precio. Sólo abrimos de junio a septiembre para que los animales que viven en el parque puedan seguir aquí sin que nadie los moleste. Ven, ¡te esperamos!

TEST B

Bienvenidos a nuestro programa de ecología. Hoy vamos a hablar de los bosques. Es muy importante que conservemos los bosques por tres factores: el primero es que las plantas limpian el aire que todos respiramos y las necesitamos para que nos den aire puro. El segundo factor es que muchos animales están en peligro de extinción porque viven en los bosques. El tercer y último factor es que no podemos olvidar que las medicinas se hacen muchas veces de las plantas y árboles de los bosques. Hoy día, hay regiones que están muy afectadas por la contaminación. Los expertos dicen que ya se perdió el 80 por ciento de los bosques del planeta, pero los gobiernos no hacen casi nada para evitar su completa destrucción. Todos sabemos que tenemos que parar la deforestación. Pero, ¿cómo conseguirlo? ¡Debemos reciclar!

TEST C

1. ¿Para qué es importante separar el aluminio del plástico en la basura?
2. ¿Cuándo fue la última vez que hiciste algo por el medio ambiente? ¿Qué hiciste?
3. ¿Qué puedes hacer tú para conservar energía en tu casa?
4. ¿Qué puede hacer el gobierno para parar la deforestación?
5. ¿Qué puedes hacer para mantener limpia tu ciudad?

TEST D

1. ¿Para qué necesitamos reciclar el papel que usamos?
2. ¿Cuándo fue la última vez que hiciste algo por mantener limpia tu ciudad? ¿Qué hiciste?
3. ¿Qué puedes hacer tú para que no haya tantos animales en peligro de extinción?
4. ¿Qué es necesario que hagamos para poder beber el agua de nuestros ríos?
5. ¿Cuál es el mayor problema medioambiental de tu ciudad? ¿Por qué?

TEST E

El parque de los Adirondacks es un parque del estado de Nueva York. En este parque se encuentra el monte Marcy, la montaña más alta del estado. Tiene más de cinco mil pies de altura. Subir no es difícil. Un adulto puede subir y bajar en un día. El parque tiene una historia interesante. Se creó porque los ecologistas temían que el medio ambiente estuviera afectado por la deforestación. Gracias a esta iniciativa por parte de los ecologistas, desde hace más de cien años, en este parque se puede acampar, ir de excursión y pescar.

TEST F

El parque de los Adirondacks es un parque del estado de Nueva York. En los Adirondacks se encuentra la montaña más alta del estado, el monte Marcy, y también cientos de ríos y lagos. El parque de los Adirondacks es un lugar maravilloso para hacer ecoturismo. Se creó porque los ecologistas querían conservar los árboles y las plantas del estado. Gracias a esta iniciativa por parte de los ecologistas, desde hace más de cien años, en este parque se puede caminar, disfrutar de la naturaleza, esquiar y pasear por el bosque.

Lección 5

TEST A
1. Normalmente vamos a la panadería para comprar dulces.
2. Si necesitas un préstamo, lo mejor es que vayas al buzón.
3. Para ahorrar dinero, es necesario tener una cuenta de ahorros.
4. Cuando me enfermo, voy a la farmacia para comprar medicamentos.
5. En los supermercados se puede abrir una cuenta corriente.

TEST B
1. Las cuentas de ahorros están hechas para ayudarte a ahorrar.
2. En la carnicería sólo venden cosas verdes.
3. Si no encuentro un lugar en la calle para mi carro, lo estaciono en la panadería.
4. Si no tengo dinero, puedo ir al banco a pedir un préstamo.
5. Cuando voy de vacaciones, siempre uso cheques de viajero para mis compras.

TEST C
1. ¿Adónde vas cuando necesitas dinero para tus compras?
2. ¿Adónde llevas tu ropa cuando no está limpia?
3. ¿Qué debes poner en el sobre antes de mandar una carta?
4. ¿Cómo puedes pagar por algo cuando no tienes dinero en efectivo?
5. Si en el garaje no tienes espacio para tu carro, ¿qué haces?

TEST D
1. ¿Adónde vas para enviar una carta por correo tradicional?
2. Si tu mamá quiere estar guapa para una fiesta, ¿adónde va?
3. ¿De qué cuenta viene el dinero que sacas del cajero automático?
4. ¿Qué haces con tu carro si no encuentras un lugar para estacionarlo en la calle?
5. ¿Cómo puedes pagar por algo si no quieres hacer pagos cada mes?

TEST E

Como todas las grandes ciudades, Madrid tiene muchos lugares interesantes y actividades para todos los gustos. Si te interesa la cultura, ven a conocer el museo de El Prado. Si quieres ver el mejor equipo de fútbol del mundo, ven a ver un partido del Real Madrid. Si lo que te gusta es caminar por las calles e ir de compras, visita cualquier barrio para conocer las carnicerías, fruterías y pastelerías donde los españoles hacemos nuestras diligencias. Y si quieres descansar después de tantas actividades, ven a nuestro parque de El Retiro.

TEST F

Como todas las ciudades grandes, Barcelona tiene muchos lugares interesantes y actividades para todos los gustos. Si te interesa la cultura, ven a conocer los edificios de Gaudí. Si quieres ver el mejor equipo de fútbol del mundo, ven a ver un partido del Barça. Si lo que te gusta es caminar por las calles e ir de compras, visita cualquier barrio para conocer las carnicerías, fruterías y pastelerías donde los españoles hacemos nuestras diligencias. Y si quieres descansar después de tantas actividades, ven a nuestro parque de la Ciutadella.

Lección 6

TEST A

¡Atención, atención! Acaba de llegar a tu ciudad el gimnasio que has estado esperando toda tu vida. ¿Te preguntas qué tiene de especial el Club Metropolitano? Lo tiene todo, desde un gimnasio completamente equipado con todo lo necesario para hacer ejercicio hasta unos clientes maravillosos. Nuestros entrenadores han sido preparados por los mejores profesores y pueden ayudarte a conseguir tus objetivos, no importa cuáles sean. ¿Qué has hecho por tu salud últimamente? ¿Has estado a dieta? ¿Has pasado hambre? Ya no es necesario que lo hagas nunca más porque el Club Metropolitano tiene la solución perfecta. Cuando visites nuestro club vas a ver que hemos pensado en cada detalle para hacerte la vida más fácil. Tenemos un nutricionista para cada cinco personas, así que puedes estar seguro de que vas a recibir una atención personalizada cada día. Y además, durante los meses de abril, mayo y junio puedes participar en las actividades del club sin pagar nada. Sí, has oído bien, tres meses completamente gratis. ¡Te esperamos!

TEST B

¡Por fin hemos llegado a tu ciudad y hemos venido para quedarnos! Somos el Club Bosque y Mar. ¿No has oído hablar de nosotros? ¿Estás seguro? Pues probablemente hayas visto algunos de nuestros clubes, pero no sepas que son gimnasios. ¿Cómo es posible? Nuestros gimnasios son centros para aliviar la tensión y el estrés, y todos están cerca del bosque o cerca del mar. En nuestras cintas caminadoras puedes perder grasa mientras escuchas el sonido del viento entre los árboles. En nuestras salas de pesas puedes desarrollar tus músculos mientras escuchas música a cualquier hora del día. Y después, cuando hayas terminado de entrenarte, puedes visitar la sauna, el jacuzzi, la piscina, el café, el cine ¡o la playa! ¿Pensabas que no habías podido hacer ejercicio por falta de tiempo? Y ahora descubres que puedes comer con tus amigos, ponerte en forma, descansar, ir al cine o ver un concierto, todo sin salir de nuestro club. ¡No te lo pierdas! ¡Ven hoy mismo!

TEST C
1. ¿Qué has hecho este semestre para comer una dieta sana?
2. ¿Has tratado de adelgazar o aumentar de peso alguna vez? Explica tu experiencia.
3. ¿Crees que es probable que hayas aumentado de peso este año? ¿Por qué?
4. La pirámide de comida se ha hecho muy popular. ¿Qué impacto ha tenido en tu vida?
5. ¿Habías pensado en levantar pesas alguna vez? Explica por qué.

TEST D
1. ¿Qué has hecho este año para comer una dieta equilibrada?
2. La dieta Atkins tiene muchas proteínas. ¿Has hecho una dieta así alguna vez? ¿Por qué?
3. ¿Qué has hecho para aliviar la tensión cuando has tenido exámenes?
4. ¿Conoces a alguien que se haya enfermado por hacer dieta?
5. ¿Has desayunado con proteínas antes de venir a clase hoy? ¿Por qué?

TEST E

¡Hola, amigos! ¿Quieren estar en buena forma? Estoy segura de que pueden conseguirlo muy pronto. Antes de empezar, deben hacer ejercicios de estiramiento, sobre todo si llevan mucho tiempo sin hacer ejercicio. Yo les recomiendo que corran por lo menos media hora, tres veces a la semana. Empiecen despacio y traten de ir más rápido cada día. También recuerden que deben tomar mucha agua y comer una dieta equilibrada. Empecemos a calentarnos con cinco minutos en la cinta caminadora. Les sugiero que...

TEST F

¡Hola, amigos! ¿Quieren adelgazar? Estoy seguro de que pueden conseguirlo en menos de seis meses. Antes de empezar, deben calentarse, sobre todo si llevan mucho tiempo sin hacer ejercicio. Yo les recomiendo que corran por lo menos cuarenta y cinco minutos, cuatro veces a la semana. Empiecen corriendo veinte minutos y traten de hacerlo por más tiempo cada día hasta que lleguen a los cuarenta y cinco minutos. También recuerden comer comida baja en grasas y tomar mucha agua. Empecemos a calentarnos con diez minutos en la cinta caminadora. Les sugiero que...

Lección 7

TEST A
1. Para esta profesión es importante tener talento natural. Los colores son muy importantes y no es un oficio en el que se necesite tener mucho contacto con el público.
2. Las ciencias son muy importantes en esta profesión. Normalmente la persona necesita mucha preparación y trabaja en algún tipo de laboratorio.
3. En esta profesión se hacen entrevistas y se escriben artículos. Se puede trabajar en periódicos, en revistas, en la radio o en la televisión.
4. En esta profesión es muy importante saber escuchar a los demás. Se puede trabajar con adultos o niños y, normalmente, se conversa sobre cosas personales.
5. Ésta es la persona a quien llamas cuando necesitas poner lámparas en diferentes partes de tu casa.

TEST B
1. En esta profesión se puede ganar mucho dinero. Es un trabajo con mucho estrés y con mucha tensión. Te permite trabajar con muchos clientes y con las causas importantes en tu vida.
2. Esta profesión estudia el pasado y la historia. Para este trabajo, necesitas mucha atención al detalle. Normalmente se trabaja en otros países.
3. La imagen personal es bastante importante en esta profesión. La experiencia profesional puede ayudarte a tener éxito en este campo.
4. La gente en esta profesión ayuda a otros con tareas administrativas. Normalmente se trabaja en una oficina y se tiene mucho contacto con el público.
5. Estos profesionales nos ayudan cuando tenemos que pagar dinero al gobierno o cuando necesitamos ayuda para ahorrar dinero.

TEST C
1. ¿Qué habrás hecho profesionalmente para el año 2030?
2. ¿Te sorprendió que tuvieras que estudiar lenguas extranjeras para terminar tus estudios?
3. ¿Qué harás para aprender más sobre tu profesión después de la universidad?
4. ¿Conociste a alguna persona este semestre que pudiera ofrecerte ayuda profesional? ¿A quién?
5. En el futuro, ¿qué será más importante para ti: ganar dinero o disfrutar lo que haces?

TEST D
1. ¿Cuándo habrás decidido qué quieres hacer con tu vida profesional?
2. ¿Qué harás para tener éxito profesional? Menciona una cosa.
3. ¿Qué habrás hecho para el año 2030?
4. ¿Trabajarás en otro país en el futuro? ¿En cuál?
5. ¿Qué tipo de trabajos habrás tenido dentro de diez años?

 Lecciones 6–7 Test Audio Scripts

TEST E

Queridos chicos:

Para el mes de agosto, después de unas semanas de vacaciones y celebraciones, ya habrán empezado a buscar un trabajo. Algunos de ustedes ya habrán tenido experiencia en la búsqueda de empleo o ya habrán hecho sus prácticas profesionales. Sea como sea, lo importante es que están preparados para el mundo del trabajo. Quizá sus primeros empleos no les ofrezcan los mejores sueldos o beneficios, pero lo importante es que están obteniendo experiencia y conocimientos. Cuando incluyan esa experiencia en sus currículum, verán que su trabajo habrá sido útil. Recuerden que lo más importante es trabajar en lo que les gusta y los hace sentir bien.

TEST F

Queridos chicos:

Para finales de enero, después de las vacaciones de diciembre, ya habrán empezado sus prácticas profesionales. Algunos de ustedes ya habrán hecho sus prácticas y posiblemente estarán buscando empleo. Sea como sea, lo importante es que están preparados para el mundo laboral. Quizá sus prácticas profesionales o primeros empleos no les ofrezcan los mejores sueldos o beneficios, pero lo importante es que están obteniendo experiencia y conocimientos. Cuando incluyan esa experiencia en sus currículum, verán que su trabajo habrá sido útil. Recuerden que lo más importante es trabajar en lo que les gusta y los hace sentir bien.

Lección 8

TEST A

Hoy les vamos a hablar de teatro, y particularmente de una maravillosa obra que consiguió varios premios el año pasado en el Festival de Teatro de Otoño. Este fin de semana ha llegado al teatro Alba la obra *Agua de mayo* de la dramaturga María Lozano. Dos actores poco conocidos, Carlos Fuertes y Mariana Cortés, hacen los papeles de los personajes principales. El director es el extranjero Julián Palma. Es una obra romántica que nos habla de los problemas de un matrimonio joven. El esposo es escultor y la esposa es bailarina. La historia es buena, pero habría sido mejor con un final diferente. El director, muy talentoso, soluciona bien los pequeños problemas que tiene la historia. Los actores trabajan bien, pero habría sido más divertido ver a otra pareja de actores más conocidos. Al final, el público apreció y aplaudió el buen trabajo de todos. Creo, sinceramente, que deberían venir más obras así a nuestra ciudad.

TEST B

El pasado fin de semana llegó a nuestra ciudad el famoso grupo de baile de Aurora Rodas. La señora Rodas y su compañía están presentando este año un espectáculo musical llamado *Círculos*. El compositor, que combina la música clásica con la folclórica, es el famoso Federico Santos. Una gran orquesta, dirigida por el músico salvadoreño Germán Rato, toca en la mayor parte de la obra. En cuanto al baile, el bailarín principal es Miguel Sáenz y la bailarina es Victoria Sayo. Los dos, como sabemos, son jóvenes bailarines y trabajan bien. El problema es que no hacen una buena pareja de baile. Con los maravillosos bailarines del año pasado, el baile habría sido un éxito para la directora, Elisa Ramírez. La señora Ramírez es muy talentosa, pero no llega a solucionar los pequeños problemas que tiene el espectáculo. Les recomiendo esta obra sólo a los grandes aficionados del baile. Para las personas que no lo son, es mejor que este fin de semana se queden en casa.

TEST C

1. La clase pasada, ¿había alguien que hubiera llegado tarde?
2. ¿Tu familia y tú se sorprendieron de que hubiera ganado las elecciones el actual presidente?
3. ¿Te alegraste de que se hubiera acabado el semestre pasado?
4. ¿Alguna vez dudaste que hubieras pasado una materia antes de saber la nota final?
5. ¿Te molestó que alguien te hubiera mentido en el pasado?

TEST D

1. ¿Qué hubieras querido que fuera diferente al comenzar este año?
2. Este semestre, ¿siempre llegaste a clase de español antes de que hubiera empezado?
3. ¿Qué esperabas que hubiera pasado antes de entrar a la universidad?
4. ¿Qué te molestó que hubieran hecho tus padres cuando estabas en la escuela secundaria?
5. En tus últimas vacaciones en familia, ¿hubo alguien que se hubiera enfermado?

TEST E

LOCUTORA Estimados radioyentes. Estoy aquí con el maestro Salgado. Bienvenido, señor Salgado.

MAESTRO SALGADO Es un placer estar aquí.

LOCUTORA Muchas gracias, maestro. ¿Nos podría contar algo sobre el grupo de jazz que usted tuvo en los años setenta?

MAESTRO SALGADO Sí. Durante los años setenta mi hermano y yo tuvimos un grupo de jazz que se llamaba Yasé. Los músicos del grupo teníamos mucho talento. Con un poco de suerte, hubiéramos llegado muy lejos. El grupo habría viajado por el país y habría dado muchos conciertos.

LOCUTORA Qué lástima que no hubieran tenido un director que les hubiera ayudado con el desarrollo del grupo.

MAESTRO SALGADO Sí. Además, no creíamos que fuéramos a tener éxito con el jazz. Por eso nos separamos después de grabar el primer disco.

LOCUTORA De no ser músico, ¿qué habría preferido ser usted?

TEST F

LOCUTOR Estimados radioyentes. Estoy aquí con Marta López. Bienvenida, Marta.

MARTA Es un placer estar aquí.

LOCUTOR Muchas gracias, Marta. ¿Nos podría contar qué pasó con el grupo Amapola?

MARTA Sí. Cuando teníamos el grupo Amapola, éramos muy jóvenes y teníamos grandes ilusiones. Hubiéramos dejado la música, pero los deseos de cantar y crear nuevas canciones eran muy fuertes. No había nadie que no hubiera cantado nuestras canciones o hubiera ido a nuestros conciertos.

LOCUTOR ¿Cuántos discos grabaron?

MARTA Grabamos treinta discos y habríamos grabado más, pero era hora de dar paso a la música de grupos más jóvenes. Yo abrí un estudio de grabación y hoy, veinticinco años después, sigo ayudando a los músicos jóvenes.

LOCUTOR De no ser cantante, ¿qué habría preferido ser usted?

Lección 9

TEST A

Muy buenas tardes, señoras y señores. Son las seis en punto de la tarde del sábado. Les ofrecemos un corto informe de las noticias más importantes del día. En las noticias internacionales, el presidente de España anunció que se hará una encuesta a todos los ciudadanos para decidir si debe haber elecciones locales el próximo mes. En las noticias nacionales, el huracán que se reportó ayer en Florida ha causado muchas víctimas. En el informe de las diez de la noche, les ofreceremos un reportaje completo sobre la situación en Florida. En los deportes, el equipo nacional de fútbol de Uruguay le ganó ayer al equipo de los Estados Unidos. Y eso es todo en nuestro corto informe de las seis. Los esperamos a las diez en punto de la noche para ofrecerles toda la información sobre los acontecimientos más importantes del día en nuestro país, y a las diez y treinta para los reportajes de la situación internacional. Muy buenas tardes a todos.

TEST B

Muy buenos días, señoras y señores. Son las diez de la mañana del viernes 19 de marzo. Les ofrecemos un corto informe de las noticias más importantes del día. En las noticias internacionales, el gobierno de México ha anunciado que luchará contra el desempleo con el programa nacional más importante de la historia de ese país. En las noticias nacionales, el terremoto que se reportó ayer en Punta del Sol ha causado muchas víctimas. En el informe de las diez de la noche les ofreceremos un reportaje completo sobre la situación allí. En los deportes, el equipo nacional de fútbol de Paraguay le ganó ayer al equipo de Uruguay. Y eso es todo en nuestro informe de las diez de la mañana. Los esperamos a las tres en punto de la tarde para ofrecerles más información sobre los acontecimientos más importantes del día en nuestro país, y a las tres y treinta para los reportajes de la situación internacional. Muy buenos días a todos.

TEST C

1. Si un día te hubieras despertado siendo niño/a otra vez, ¿que habrías hecho?
2. Si te hubieran elegido como representante de los estudiantes en tu universidad, ¿qué habrías hecho primero?
3. ¿Cómo cambiaría tu vida si fueras locutor(a) en un noticiero de televisión?
4. Si hubieras escrito un artículo en un periódico nacional esta semana, ¿sobre qué habrías escrito?
5. Si hubieras podido hablar con Mahatma Gandhi, ¿qué le habrías dicho?

TEST D

1. ¿Qué habrías hecho para ayudar a un amigo que hubiera sido víctima de la discriminación?
2. Si fueras reportero, ¿a quién te gustaría entrevistar? ¿Qué le preguntarías?
3. Si hubieras podido, ¿cómo habrías ayudado a la campaña política de tu candidato/a favorito/a?
4. Si hubieras tenido que dar un discurso en tu universidad, ¿de qué habrías hablado?
5. Si hubieras podido hablar con Abraham Lincoln, ¿qué le habrías dicho?

TEST E

REPORTERA Estamos transmitiendo en vivo desde la oficina de campaña del candidato Pérez, quien perdió las elecciones a la presidencia esta semana. Señor Pérez, ¿nos puede hablar sobre lo que sucedió?

SR. PÉREZ Yo pienso que si la gente me hubiera escuchado con atención, no habría perdido las elecciones.

REPORTERA ¿Por qué piensa esto?

SR. PÉREZ Si hubieran visitado el sitio web de mi oponente, habrían visto que ella no ofrece ninguna solución a los problemas más graves de nuestro país.

REPORTERA ¿Cuáles son sus planes para el futuro?

SR. PÉREZ Es una lástima que hayamos perdido las elecciones. Pero yo seguiré trabajando para mi gente. Estoy seguro de que para las siguientes elecciones a la presidencia, ya habremos ganado algunas elecciones locales y la gente estará más informada de nuestras propuestas.

TEST F

REPORTERO Estamos transmitiendo en vivo desde la oficina de campaña de la candidata Campos, quien perdió las elecciones a la presidencia la semana pasada. Señora Campos, ¿nos puede hablar sobre lo que sucedió?

SRA. CAMPOS Yo pienso que si no hubiera tanta discriminación hacia la mujer, yo habría ganado las elecciones.

REPORTERO ¿Piensa que el otro candidato discrimina a las mujeres?

SRA. CAMPOS Sí. Si hubieran visitado su sitio web, habrían visto que entre sus directores de campaña no hay ninguna mujer.

REPORTERO ¿Cuáles son sus planes para el futuro?

SRA. CAMPOS Es una lástima que hayamos perdido las elecciones, pero yo seguiré luchando contra la discriminación. Estoy segura de que para las siguientes elecciones a la presidencia, ya habremos ganado algunas elecciones locales y la gente será más consciente del nivel de discriminación hacia la mujer que existe en nuestra sociedad.

EXAM A

Buenas tardes y bienvenidos a la Tercera Conferencia de Tecnología en Nuestro Mundo. Hoy vamos a hablar de los temas más interesantes y actuales relacionados con la tecnología que usamos todos los días, tanto en el mundo laboral como en nuestro tiempo libre.

Primero, empezaremos con una presentación del profesor Joaquín Sánchez, quien ha estudiado la influencia de la tecnología en la vida de los estudiantes de la universidad y ha descubierto que los estudiantes que tienen acceso a Internet pasan más tiempo descargando música que preparando proyectos para sus clases. Por eso, él hablará, entre otras cosas, de Internet como un recurso que no sólo se usa para la educación, sino también para la diversión.

Continuaremos con un debate entre la doctora Maribel Vargas y el doctor Felipe Garrido, dos médicos con dos opiniones muy diferentes. La doctora Vargas ha escrito un libro en el que explica cómo la tecnología ha ayudado a muchas personas a mantenerse en forma y llevar una vida más sana, mientras que el doctor Garrido ha declarado en la última reunión de la Asociación Nacional de Médicos que el exceso de tecnología ha ayudado a crear una generación de sedentarios que se quedan en casa "atrapados" en mundos artificiales.

Por último, terminaremos con un panel de gerentes que representan a tres empresas de la ciudad, quienes nos hablarán de la relación entre la tecnología y el trabajo. Algunos de los temas que tratarán son: el aumento en el número de empleados que prefieren el teletrabajo, el uso de videoconferencias para mejorar la comunicación entre las distintas oficinas de una misma empresa y el futuro en el mundo de los negocios. También compartirán historias de lo que puede pasar cuando la tecnología deja de funcionar.

EXAM B

Buenas tardes y bienvenidos a la Primera Conferencia de Tecnología en América del Sur. Hoy vamos a hablar de los temas más interesantes y actuales, relacionados con la tecnología que usamos todos los días, tanto en el mundo laboral como en nuestro tiempo libre.

Primero, empezaremos con una presentación del profesor Ernesto Beltrán, quien ha estudiado la influencia de la tecnología en la vida de los estudiantes de la universidad y ha descubierto que los estudiantes que tienen acceso a Internet pasan más tiempo mandando y leyendo correo electrónico que preparando proyectos para sus clases. Por eso, él hablará, entre otras cosas, de Internet como un recurso que no sólo se usa para la educación, sino también para la diversión.

Continuaremos con un debate entre la doctora Verónica Mendoza y el doctor Emilio Medina, dos médicos con dos opiniones muy diferentes. La doctora Mendoza ha escrito un libro en el que explica cómo la tecnología ha ayudado a muchas personas a mantenerse en forma y llevar una vida más sana, mientras que el doctor Medina ha declarado en la última reunión de la Asociación Nacional de Médicos que el exceso de tecnología ha ayudado a crear una generación de sedentarios que se quedan en casa "atrapados" en mundos artificiales.

Por último, terminaremos con un panel de jefes que representan a tres empresas de la ciudad, quienes nos hablarán de la relación entre la tecnología y el trabajo. Algunos de los temas que tratarán son: el aumento en el número de empleados que prefieren el teletrabajo, el uso de videoconferencias para mejorar la comunicación entre las distintas oficinas de una misma empresa y la influencia de la tecnología en el desempleo. También compartirán historias de lo que puede pasar cuando la tecnología deja de funciona.

Optional Test Sections

Fotonovela Video Test Items   Lección 1

1 ¿Qué pasó? Select one of the pictures and write the conversation that is taking place using what you remember from the **Fotonovela** and at least 5 words from the box.

cabeza	garganta	recetar	tener fiebre
congestionado/a	infección	resfriado	tomar la temperatura
doler	mareado/a	síntomas	toser

 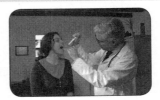

_____

_____

_____

_____

_____

_____

Fotonovela Video Test Items   Lección 2

1 ¿Qué pasó? Write a summary of what happened in this episode using the pictures and what you remember.

_____

_____

_____

_____

_____

_____

_____

Fotonovela Video Test Items

1 **¿Qué pasó?** Select one of the pictures and write the conversation that is taking place using what you remember from the **Fotonovela**.

_____

_____

_____

_____

_____

_____

Fotonovela Video Test Items

1 **¿Qué pasó?** Write a summary of what happened in this episode using the pictures and what you remember.

_____

_____

_____

_____

_____

_____

_____

_____

Optional Test Sections

Fotonovela Video Test Items

Lección 5

1 **¿Qué pasó?** Select one of the pictures and write the conversation that is taking place using what you remember from the **Fotonovela**.

_____

_____

_____

_____

_____

_____

_____

_____

_____

Fotonovela Video Test Items

Lección 6

1 **¿Qué pasó?** Select one of the pictures and write the conversation that is taking place using what you remember from the **Fotonovela**.

_____

_____

_____

_____

_____

_____

_____

_____

_____

_____

_____

_____

 Lecciones 5–6   Fotonovela Video Test Items

Optional Test Sections

Fotonovela Video Test Items

Lección 7

1 **¿Qué pasó?** Select one of the pictures and write the conversation that is taking place using what you remember from the **Fotonovela**.

_____
_____
_____
_____
_____
_____
_____
_____

Fotonovela Video Test Items

Lección 8

1 **¿Qué pasó?** Select one of the pictures and write the conversation that is taking place using what you remember from the **Fotonovela**.

_____
_____
_____
_____
_____
_____
_____

Fotonovela Video Test Items

1 ¿Qué pasó? Write a summary of what happened in this episode using the pictures and what you remember.

_____

_____

_____

_____

_____

_____

_____

_____

_____

_____

_____

Optional Test Sections

1 Un episodio Select one of the pictures and write a summary of what happened in the episode.

_____

_____

_____

_____

_____

_____

_____

_____

_____

_____

_____

_____

_____

_____

_____

_____

_____

_____

_____

Optional Test Sections

Panorama Textbook Section Test Items   Lección 1

1 ¿Cierto o falso? Indicate whether these statements about Costa Rica are **cierto** or **falso**. Correct the false statements.

	Cierto	Falso
1. El 94% de la población (*population*) costarricense es muy homogénea.	_____	_____
2. Los turistas no pueden ir a los parques naturales de Costa Rica.	_____	_____
3. Costa Rica fue el primer país centroamericano en desarrollar (*to develop*) la industria del café.	_____	_____
4. Francia fue el primer país que compró el café costarricense.	_____	_____
5. El ejército (*army*) de Costa Rica ayuda en los servicios públicos.	_____	_____
6. Costa Rica tiene un nivel de alfabetización del 96%.	_____	_____

Panorama Textbook Section Test Items   Lección 2

1 ¿Cierto o falso? Indicate whether these statements about Argentina are **cierto** or **falso**. Correct the false statements.

	Cierto	Falso
1. La Avenida 9 de Julio de Buenos Aires es la calle más ancha (*widest*) del mundo.	_____	_____
2. Más del treinta por ciento de la población total de Argentina vive en Buenos Aires.	_____	_____
3. La capital de Argentina es Buenos Aires.	_____	_____
4. La mayoría de los inmigrantes llegó a Argentina desde Norteamérica.	_____	_____
5. Las cataratas del Iguazú están en el Bosque Nuboso Monteverde.	_____	_____
6. El tango se hizo más romántico durante la década de 1930.	_____	_____

Panorama Textbook Section Test Items   **Lección 3**

1 **Panamá** Fill in the blanks with information you learned about Panama.

1. La lengua materna del 14% de los panameños es _____.

2. Las monedas que se usan en Panamá son _____.

3. Una forma de arte textil que viene de Panamá es _____.

4. Una de las principales fuentes de ingresos (*sources of income*) del país es

   _____.

5. Los kunas son una tribu indígena que vive en _____.

6. El nombre de Panamá significa _____.

Panorama Textbook Section Test Items   **Lección 4**

1 **Colombia** Fill in the blanks with information you learned about Colombia.

1. El _____ de la superficie (*surface*) de Colombia está sin

   poblar (*unpopulated*).

2. La moneda oficial de Colombia es _____.

3. _____ es el autor del libro *Cien años de soledad*.

4. En el Museo del Oro hay piezas de la época _____.

5. Dos de las ciudades más importantes de Colombia son _____.

6. Durante el _____, la ciudad vive casi exclusivamente para

   esta fiesta.

Panorama Textbook Section Test Items

Lección 5

1 ¿Cierto o falso? Indicate whether these statements about Venezuela are **cierto** or **falso**. Correct the false statements.

	Cierto	Falso
1. El Salto Ángel es la catarata (*waterfall*) más alta del mundo.	_____	_____
2. Esta catarata es un poco más alta que las cataratas del Niágara.	_____	_____
3. En Venezuela se hablan lenguas indígenas como el yanomami.	_____	_____
4. El área de Venezuela es dos veces el área de California.	_____	_____
5. El 70% de las exportaciones del país son de productos electrónicos.	_____	_____
6. Simón Bolívar es conocido como "El Libertador".	_____	_____

Panorama Textbook Section Test Items

Lección 6

1 ¿Cierto o falso? Indicate whether these statements about Bolivia are **cierto** or **falso**. Correct the false statements.

	Cierto	Falso
1. El aimará y el quechua son dos idiomas oficiales en Bolivia.	_____	_____
2. El lago Titicaca es el lago navegable más largo del mundo.	_____	_____
3. Tiahuanaco es un sitio arqueológico de ruinas preincaicas.	_____	_____
4. La Puerta del Sol pesa (*weighs*) poco.	_____	_____
5. Santa Cruz de la Sierra es la capital administrativa del país.	_____	_____
6. La música andina es una parte importante del folclor de Bolivia.	_____	_____

Optional Test Sections

Panorama Textbook Section Test Items — Lección 7

1 ¿Cierto o falso? Indicate whether these statements about Nicaragua and the Dominican Republic are **cierto** or **falso**. Correct the false statements.

	Cierto	Falso
1. El terreno de Nicaragua incluye unos cuarenta volcanes.	_____	_____
2. El español, las lenguas indígenas y criollas y el inglés son los idiomas de la República Dominicana.	_____	_____
3. Ometepe es la isla más grande en un lago de agua dulce en el mundo.	_____	_____
4. El merengue tiene su origen en la República Dominicana.	_____	_____
5. El baloncesto es un deporte muy practicado en la República Dominicana.	_____	_____
6. El Alcázar de Colón es un palacio construido por el hijo de Cristóbal Colón.	_____	_____

Panorama Textbook Section Test Items — Lección 8

1 Opciones Fill in the blanks with the appropriate words.

1. El país más pequeño de Centroamérica es _____.
   a. Honduras   b. El Salvador   c. Nicaragua

2. En _____ la mayoría de la población es mestiza.
   a. El Salvador   b. Honduras   c. El Salvador y Honduras

3. La principal exportación de Honduras en la actualidad es/son _____.
   a. las bananas   b. el azúcar   c. la carne

4. Tegucigalpa es la capital de _____.
   a. Belice   b. Honduras   c. Venezuela

5. La moneda nacional de Honduras es _____.
   a. el lempira   b. el peso   c. el colón

6. Los idiomas oficiales de El Salvador son _____.
   a. el misquito y el garífuna   b. el español y el inglés   c. el español, el náhuatl y el lenca

© by Vista Higher Learning, Inc. All rights reserved. | 340 | Lecciones 7–8   Panorama Textbook Section Test Items

1 Completar Fill in the blanks with information you learned about Paraguay and Uruguay.

1. En Paraguay, el guaraní se usa en canciones, poemas, _____ y también libros.

2. En Paraguay, los _____ que no van a votar tienen que pagar una multa (*fine*).

3. Augusto Roa Bastos fue un _____ paraguayo.

4. En Uruguay, la _____ es una parte esencial de la dieta diaria.

5. El deporte más popular en Uruguay es, sin duda, _____.

6. En el Desfile de Llamadas participan _____ que desfilan al ritmo del candombe.

Optional Test Sections

Panorama Textbook Section Test Items

1 ¿Cierto o falso? Indicate whether these statements are **cierto** or **falso**.

	Cierto	Falso
1. El tango es uno de los símbolos culturales más importantes de Argentina.	_____	_____
2. En Panamá no circulan los billetes de dólar estadounidense.	_____	_____
3. Bogotá es la capital de Colombia.	_____	_____
4. Simón Bolívar fue un personaje importante en la liberación de México.	_____	_____
5. Los indígenas quechua y aimará constituyen gran parte de la población de Bolivia.	_____	_____
6. México es el país más al sur del continente suramericano.	_____	_____
7. El merengue tiene sus raíces (*roots*) en la República Dominicana.	_____	_____
8. El café representa el 95% de las exportaciones de Costa Rica.	_____	_____
9. Casi la mitad de la población de Uruguay vive en Montevideo.	_____	_____
10. Las bananas son, hoy en día, la principal exportación de Honduras.	_____	_____
11. En El Salvador sólo se habla español.	_____	_____
12. La moneda de Venezuela es el bolívar.	_____	_____

Optional Test Sections

Panorama cultural Video Test Items

1 Monteverde y Tortuguero Mark three items that do not belong in each group.

En la Reserva Biológica Monteverde:

_____ 1. se disfruta la costa del mar Caribe.

_____ 2. los visitantes pasan por canales.

_____ 3. se conservan el tucán, el quetzal, el jaguar y el puma.

_____ 4. hay muchas plantas exóticas.

_____ 5. se prohíbe sacar fotografías.

En el Parque Nacional Tortuguero:

_____ 6. hay un bosque nuboso.

_____ 7. se conservan dos mil especies de animales.

_____ 8. no pueden entrar más de 150 personas al mismo tiempo.

_____ 9. se pide estar en silencio.

_____ 10. se preservan las playas.

Panorama cultural Video Test Items

1 El tango Describe each picture with at least three Spanish sentences.

_____

_____

_____

_____

_____

_____

_____

_____

 Lecciones 1–2 Panorama cultural Video Test Items

1 **Los deportes en el mar** Identify the five errors in the e-mail and then rewrite it using the appropriate information.

Para: Catalina	De: Margarita	Asunto (*subject*): Panamá

¡Hola, prima!

Estoy de vacaciones en Panamá, un país suramericano muy bonito. Ahora estamos en el archipiélago de Las Perlas. Ahora hace mucho calor, pero nos dijeron que hace mucho frío en noviembre y diciembre. Nuestro hotel está en la isla Contadora, la isla más chica del archipiélago.

La semana pasada fuimos de paseo a las islas de San Blas, donde viven los indígenas incas. Es un lugar muy lindo.

La próxima semana vamos a ir al archipiélago de Santa Catarina. Nos dijeron que los mejores deportistas de *surfing* van allí. Luego te cuento cómo nos fue.

Saludos, Margarita

_____

_____

_____

_____

_____

_____

_____

_____

_____

Panorama cultural Video Test Items

Lección 4

1 **Las fiestas y los parques** Match the items.

_____ 1. Carnaval de Barranquilla

_____ 2. Feria de las Flores

_____ 3. Parque Amaracayu

_____ 4. Parque de Orquídeas

_____ 5. Parque Nevado del Huila

_____ 6. Nukak y Picachos

a. el cóndor

b. desfile de los silleteros

c. comunidades indígenas

d. carrozas (*floats*) decoradas

e. tres mil especies

f. donde vive el delfín rosado

Panorama cultural Video Test Items

1 Las costas y las montañas Write a travel guide for Venezuela using at least six items from the box.

Autana	ecosistemas únicos	isla Margarita	Roraima
Auyan Tepuy	Fortín Solano	islas	Salto Ángel
castillos	fuertes	Parque Nacional Canaima	teleférico
catarata	hoteles de primera clase	playas	tepuyes
centros comerciales	indígenas piaroa	Porlamar	Venezuela
costas			

¡Visita _____!

_____

_____

_____

_____

_____

_____

_____

_____

Panorama cultural Video Test Items

1 El Salar de Uyuni Make these false statements true using the appropriate information.

1. El Salar de Uyuni es el lago de azúcar más grande del mundo.

   _____

2. Este gran salar está en el norte de Bolivia.

   _____

3. Los hoteles que están en el Salar de Uyuni son muy comunes.

   _____

4. Se cree que la sal, en exceso, ayuda a las personas que sufren de enfermedades de los huesos.

   _____

5. Los hoteles tienen piscinas con agua muy caliente.

   _____

6. En los hoteles ofrecen a sus huéspedes tratamientos para adelgazar.

   _____

© by Vista Higher Learning, Inc. All rights reserved. | 345 | Lecciones 5–6 Panorama cultural Video Test Items

Panorama cultural Video Test Items

1 Seleccionar Match the sentence parts.

_____ 1. El nombre *Masaya*...

_____ 2. En los carnavales dominicanos...

_____ 3. Johnny Pacheco...

_____ 4. En el mercado de Masaya...

_____ 5. A Masaya se le conoce como...

_____ 6. *El Bachatón*...

_____ 7. El Festival de Merengue...

_____ 8. El Parque Nacional Volcán Masaya...

a. es un gran intérprete de música salsa.

b. la capital del folclor nicaragüense.

c. es un programa de televisión dominicano muy popular.

d. se celebra en las calles de Santo Domingo cada verano.

e. la música tiene un papel (*plays a role*) muy importante.

f. es uno de los atractivos (*attractions*) naturales más visitados de Nicaragua.

g. significa "lugar de los venados (*deer*)".

h. venden muchos tipos de obras artesanales a muy buenos precios.

Panorama cultural Video Test Items

1 El Salvador y Honduras Answer the questions using Spanish sentences.

1. ¿Qué son las pupusas? _____

_____

2. ¿Con qué se comen las pupusas? _____

_____

3. ¿Dónde se venden las pupusas? _____

4. ¿Qué descubrió el arqueólogo hondureño Ricardo Agurcia en Copán en 1989? _____

_____

5. ¿Qué museo está dentro del Parque Arqueológico de Copán? _____

_____

6. ¿Cuáles son algunos de los símbolos más importantes de la cultura maya? _____

_____

Optional Test Sections

1 Paraguay y Uruguay Mark at least five items that are false or weren't mentioned in the video segments.

_____ 1. El mate es una bebida típica de Paraguay, Argentina y Uruguay.

_____ 2. La palabra *mate* tiene su origen en la lengua quechua y significa "manzana".

_____ 3. Los indígenas guaraní creían que la yerba mate era un regalo de sus antepasados.

_____ 4. Todos los años en Paraguay se organiza el Carnaval del mate.

_____ 5. La yerba mate se empezó a usar hace pocos años.

_____ 6. Muchas empresas cultivan la yerba mate y la procesan para su comercialización.

_____ 7. Todos los ranchos de Uruguay son estancias.

_____ 8. Las estancias generalmente no tienen caballos.

_____ 9. En los asados uruguayos se come pescado.

_____ 10. Las cabalgatas colectivas son excursiones en las que los participantes tienen que montar a caballo por varios días hasta un lugar en específico.

_____ 11. Las jineteadas son espectáculos del fútbol.

_____ 12. En las jineteadas dan premios a los gauchos que ganan las competencias.

1 Completar Select the appropriate words to complete the sentences.

1. Para ir al Parque Nacional Tortuguero se pasa por _____.
   a. un desierto
   b. un lago
   c. unos canales

2. El barrio _____ se considera un museo al aire libre.
   a. Caminito
   b. La Boca
   c. Buenos Aires

3. Los indígenas kuna viven en _____.
   a. Santa Catarina
   b. Las Perlas
   c. las islas San Blas

4. En Bolivia se sabe que el contacto en exceso con la sal es muy _____.
   a. bueno
   b. malo para la salud
   c. bueno para adelgazar

5. La República Dominicana es _____ país más grande del Caribe.
   a. el cuarto
   b. el segundo
   c. el tercer

6. Las civilizaciones precolombinas comenzaron sus actividades comerciales con _____.
   a. el dinero
   b. los regalos
   c. el maíz

7. El arqueólogo hondureño Ricardo Agurcia descubrió un templo _____ de una pirámide.
   a. cerca
   b. dentro
   c. a un lado

8. La bebida suramericana llamada *mate* tiene sabor _____.
   a. dulce
   b. salado (*salty*)
   c. amargo (*bitter*)

Flash cultura Video Test Items

Lección 1

1 La salud Summarize what you learned about Argentina's health care system. Include words from the box.

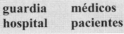

carrera de medicina	guardia	médicos	privado
gratuito	hospital	pacientes	público

_____

_____

_____

_____

_____

_____

_____

_____

Flash cultura Video Test Items

Lección 2

1 La tecnología Write a summary of what you learned from the episode. Mention the effects of cell phone and Internet use in Peru, and who benefits from these technologies.

_____

_____

_____

_____

_____

_____

_____

_____

| **349** |

Optional Test Sections

Flash cultura Video Test Items   Lección 3

1 **En la Casa Azul** Write a summary of the episode using the pictures as a guide. Mention where Carlos went and who lived there, and then describe the features of a typical colonial house in Mexico.

_____

_____

_____

_____

_____

_____

_____

_____

Flash cultura Video Test Items   Lección 4

1 **Volcanes en Costa Rica** Write a summary of the episode. Include what you learned about nature and volcanoes in Costa Rica.

_____

_____

_____

_____

_____

_____

_____

_____

Flash cultura Video Test Items

Lección 5

1 ¡En el Metro del D.F.! Summarize what you learned from the episode using words from the box.

atractivos turísticos	exposiciones
barato	líneas
boleto	pasajeros
cultura	sistema de transporte
eficiente	trenes
estaciones	

_____

_____

_____

_____

_____

_____

_____

_____

Flash cultura Video Test Items

Lección 6

1 Estrés en Madrid Write a summary of what you learned in the episode. Mention the causes of stress in Madrid, where people go to relax, and what they do there.

_____

_____

_____

_____

_____

_____

_____

_____

         Lecciones 5–6 Flash cultura Video Test Items

Optional Test Sections

Flash cultura Video Test Items   Lección 7

1 **Trabajos** Write a summary of the episode. Mention the city Mónica was in, where she went, who she talked to, and the jobs that were shown.

_____
_____
_____
_____
_____
_____
_____
_____
_____

Flash cultura Video Test Items   Lección 8

1 **Palacios del arte** Summarize what you learned about museums in Madrid and Spanish artists.

_____
_____
_____
_____
_____
_____
_____
_____
_____
_____

1 **¿Nación o estado?** Write a summary of the episode. Mention what you learned about the political status of Puerto Rico, the island's relationship with the US, and Puerto Ricans' rights and duties.

_____

_____

_____

_____

_____

_____

_____

_____

1 Un episodio Select one of the pictures and write a summary of the corresponding **Flash cultura** episode.

_____

_____

_____

_____

_____

_____

_____

_____

_____

_____

_____

Optional Test Sections

Alternate Listening Sections for **Tests A** and **B**

If you prefer that students complete a personalized task for the listening section, use these substitute scripts, and adapt **Tests A** and **B**.

Lección 1

1 Escuchar You will hear five personal questions. Answer them with Spanish sentences.

1. ¿Se te olvidan las cosas con frecuencia? ¿Qué?
2. ¿Qué hacías los fines de semana del año pasado?
3. ¿Te resfriabas mucho cuando eras pequeño/a?
4. ¿Te duele la cabeza alguna vez?
5. ¿Cuántos años hace que aprendiste a montar en bicicleta?

Lección 2

1 Escuchar You will hear five personal questions. Answer them with Spanish sentences.

1. ¿Para qué utilizas más la tecnología en tu vida?
2. ¿Tus amigos y tú se encuentran para hablar más a menudo en Internet o en persona?
3. Si un(a) amigo/a te regala su computadora nueva, ¿crees que vas a seguir usando la tuya?
4. ¿Cuáles son algunas desventajas de la tecnología?
5. ¿Por qué crees que a muchas personas mayores no les gustan mucho los avances tecnológicos?

Lección 3

1 Escuchar You will hear five personal questions. Answer them with Spanish sentences.

1. ¿Qué características quieres que tenga tu casa ideal?
2. ¿Te molesta tener que participar en los quehaceres domésticos?
3. ¿Qué le recomiendas a un(a) amigo/a que no sabe qué tipo de casa quiere?
4. ¿Cuáles son las cosas más importantes para ti cuando pones la mesa para comer?
5. ¿Crees que es necesario estudiar para aprender a hacer los quehaceres domésticos de una casa?

Lección 4

1 Escuchar You will hear five personal questions. Answer them with Spanish sentences.

1. ¿Para qué es necesario reciclar?
2. ¿Qué puedes hacer en caso de que el agua de los ríos de tu región esté contaminada?
3. ¿Por qué es una lástima que haya tantos animales en peligro de extinción?
4. ¿Hay algo que puedas hacer tú para que se reduzca la contaminación en tu ciudad?
5. ¿Qué debemos hacer antes de que se terminen nuestros recursos naturales?

Lección 5

1 Escuchar You will hear five personal questions. Answer them with Spanish sentences.

1. ¿Te gusta encontrar la mesa puesta y la comida preparada cuando llegas a casa?
2. En tu comunidad, ¿están abiertas las tiendas los fines de semana?
3. ¿Qué servicios quieres que ofrezca la cafetería de tu escuela?
4. ¿Estás preparado/a para el futuro? ¿Tienes dinero ahorrado?
5. Cuando tienes que hacer diligencias, ¿preparas una lista escrita con todas las cosas que tienes que hacer?

Lecciones 1–5   Alternate Listening Sections

Optional Test Sections

Lección 6

1 Escuchar You will hear five personal questions. Answer them with Spanish sentences.

1. ¿Has comido una dieta equilibrada este semestre? Describe tu dieta.
2. ¿Habías pensado en la importancia de la nutrición antes de estudiar esta lección?
3. Cuando hayas conseguido tu peso ideal, ¿qué vas a hacer para mantenerlo?
4. ¿Has pensado en estudiar algo relacionado con la salud o el ejercicio? ¿Por qué?
5. ¿Has tratado de llevar una vida sana? ¿Cómo?

Lección 7

1 Escuchar You will hear five personal questions. Answer them with Spanish sentences.

1. ¿Qué harás para encontrar tu primer trabajo?
2. ¿Habrás conseguido algún trabajo para el próximo verano?
3. Si tú fueras el/la jefe/a, ¿podrías despedir a tu mejor amigo si él fuera un muy mal empleado?
4. ¿Qué dejarás de tu vida personal para tener éxito en tu vida profesional?
5. En tu opinión, ¿es más difícil ser maestro o ser psicólogo? ¿Por qué?

Lección 8

1 Escuchar You will hear five questions about imaginary situations. Answer them with Spanish sentences.

1. Tus padres son artistas. ¿Qué crees que habría cambiado en tu vida?
2. Conociste a tu actor/actriz favorito/a esta mañana. ¿Qué le habrías preguntado?
3. Eres un(a) pintor(a) desconocido/a. ¿Qué harías para que la gente conozca tu arte?
4. Tu amigo/a te dice que tu banda favorita viene a tu escuela. ¿Qué harías?
5. ¿Qué habrías hecho para que tus amigos/as te ayudaran a terminar todo tu trabajo?

Lección 9

1 Escuchar You will hear five personal questions. Answer them with Spanish sentences.

1. Si estuvieras en casa y supieras que viene una tormenta, ¿qué harías?
2. Si ves un choque en la calle, ¿qué puedes hacer?
3. ¿Votarías por un(a) amigo/a en las elecciones sólo porque es tu amigo/a?
4. Si pudieras participar en la política de cualquier país, ¿qué país preferirías? ¿Por qué?
5. Si fueras presidente/a de tu país, ¿qué es lo primero que harías?

Alternate Listening Section for **Exams A** and **B**

Lecciones 1–9

1 Escuchar You will hear five personal questions. Answer them with Spanish sentences.

1. ¿Qué es lo más interesante que has hecho este año?
2. ¿Para qué crees que sería bueno estudiar en otro país durante un año o más?
3. ¿Qué habrás hecho por tu vida profesional dentro de quince años?
4. Si tuvieras la oportunidad de vivir donde quisieras, ¿dónde vivirías? ¿Por qué?
5. ¿Qué es lo primero que harás cuando hayas terminado tus estudios en el colegio?

ANSWERS TO QUIZZES

Lección 1

Contextos

Quiz A

1.   1. b 2. d 3. b 4. a 5. c
2.   1. b 2. a 3. e 4. g 5. f 6. c
3.   1. L 2. L 3. I 4. I 5. L
4.   1. corazón 2. enfermero 3. tobillo
     4. sana/saludable

Quiz B

1.   Some answers may vary. Suggested answers:
     1. los dedos, la boca 2. el estómago, la garganta
     3. los ojos, los oídos 4. los brazos, las piernas
2.   Answers will vary. Suggested answers:
     1. romperse un hueso 2. la fiebre 3. la receta
     4. toser
3.   Answers will vary.

Estructura

1.1 The imperfect tense

Quiz A

1.   1. me lastimaba 2. te lastimabas 3. se
     lastimaban 4. ser 5. era 6. éramos 7. eran
     8. sufrir 9. sufrías 10. sufríamos
2.   1. tomaba 2. comías 3. íbamos 4. veían
     5. había
3.   1. Marcos estaba preocupado por ti. 2. Yo
     ponía (la) música en las fiestas. 3. A ustedes les
     dolía la garganta. 4. Ellas miraban (la)
     televisión mientras nosotros dormíamos
     una/la siesta. 5. ¿Cuántos años tenías (tú) en el
     año 2007?
4.   1. eran 2. nos sentíamos 3. teníamos 4. Vivía
     5. podíamos

Quiz B

1.   1. veían 2. había 3. comías 4. tomaba
     5. íbamos 6. Era
2.   Answers will vary.
3.   Answers will vary.

1.2 The preterite and the imperfect

Quiz A

1.   1. a 2. b 3. b 4. b 5. a 6. b
2.   1. fui; era; tuve 2. conducía; vio 3. llamó; me
     duchaba; contesté 4. viajábamos; decidimos

3.   1. se casó 2. preparaba/hacía 3. estaba 4. sabía
     5. fui 6. hacía/preparaba 7. probaste
4.   1. De pequeña mi familia y yo íbamos a la playa
     todos los veranos. 2. A mí siempre me gustaba
     nadar en el mar. 3. Un día yo conocí a Carolina,
     una chica dominicana. 4. Carolina tenía ocho
     años y era muy simpática. 5. Carolina y yo
     fuimos buenas amigas por muchos años.

Quiz B

1.   1. fui; era; tuve 2. llamó; me duchaba; contesté
     3. viajábamos; decidimos 4. conducía; vio
2.   Answers will vary.
3.   Answers will vary.

1.3 Constructions with *se*

Quiz A

1.   1. I 2. L 3. L 4. I 5. I
2.   1. No se puede hablar por teléfono./Se prohíbe
     hablar por teléfono.; d 2. Se vende auto usado.;
     b 3. Se enseñan francés, italiano y español.; a
     4. Se ofrecen clases de natación.; c 5. Se sirven
     los mejores postres de la ciudad.; f
3.   1. Al doctor Salinas se le cayeron las
     radiografías. 2. A ustedes se les olvidaron las
     gafas en casa. 3. A mí se me quedaron las
     aspirinas en la/mi mochila. 4. A las enfermeras
     se les dañó el termómetro. 5. ¿Cómo se te
     rompieron los dedos del pie?

Quiz B

1.   1. Se manda dinero a países extranjeros.
     2. Se enseñan francés, italiano y español.
     3. Se buscan médicos bilingües. 4. No se puede
     hablar por teléfono./Se prohíbe hablar por
     teléfono. 5. Se vende auto usado.
2.   Answers will vary.
3.   Answers will vary.

1.4 Adverbs

Quiz A

1.   1. fríamente 2. felizmente 3. Básicamente
     4. tristemente 5. calmadamente
2.   1. L 2. I; menos/poco 3. L 4. I; de vez en
     cuando/poco
3.   1. despacio; apenas 2. con frecuencia;
     Sinceramente 3. por lo menos; a veces; además
4.   1. a tiempo 2. Muchas veces 3. tarde 4. rápido

Quiz B

1 1. con frecuencia; Sinceramente; Siempre
2. despacio; apenas 3. por lo menos; a
veces; además

2 Answers will vary. Suggested answers:
1. menos 2. a menudo 3. de vez en cuando
4. así

3 Answers will vary.

Lección 2

Contextos
Quiz A

1 1. c 2. d 3. e 4. b 5. a

2 1. c 2. d 3. b 4. a

3 1. apagar 2. cofre 3. teclado 4. Imprimir
5. taller (mecánico) 6. reproductor de DVD

4 1. parar 2. baúl 3. volante 4. revisar 5. llantas

Quiz B

1 1. la cámara de video 2. el volante 3. arrancar
4. (la) carretera 5. arroba

2 Answers will vary.

3 Answers will vary.

Estructura
2.1 Familiar commands
Quiz A

1 1. pongas; Ponlos 2. almuerces; sal/ve 3. lo;
Revísalo 4. vayas; Llámalo

2 1. Mira los carros. 2. No comas eso. 3. Sé
bueno. 4. Ven aquí. 5. No tengas miedo.
6. No toques el monitor. 7. Dame un beso.
8. Quédate allí. 9. No apagues el televisor.
10. Duérmete ahora.

3 1. Dime/Muéstrame/Explícame 2. Haz
3. descárgala 4. lo borres

Quiz B

1 1. almuerces; sal 2. los pongas; Ponlos
3. vayas; Llámalo 4. lo lleves; Revísalo

2 Answers will vary.

3 Answers will vary.

2.2 *Por* and *para*
Quiz A

1 1. d 2. e 3. c 4. b 5. a

2 1. para 2. para 3. por 4. Para 5. por 6. por

3 1. para 2. para 3. Por 4. por 5. por

4 1. Héctor trabaja los miércoles por la noche.
2. Maribel maneja a cien kilómetros por hora.
3. Este reproductor de MP3 es para mi
hermano. 4. Por fin nosotros encontramos
la autopista.

Quiz B

1 1. para 2. por 3. por 4. Por 5. por 6. para

2 Answers will vary.

3 Answers will vary.

2.3 Reciprocal reflexives
Quiz A

1 1. b 2. b 3. a 4. b

2 1. nos besamos 2. se odian 3. nos
comprendemos 4. se hablan 5. se escuchan

3 1. se encuentran 2. nos saludamos 3. se quieren
4. se ayudan 5. nos damos

4 1. Nicolás y su esposa se regalaron carros
nuevos para su aniversario. 2. Enrique y yo nos
ayudamos cuando tenemos problemas.
3. Belinda y tú se mostraban las fotos de las
vacaciones. 4. Los novios se conocieron en una
fiesta. 5. De niño, mis amigos y yo nos veíamos
todos los días. 6. Usted y yo no nos llevamos
bien y por eso no nos hablamos.

Quiz B

1 1. nos besamos 2. se odian 3. nos
comprendemos 4. se escuchan 5. darse 6. nos
encontramos

2 Answers will vary.

3 Answers will vary.

2.4 Stressed possessive adjectives and pronouns
Quiz A

1 1. los televisores míos 2. los míos 3. el
teléfono celular suyo 4. el suyo 5. las cámaras
digitales tuyas 6. las tuyas 7. la página web
nuestra 8. la nuestra

2 1. nuestra 2. tuyos 3. mías 4. suyo 5. suyas

3 1. A Ofelia y a Claudia les encanta manejar los
carros suyos. 2. Tú no debes leer los mensajes
míos. 3. ¿Por qué tu padre va a vender la
computadora suya? 4. Los primos nuestros no
saben usar una pantalla táctil. 5. ¿Son tuyos
estos cuadernos?

4 1. los suyos 2. mías 3. el tuyo; El mío 4. Suya
5. el nuestro

Quiz B

1 1. el tuyo; El mío 2. el nuestro 3. mías 4. los suyos 5. suya

2 Answers will vary.

3 Answers will vary.

Lección 3

Contextos

Quiz A

1 1. vecino 2. ensuciamos 3. estufa 4. mantas 5. tostadora

2 1. L 2. L 3. I 4. I 5. L

3 1. la cuchara 2. el armario 3. el alquiler 4. mudarse 5. la lámpara 6. la cafetera

4 1. el dormitorio 2. la entrada 3. la cocina 4. el comedor

Quiz B

1 1. Se llama (la) cafetera. 2. Colgamos la ropa en el armario. 3. Prendemos una lámpara. 4. Se llama (el) alquiler. 5. Usamos una cuchara. 6. Se llama mudarse.

2 Answers will vary. Suggested answers: 1. poner la mesa, sacudir los muebles 2. hacer la cama, pasar la aspiradora 3. cocinar, sacar la basura

3 Answers will vary.

4 Answers will vary.

Estructura

3.1 Relative pronouns

Quiz A

1 1. Lo que 2. quienes 3. que 4. que 5. que 6. lo que

2 1. Lo que 2. que 3. que 4. quien

3 1. quien/que 2. que 3. lo que 4. quienes 5. Lo que 6. que/a quien

4 1. que; f 2. quienes; c 3. lo que; a 4. que; d

Quiz B

1 1. que; la cama 2. que; la tostadora 3. lo que; la servilleta 4. quienes; los vecinos

2 Answers will vary. Suggested answers: 1. Es una persona a quien puedes pedirle ayuda. 2. Es un edificio en que trabajan profesores. 3. Es el mueble que está al lado de la cama. 4. Es lo que haces cuando quieres vivir en otro lugar.

3 Answers will vary.

4 Answers will vary.

3.2 Formal (*usted/ustedes*) commands

Quiz A

1 1. almuercen 2. no se lo dé 3. sepa 4. tradúzcanlas

2 1. Por favor, no esté enojado. 2. Conozcan nuestros productos y aprendan a usarlos. 3. Sean flexibles y denme más tiempo. 4. Venga a mi casa a las seis de la tarde.

3 1. sacúdanlos 2. no las planche 3. no las hagan 4. póngalos 5. lávenlo 6. no las apague

4 1. síganme 2. dígame 3. Espere 4. Miren 5. toque 6. se preocupen 7. muéstrenosla 8. Vayan

Quiz B

1 1. síganme 2. dígame 3. Espere 4. Miren 5. toque 6. se preocupen 7. muéstrenosla 8. Vayan

2 Answers will vary.

3 Answers will vary.

3.3 The present subjunctive

Quiz A

1 1. arreglar 2. duerma 3. haga 4. arregles 5. hagas 6. durmamos 7. arreglen 8. duerman

2 1. lea 2. cocinen 3. vayas 4. almuerce 5. seamos

3 1. Es importante que el presidente nos ofrezca soluciones. 2. Es malo que los estudiantes no sepan las capitales. 3. Es importante que haya paz. 4. Es bueno que tú y yo nos entendamos. 5. Es urgente que tú estés aquí a las diez. 6. Es mejor que usted viva en las afueras.

4 1. Es necesario que te acuestes temprano durante la semana. 2. Es malo que (ellos) salgan la noche anterior. 3. Es mejor que (él) no hable en inglés durante la clase./Es mejor que (él) hable en español durante la clase. 4. Es importante que traigas tu libro a clase. 5. Es urgente que (ustedes) pidan ayuda (cuando no entienden algo).

Quiz B

1 Answers will vary. Suggested answers: 1. Es mejor que (usted) haga la cama. 2. Es malo que (ellos) no le ofrezcan ayuda. 3. Es urgente que (ustedes) saquen la basura. 4. Es importante que (él) ponga la mesa. 5. Es importante que (ella) planche su ropa. 6. Es necesario que (ustedes) sean organizados.

| 359 |

Answers to Quizzes

Answers to Quizzes

2 Answers will vary.

3 Answers will vary.

3.4 Subjunctive with verbs of will and influence
Quiz A

1 1. preste 2. barra 3. vayamos 4. oigan 5. estén 6. vuelva

2 1. lleves 2. aconsejo 3. asistas 4. traduzcas/ traduzcan 5. aprender 6. hagas 7. conozcas/ visites 8. visite/conozca

3 1. (Yo) Les pido que (ustedes) me den otra oportunidad. 2. Mis primos me sugieren que (yo) diga la verdad. 3. Clara desea que haya más fiestas en su casa. 4. Ustedes nos aconsejan que leamos ese libro. 5. (Tú) Le ruegas a tu vecino que comience a limpiar su jardín. 6. Mis amigos y yo insistimos en que usted se siente a comer con nosotros.

Quiz B

1 1. lleves 2. aconsejo 3. asistas 4. traduzcas 5. aprender 6. hagas 7. visites 8. conozca

2 Answers will vary.

3 Answers will vary.

4 Answers will vary.

Lección 4

Contextos
Quiz A

1 1. a 2. d 3. a 4. b 5. a

2 1. F 2. C 3. F 4. F 5. C

3 1. ecología; naturaleza 2. sendero; valle 3. respirar; puro 4. recoger; latas

4 1. contaminar 2. cielo 3. conservación 4. pájaro 5. deforestación 6. vidrio

Quiz B

1 Answers may vary. Suggested answers: 1. C 2. F; El sol es una fuente de energía importante. 3. F; Cuando hay un problema, debemos resolverlo. 4. C 5. F; El gobierno es la entidad que hace leyes para la protección del medio ambiente.

2 Answers will vary.

3 Answers will vary.

Estructura
4.1 The subjunctive with verbs of emotion
Quiz A

1 1. I 2. I 3. L 4. L 5. I 6. L

2 1. llegue 2. se mude 3. cuiden 4. estar 5. haya 6. perderse

3 1. quieras 2. digas 3. siga 4. podamos

4 1. Es una lástima que Julián no lea más. 2. Mis amigos y yo tenemos miedo de que el examen sea difícil. 3. Yo siento no poder ir a tu fiesta. 4. Nosotros esperamos que nuestra madre nos prepare algo delicioso.

Quiz B

1 1. quieras 2. digas 3. siga 4. podamos

2 Answers will vary.

3 Answers will vary.

4.2 The subjunctive with doubt, disbelief, and denial
Quiz A

1 1. a 2. b 3. b 4. a

2 1. vengan 2. sabes 3. llegue 4. debemos 5. diga 6. puedan

3 1. Es improbable que Diego comience a trabajar hoy. 2. Carmen y yo dudamos que tú conozcas al presidente. 3. Tal vez llueva mañana. 4. Es verdad que yo juego bien al tenis.

4 1. No dudo que más del 90 por ciento de nuestros ríos están contaminados. 2. Es posible que los peces dejen de existir para el año 2050. 3. No es seguro que la energía nuclear sea la solución para el siglo XXI. 4. Es verdad que mueren/ murieron millones de vacas por una enfermedad misteriosa. 5. Es imposible que una señora de 67 años tenga un bebé. 6. Niego que el reciclaje contamine más de lo que ayuda al planeta.

Quiz B

1 1. No dudo que más del 90 por ciento de nuestros ríos están contaminados./No es posible que más del 90 por ciento de nuestros ríos estén contaminados. 2. Es obvio que los peces dejan de existir para el año 2050./No es verdad que los peces dejen de existir para el año 2050. 3. Dudo que la energía nuclear sea la solución para el siglo XXI./No cabe duda de que la energía nuclear es la solución para el siglo XXI. 4. No estoy seguro/a de que mueran millones de vacas por una enfermedad misteriosa./Es seguro que mueren/ murieron millones de vacas por una enfermedad misteriosa. 5. No niego que una señora de 67 años tiene un bebé./Es imposible que una señora de 67 años tenga un bebé. 6. No es probable que el reciclaje contamine más de lo que ayuda al planeta./No hay duda de que el reciclaje contamina más de lo que ayuda al planeta.

2 Answers will vary.

3 Answers will vary.

4.3 The subjunctive with conjunctions
Quiz A

1 1. b 2. a 3. e 4. c 5. d

2 1. c 2. a 3. b 4. b 5. a 6. c

3 1. haya 2. comimos 3. salgamos 4. pescar 5. pueda

4 1. Yo voy a regalarte un televisor para que veas los partidos de fútbol./Yo te voy a regalar un televisor para que veas los partidos de fútbol. 2. El gobierno tiene que proteger los bosques antes de que sea demasiado tarde. 3. Mi novio siempre me trae flores cuando viene a mi casa. 4. Tú y yo vamos a estudiar hasta que terminemos toda la tarea.

Quiz B

1 1. acostarte 2. hace 3. termine 4. estén/estemos 5. supe 6. nieve

2 Answers will vary.

3 Answers will vary.

Lección 5

Contextos
Quiz A

1 a. 1 b. 5 c. 4 d. 3 e. 2 f. 6

2 1. a 2. f 3. h 4. c 5. b 6. g

3 1. a plazos 2. cola 3. cruzar 4. gratis 5. cartero

4 1. el sello 2. pagar al contado 3. enviar 4. el salón de belleza 5. depositar dinero 6. ahorrar 7. doblar 8. sur

Quiz B

1 1. pagar en efectivo 2. cheque 3. firma 4. sobre 5. dirección 6. estampilla 7. cuadra 8. esquina 9. echa 10. buzón

2 Some answers will vary. Suggested answers: 1. la pescadería 2. la heladería/la pastelería 3. la lavandería 4. la joyería 5. la zapatería

3 Answers will vary.

4 Answers will vary.

Estructura

5.1 The subjunctive in adjective clauses
Quiz A

1 1. c 2. e 3. f 4. a 5. b

2 1. ofrezca 2. sepa 3. trabaja 4. pueda 5. enseña 6. cuestan

3 1. interese 2. empiece 3. abre 4. van

4 1. Yo conozco a un chico que vive en Caracas. 2. ¿Hay alguien aquí que baile salsa? 3. Mis amigos no encuentran ningún carro que sea bueno, bonito y barato. 4. Nosotros tenemos unos amigos que juegan al tenis. 5. ¿Conoces tú alguna pescadería que acepte tarjetas de crédito?

Quiz B

1 1. interese 2. empiece 3. abre 4. van

2 Answers will vary.

3 Answers will vary.

5.2 *Nosotros/as* commands
Quiz A

1 1. Paguemos. 2. No se lo vendamos. 3. Mudémonos. 4. Abrámosla. 5. No vayamos a bailar.

2 1. Lavémonos las manos con agua y jabón. 2. No destruyamos el medio ambiente. 3. No nos pongamos tristes. 4. Démosle las cartas al cartero.

3 1. traduzcámoslos 2. no se los prestemos 3. mandémoselos 4. escribámoslo 5. no la pidamos 6. no cerremos

4 1. Crucemos 2. se lo digamos 3. Busquemos 4. Sentémonos 5. vamos

Quiz B

1 1. Crucemos 2. se lo digamos 3. Busquemos 4. Sentémonos 5. vamos

2 Answers will vary.

3 Answers will vary.

5.3 Past participles used as adjectives
Quiz A

1 1. dicho 2. comenzado 3. descubierto 4. corrido 5. tenida 6. vista 7. dormida 8. traída

2 1. dañado 2. leída 3. muertas 4. descritos 5. conocido 6. resueltos

3 1. abierta 2. prendidas 3. ordenada 4. Puesta
5. rotos 6. hechas 7. caídas 8. desorientado
9. sentado 10. escrito

Quiz B

1 1. Todas las luces estaban prendidas. 2. La sala
estaba ordenada, pero dos lámparas estaban
caídas en el suelo. 3. En el comedor algunos
platos y vasos estaban rotos. 4. En los
dormitorios las camas no estaban hechas. 5. En
la cocina un mensaje estaba escrito en un papel.

2 Some answers will vary. 1. ahorrado
2. prestado/a/os/as 3. perdido/a 4. reciclado
5. dañado 6. puesta

3 Answers will vary.

Lección 6

Contextos
Quiz A

1 1. L 2. I 3. I 4. I 5. L 6. I

2 1. e 2. b 3. a 4. c

3 1. proteína 2. te apuras 3. entrenadora
4. merienda

4 1. teleadicto 2. adelgazar 3. pesas 4. débil
5. estar a dieta/comer una dieta equilibrada
6. flexible

Quiz B

1 1. entrenadora 2. proteína 3. merienda
4. calentarse 5. te apuras 6. masaje

2 Answers will vary.

3 Answers will vary.

Estructura

6.1 The present perfect
Quiz A

1 1. a 2. e 3. b 4. c 5. d

2 1. has venido 2. me he torcido 3. ha prohibido
4. ha dicho 5. han hecho 6. ha ido

3 1. te has maquillado 2. hemos levantado 3. he
aprendido 4. han sufrido 5. ha escrito

4 1. Josefina e Inés han traído flores para sus
abuelos. 2. No te has cepillado el pelo hoy.
3. Usted ha comido en esa cafetería muchas
veces. 4. Mi hermano y yo siempre hemos
sido trabajadores.

Quiz B

1 1. has venido 2. me he torcido 3. ha prohibido
4. ha dicho 5. han hecho 6. ha salido

2 Answers will vary.

3 Answers will vary.

6.2 The past perfect
Quiz A

1 1. b 2. a 3. b 4. b 5. b

2 1. había aprendido 2. habíamos comido 3. te
habías mudado 4. habían visto

3 1. se había ido; había salido 2. había enseñado;
la había enseñado 3. habían terminado; habían
puesto; nos habíamos afeitado

4 1. Antes de tener hijos, tú siempre te habías
mantenido en forma. 2. Yo nunca había estado
en Puerto Rico antes del mes pasado.
3. Ustedes ya habían cerrado el correo
electrónico cuando la computadora se dañó.
4. Antes de firmar los formularios, el señor
Palomar los había leído con cuidado.

Quiz B

1 1. Antes de 2004, George W. Bush ya había
participado en unas elecciones presidenciales.
2. Antes de 1955, John F. Kennedy todavía no
se había muerto. 3. Antes de 1920, un hombre
todavía no había caminado en la Luna. 4. Antes
de 1500, Cristóbal Colón ya había conocido las
Américas. 5. Antes de 2007, ya había
empezado la guerra en Irak.

2 Answers will vary.

3 Answers will vary.

6.3 The present perfect subjunctive
Quiz A

1 1. hayan recibido 2. haya dado 3. nos hayamos
entendido 4. hayan visto 5. hayas caminado

2 1. has pensado 2. haya sido 3. hayan bajado
4. han dicho

3 1. Es malo que Ricardo haya perdido la cartera.
2. Me alegro de que tu familia y tú hayan
llevado una vida sana. 3. Me sorprende que la
profesora haya decidido cancelar el examen
final. 4. Siento que te hayas enfermado cinco
veces este año. 5. Es bueno que Jesse y su
novia se hayan divertido en la fiesta.

4 1. Dudo que una señora de 90 años haya ganado
el maratón. 2. Es posible que México, Canadá y
los Estados Unidos hayan hecho un pacto para
usar la misma moneda. 3. Es maravilloso que
Bill Gates les haya dado 50 millones de dólares

a las escuelas de África. 4. Es imposible que hayan vuelto a la vida unos pájaros extintos. 5. No creo que el Dalai Lama haya asistido a un concierto de rock. 6. Espero que el presidente haya firmado una ley para hacer gratis los estudios universitarios.

Quiz B

1   1. lo hayas visto 2. las hayan recibido 3. lo haya aprendido 4. lo hayas conocido 5. hayan nadado tu nota en el papel

2   Answers will vary.

3   Answers will vary.

Lección 7

Contextos

Quiz A

1   1. c 2. a 3. b 4. d

2   1. I 2. L 3. I 4. I 5. L 6. L

3   1. electricista 2. reunión 3. arqueóloga 4. despidió

4   1. empresa 2. contratar 3. corredor de bolsa 4. renunciar 5. aspirante 6. diseñador

Quiz B

1   1. L 2. L 3. I; El gerente le pidió un aumento de sueldo a su jefe/jefa./La secretaria le pidió un aumento de sueldo al gerente. 4. I; Si tienes problemas con la ley, debes consultar con un abogado. 5. L 6. I; Cuando solicitas empleo/ un puesto en una compañía, es posible que te contraten.

2   Answers will vary.

3   Answers will vary.

Estructura

7.1 The future

Quiz A

1   1. Ustedes se levantarán temprano. 2. Yo sacudiré los muebles. 3. Álvaro y Esteban nos enviarán un paquete. 4. Tú no leerás ese libro. 5. Nosotros nos acostaremos después de la película.

2   1. c 2. e 3. f 4. b 5. a

3   1. Habrá 2. haremos 3. pondré 4. traerá 5. vendrá 6. daremos

4   1. El arqueólogo conocerá las ruinas. 2. Tú y tus amigos se mantendrán en forma. 3. Tú te casarás con un cocinero famoso. 4. Usted saldrá para Bogotá a las tres.

Quiz B

1   1. haremos 2. pondré 3. traerá 4. vendrá 5. daremos

2   Answers will vary.

3   Answers will vary.

4   Answers will vary.

7.2 The future perfect

Quiz A

1   1. habremos ganado 2. habrán ganado 3. me habré despedido 4. nos habremos despedido 5. se habrán despedido 6. habré leído 7. habremos leído 8. habrán leído

2   1. I 2. L 3. L 4. I 5. I

3   1. Habrán tenido 2. Las habrás dejado 3. Habré dicho; Habrá recibido 4. Nos habremos olvidado

4   1. Para cuando regreses, habré traducido todo el poema. 2. Ustedes habrán tenido gran éxito dentro de cinco años. 3. Pepe y yo no habremos aprendido a nadar para junio. 4. Dentro de seis meses, te habrás hecho un examen médico.

Quiz B

1   1. Nos habremos olvidado 2. Habré hecho; habrán dado 3. Lo habrás dejado 4. Habrá tenido

2   Answers will vary.

3   Answers will vary.

7.3 The past subjunctive

Quiz A

1   1. pagáramos 2. pagaran 3. creyera 4. creyeran 5. escribiéramos

2   1. trabajara 2. inviertas 3. ayuden 4. supiéramos 5. sepa

3   1. vendieran 2. fuera 3. nos miráramos 4. condujera

4   1. Era importante que tu madre/ella te leyera cuentos todas las noches. 2. Era bueno que tus amigos y tú/ustedes jugaran en el parque todos los días. 3. Fue una lástima que tu tío/él se muriera en un accidente automovilístico. 4. Era difícil que pudieras dormir con la luz apagada. 5. Fue terrible que te rompieras el brazo durante un partido de fútbol. 6. Era maravilloso que tus abuelos/ellos te vinieran a visitar con frecuencia.

Quiz B

1   Some expressions may vary. Sample answers: 1. Era difícil que pudieras dormir con la luz apagada. 2. Era maravilloso que tus abuelos te

| 363 | Answers to Quizzes

Answers to Quizzes

vinieran a visitar con frecuencia. 3. Fue terrible que te rompieras el brazo durante un partido de béisbol. 4. Era importante que tu madre te leyera cuentos todas las noches. 5. Fue una lástima que tu tío se muriera en un accidente automovilístico. 6. Era bueno que ustedes jugaran al fútbol todos los días.

2 Answers will vary.

3 Answers will vary.

Lección 8

Contextos

Quiz A

1 **Televisión:** concurso, documental; **Artesanía:** esculpir, tejido; **Teatro:** aplaudir, boleto

2 1. F 2. C 3. C 4. F

3 1. extranjera 2. hizo 3. personaje 4. apreciar 5. dramática 6. comedia 7. tragedia 8. tocó 9. canción 10. obra maestra

4 1. el/la compositor(a) 2. el/la director(a) 3. el/la dramaturgo/a 4. la estrella de cine 5. el/la músico/a

Quiz B

1 1. extranjera 2. hizo; personaje 3. apreciar 4. dramática; comedia; tragedia 5. tocó; canción 6. obra maestra

2 Answers will vary.

3 Answers will vary.

4 Answers will vary.

Estructura

8.1 The conditional

Quiz A

1 1. a 2. c 3. e 4. b 5. d

2 1. supondrías 2. supondríamos 3. supondrían 4. dibujaríamos 5. dibujarían 6. dormirías 7. dormiríamos 8. dormirían

3 1. Sería 2. Podría 3. harías; se lo diría 4. Saldrían

4 1. Mis amigos y yo veríamos un espectáculo de baile flamenco. 2. Mi mejor amigo conocería al cantante de la banda Fusión. 3. Tú leerías unos poemas. 4. Las chicas apreciarían las esculturas de los artistas locales. 5. Yo conseguiría unos tejidos. 6. Ustedes aprenderían a bailar una danza folclórica.

Quiz B

1 1. Yo conseguiría unos tejidos. 2. Las chicas apreciarían las esculturas de los artistas locales. 3. Ustedes aprenderían a bailar una danza folclórica. 4. Tú leerías unos poemas. 5. Mis amigos y yo veríamos un espectáculo de baile flamenco. 6. Mi mejor amigo conocería al cantante de la banda Fusión.

2 Answers will vary.

3 Answers will vary.

8.2 The conditional perfect

Quiz A

1 1. EM 2. M 3. E 4. E 5. EM

2 1. habría sido 2. se habrían divorciado 3. habría publicado 4. habría vivido 5. te habrías enojado 6. lo habrían pasado bien

3 1. Mis padres y yo habríamos puesto música rock. 2. Yo habría estudiado cuatro horas. 3. Yo le habría llevado flores. 4. Mis amigos y yo no nos habríamos olvidado de traerla. 5. Yo habría tenido más cuidado.

4 1. Nosotras le habríamos pedido a la señorita Portillo su nuevo disco. 2. Los cantantes habrían cantado "Las mañanitas". 3. Yo habría presentado la estrella de cine al público. 4. La poeta Salinas se habría aburrido del espectáculo.

Quiz B

1 1. habríamos invitado 2. habría puesto 3. habría servido 4. habrían nadado 5. habría hecho 6. habría dicho

2 Answers will vary.

3 Answers will vary.

8.3 The past perfect subjunctive

Quiz A

1 1. e 2. d 3. b 4. a 5. f

2 1. te hubieras sentido 2. nos hubiéramos sentido 3. se hubieran sentido 4. hubieras traído 5. hubiéramos traído 6. hubieran traído 7. hubiéramos presentado 8. Hubieran presentado

3 1. se hubieran ido 2. hubiera invitado 3. hubieran dicho 4. hubiera asistido 5. hubiéramos escrito

4 1. Alejandro no creía/creyó que yo hubiera hecho el papel de Romeo. 2. Me molestaba/molestó que ellas hubieran cambiado el canal. 3. Ustedes se sorprendían/sorprendieron de que Fabiana hubiera venido al festival. 4. Me alegraba/alegré de que hubieras resuelto todos tus problemas.

Answers to Quizzes

Quiz B

1   1. b 2. a 3. b 4. a 5. b

2   Answers will vary.

3   Answers will vary.

Lección 9

Contextos

Quiz A

1   1. c 2. b 3. d 4. a 5. d

2   1. C 2. F 3. C 4. F 5. C

3   1. obedecer 2. deber/derecho 3. inundación
    4. impuestos

4   1. contra 2. emitir 3. huelga/desempleo
    4. ejército 5. discriminación 6. discurso

Quiz B

1   1. e 2. a 3. c 4. f 5. b

2   Definitions will vary. **Los medios de
    comunicación:** actualidades, locutor; **Los
    conceptos democráticos:** igualdad, libertad;
    Las elecciones: candidata, votar

3   Answers will vary.

4   Answers will vary.

Estructura

9.1 *Si* clauses

Quiz A

1   1. I 2. I 3. L 4. L 5. I

2   1. b 2. f 3. d 4. a 5. c

3   1. gana 2. dormía 3. quieres 4. dirían 5. piensan
    6. te acostaras

4   1. cambiarías; pudieras 2. hacía; tomábamos

Quiz B

1   1. van 2. dirían/dirías 3. te acostaras 4. gana
    5. me levantaba 6. amas

2   Answers will vary.

3   Answers will vary.

9.2 Summary of the uses of the subjunctive

Quiz A

1   1. b 2. f 3. a 4. c 5. e 6. d

2   1. b 2. b 3. c 4. a 5. a 6. b 7. b 8. c

3   1. se aburre 2. supiera 3. decir 4. pinta 5. vaya
    6. te divirtieras

Quiz B

1   1. volvemos/hemos vuelto/volvimos/volvíamos
    2. conocer 3. estén/hayan estado 4. leer
    5. hubiera escuchado 6. pudiera/hubiera

2   Answers will vary.

3   Answers will vary.

ANSWERS TO TESTS

Lección 1

Test A

1 Check items 1, 3, 4

2 Answers will vary. Sample answers:
1. Adela se rompió la pierna. Debe descansar.
2. Francisco tiene un resfriado. Debe ir al médico. 3. Pedro se torció el tobillo. Debe ir al hospital. 4. Cristina tiene dolor de cabeza. Debe tomar aspirinas. 5. Félix tiene fiebre. No debe salir de casa.

3 1. maravillosamente 2. gradualmente
3. inmediatamente 4. Últimamente
5. constantemente

4 1. estaba 2. sonó 3. Era 4. preguntó 5. quería
6. dijo 7. podía 8. tenía 9. dolía 10. decidió

5 Answers will vary.

6 1. Estas instrucciones las deben leer los pacientes que piensan que están enfermos, pero que no tienen síntomas de ninguna enfermedad específica. 2. La cafeína es mala para las mujeres embarazadas. 3. Hacer ejercicio es bueno para el corazón. 4. Hay que ir al médico por lo menos una vez al año. 5. Sí, hay que desayunar bien por las mañanas.

7 Answers will vary.

Test B

1 Check items 2, 5, 6

2 Answers will vary. Sample answers: 1. Juan se rompió el brazo. Debe visitar al médico.
2. Jorge tiene mucha fiebre. Debe quedarse en casa y tomar aspirinas. 3. Adriana tiene dolor de estómago. Debe tomar té caliente. 4. Carlos y Pepa tienen dolor de cabeza. Deben tener más cuidado y no deben correr sin mirar. 5. A Sergio le duele el oído. Debe visitar al médico y tomar medicamentos.

3 1. fabulosamente 2. constantemente
3. Felizmente 4. frecuentemente
5. perfectamente

4 1. estaba 2. se oyó 3. dijo 4. podía 5. preguntó
6. hizo 7. respondió 8. se rompió 9. preparaba
10. estaba

5 Answers will vary.

6 1. Nuestros padres nos llevaban al dentista todos los años. 2. No se deben tomar porque no son buenas para los dientes. 3. Se debe cepillar los dientes después de las comidas, al levantarse y antes de acostarse. 4. Se debe ir al médico si hay un problema con la salud. 5. Se debe visitar al dentista por lo menos dos veces al año.

7 Answers will vary.

Test C

1 Answers will vary.

2 Answers will vary. Sample answers: 1. Víctor se torció el tobillo. Debe ir al hospital. No debe correr. 2. El señor Ayala tiene un resfriado. Debe visitar al médico y tomar antibióticos.
3. La señora Naranjo tiene dolor de cabeza. Debe tomar aspirinas. 4. Gabriela se rompió la pierna. Debe descansar. 5. Armando tiene dolor de muelas. Debe ir al dentista más a menudo.

3 1. Deben leer estas instrucciones los pacientes que tienen un resfriado. 2. La revista prohíbe el café, la leche y el yogur. 3. Possible answer: Algunos síntomas son que la persona tiene dolor de cabeza, estornuda y le duele la garganta. 4. Debes decirle si eres alérgico/a a algo. 5. Hay que ir por lo menos una vez al año.

4 Answers will vary.

Test D

1 Answers will vary.

2 Answers will vary. Sample answers:
1. Adela se rompió la pierna. Debe descansar.
2. Francisco tiene un resfriado. Debe ir al médico. 3. Pedro se torció el tobillo. Debe ir al hospital. 4. Cristina tiene dolor de cabeza. Debe tomar aspirinas. 5. Félix tiene fiebre. No debe salir de casa.

3 1. Se quiere dar información sobre los dolores de cabeza. 2. El 90% de los dolores de cabeza se deben a la tensión. 3. Las migrañas son dolores de cabeza (mucho) más fuertes.
4. Possible answer: No debe tomar alcohol y debe descansar. 5. Se debe visitar al/a la médico/a.

4 Answers will vary.

Answers to Tests

Test E

1 1. Falso. 2. Falso. 3. Cierto. 4. Cierto. 5. Falso.

2 1. pie 2. rodilla 3. emergencias 4. mareada 5. fiebre

3 1. tomaba 2. tosíamos 3. sufrían 4. caía 5. dolía 6. era

4 1. d 2. a 3. f 4. b 5. e 6. c

5 1. se puede 2. se reciben 3. Se sabe 4. se hablan 5. se vende 6. se lastimó

6 1. b 2. a 3. c 4. a 5. a

7 1. hospital 2. Apenas 3. El doctor 4. con frecuencia 5. gripe 6. recetar 7. alergia 8. bastante 9. así 10. pronto

8 1. estaba 2. entraron 3. íbamos 4. recetó 5. te caías

9 1. cabeza 2. pronto 3. gripe 4. se recomienda 5. con frecuencia 6. se hacen 7. graves

10 1. Falso. 2. Cierto. 3. Falso. 4. Cierto. 5. Falso. 6. Falso.

Test F

1 1. Falso. 2. Falso. 3. Falso. 4. Falso. 5. Cierto.

2 1. mano 2. inyección 3. hospital 4. embarazada 5. tos

3 1. enfermábamos 2. ponía 3. recetaba 4. sufrían 5. dolía 6. tomaba

4 1. b 2. c 3. e 4. f 5. a 6. d

5 1. Se sabe 2. se entra 3. se hablan 4. se venden 5. se rompió 6. se escribe

6 1. c 2. c 3. b 4. c 5. c

7 1. bastante 2. poco 3. con frecuencia 4. síntomas 5. inyección 6. antibiótico 7. pronto 8. Además 9. pastillas 10. tos

8 1. recetó 2. estaba 3. te enfermabas 4. salíamos 5. llegaron

9 1. Casi 2. Además de 3. por lo menos 4. despacio 5. con frecuencia 6. rápidamente 7. pronto

10 1. Cierto. 2. Falso. 3. Falso. 4. Cierto. 5. Falso.

Lección 2

Test A

1 Answers may vary. 1. televisión por cable 2. más de 200 programas 3. para toda la familia 4. programas especiales para los más pequeños 5. visitar su sitio web en *www.teletron.tv*

2 Answers may vary. 1. Es la impresora nuestra. Es para imprimir documentos. 2. Es la pantalla mía. Es para ver lo que escribes en la computadora. 3. Es el disco compacto suyo. Es para descargar programas de computación. 4. Es el teclado tuyo. Es para escribir. 5. Es el ratón suyo. Es para hacer clic en la pantalla.

3 1. por 2. descompuesto 3. taller 4. arranca 5. capó 6. tanque 7. gasolina 8. teléfono 9. para 10. mecánicos

4 Answers will vary.

5 1. Sí, le gusta. Dice que sus clases son muy interesantes y que está aprendiendo mucho. 2. Toni es un poco tonto y le gusta dar órdenes. 3. El curso dura ocho semanas en total. 4. María aprendió a cambiar llantas, a revisar el aceite, etc. 5. Tiene que llenar una solicitud. 6. Answers will vary. Sample answer: ¡No me des órdenes!

6 Answers will vary.

Test B

1 Answers may vary. 1. un sitio web/un servicio de correo electrónico 2. tienes que visitar su sitio web 3. leer sobre tecnología y deportes 4. del 12 de diciembre 5. 500 GB

2 Answers may vary. 1. Es el carro tuyo. Es para conducir por las calles. 2. Es la llave mía. Es para arrancar el carro. 3. Es el mecánico suyo. Él arregla los coches. 4. Es la gasolinera suya. Es donde se llena el tanque. 5. Es la calle nuestra. Vivimos en el número 256.

3 1. portátil 2. reproductor de DVD 3. chatear 4. pantalla 5. para 6. Por 7. impresora 8. dirección electrónica 9. sitio web 10. Internet

4 Answers will vary.

5 1. Está tomando estas clases porque ahora vive en un pueblo donde es necesario ir en carro a todas partes. 2. No se llevan bien porque don Antonio es un poco antipático. 3. Answers will vary, but should indicate agreement with Don Antonio's commands. 4. Answers will vary but students should indicate that they have known each other since elementary/secondary school. 5. Quiere organizar la fiesta para celebrar que tiene la licencia/que pasó/ aprobó el examen. 6. José es mayor.

6 Answers will vary.

Test C

1 Answers will vary. Sample answers: 1. Mis amigas y yo nos escuchamos cuando tenemos un problema. 2. Mis amigos y yo nos encontramos en el parque Loreto. 3. Mis compañeros, mi profesora y yo nos presentamos el primer día de clases. 4. Mis papás y yo nos abrazamos después de pasar varias semanas lejos de casa. 5. Los recién casados se besan cuando termina la ceremonia de la boda.

2 Answers may vary. 1. Es el estéreo de Marisa. El suyo es más grande que el mío. 2. Es el carro de Roberto. El suyo es nuevo. 3. Es el radio de Sergio y Mariam. El suyo es viejo. 4. Es tu cámara de video. La tuya es barata. 5. Es el televisor nuestro. El nuestro es portátil.

3 Answers may vary. Sample answers: 1. No se escriben frecuentemente porque Susana no sabe qué pasó en la vida de Carmen hace meses. 2. Se encontraron en un café de su ciudad. 3. A Carmen le encanta la tecnología porque cambió su vida. 4. Según dice Carmen, ella y Rubén se llevan muy bien. 5. La boda de Carmen va a ser tradicional. Ella dice que prefiere hacer algunas cosas como antes.

4 Answers will vary.

Test D

1 Answers will vary. Sample answers: 1. Mis papás y yo nos abrazamos cuando nos vemos después de varios meses. 2. Los novios se besan al final de una cita. 3. Mis amigas y yo nos escribimos mensajes de texto cuando tenemos algo muy importante que contarnos. 4. Mis compañeros y yo nos encontramos en casa de Margarita cuando vamos a estudiar juntos. 5. Mis compañeros, mi profesor y yo nos despedimos al terminar la clase pasada.

2 Answers may vary. 1. Es el carro de Eminem. El suyo es rojo. 2. Es el estéreo de Bill Gates. El suyo es lento. 3. Es el sitio web/la página principal de Penélope Cruz. El suyo/La suya es muy original. 4. Es nuestro ratón. El nuestro está descompuesto. 5. Es tu impresora. La tuya funciona bien.

3 1. Lo primero que hicieron fue saludarse y presentarse. 2. Lo que le pareció más interesante fue que se escuchaban con mucha atención. 3. Goozee83 se fue. 4. La próxima cita de Ramón va a ser en el mismo café virtual. 5. Piensa que su próxima cita va a ser mejor porque le gusta el nombre de usuario de la chica.

4 Answers will vary.

Test E

1 1. c 2. a 3. c 4. b 5. b

2 1. a 2. b 3. a 4. a 5. c

3 1. para 2. por 3. para 4. por 5. por 6. para

4 1. ve 2. te preocupes 3. apaga 4. vuelvas 5. quédate 6. haz

5 1. nos 2. se 3. nos 4. se 5. se 6. nos

6 1. c 2. e 3. a 4. b 5. d

7 1. se escriben 2. nos ayudamos 3. se llaman 4. se vieron 5. nos encontramos

8 1. haz 2. no hagas 3. no des 4. pon 5. no vayas

9 1. para 2. su 3. la aplicación 4. tu 5. se 6. por 7. se

10 1. c 2. c 3. a 4. b 5. a 6. c

Test F

1 1. a 2. c 3. c 4. b 5. a

2 1. b 2. a 3. b 4. a 5. c

3 1. para 2. para 3. por 4. para 5. por 6. por

4 1. haz 2. ve 3. Despídete 4. apaga 5. vuelvas 6. pongas

5 1. se 2. nos 3. se 4. nos 5. se 6. se

6 1. b 2. a 3. e 4. d 5. c

7 1. se ven 2. nos escribimos 3. se llaman 4. nos encontramos 5. se ayudaron

8 1. pon 2. no vayas 3. haz 4. no hagas 5. no des

9 1. por 2. cederrón 3. tuyo 4. pantalla 5. se 6. por 7. abrazaron

10 1. b 2. a 3. c 4. a 5. c 6. b

Lección 3

Test A

1 1. Falso. 2. Falso. 3. Cierto. 4. Falso. 5. Falso.

2 Answers may vary. 1. Es una copa. Se usa para beber vino/agua. 2. Es un tenedor. Se usa para comer ensalada. 3. Es una taza. Es para tomar café. 4. Es una servilleta. Es para limpiarse las manos/la boca después de comer. 5. Es una cuchara. Es para comer/tomar sopa.

3 1. que 2. lo que 3. que 4. quien 5. que/quienes 6. que/quien 7. que 8. Lo que 9. que/quienes 10. lo que

4 Answers will vary.

5 Answers may vary. Sample answers: 1. Este artículo es para personas que compraron/ acaban de comprar una casa o un apartamento. 2. Dan más luz a una casa. 3. Se pueden encontrar ideas para decorar la casa en las revistas de decoración. 4. Sí, recomienda escuchar a los amigos, pero hay que hacer las cosas según el gusto personal. 5. Es importante que la persona se sienta cómoda porque tiene que vivir allí. 6. Dice que es importante que la persona no haga cambios si no está segura.

6 Answers will vary.

Test B

1 1. Falso. 2. Falso. 3. Falso. 4. Cierto. 5. Falso.

2 Answers may vary. 1. Es una cómoda. Se pone la ropa adentro. 2. Es una cafetera. Es para preparar café. 3. Es una tostadora. Es para tostar el pan. 4. Es una mesita de noche. Se usa para poner cosas cerca de la cama. 5. Es una lámpara. Es para tener luz.

3 1. lo que 2. Lo que 3. Quienes 4. que 5. lo que 6. que 7. que 8. Lo que 9. quienes 10. que

4 Answers will vary.

5 Answers may vary. Sample answers: 1. Este artículo es para las personas que nunca aprendieron a limpiar una casa. 2. Lo primero que se debe hacer es abrir las ventanas. 3. Se recomiendan productos desinfectantes para los baños. 4. Algunos quehaceres que no es necesario hacer diariamente son limpiar las ventanas y lavar la estufa. 5. Es bueno hacer una lista de todos los quehaceres para organizar el trabajo. 6. Pueden llamar al Centro Limpio y un equipo de limpieza va a limpiar sus casas.

6 Answers will vary.

Test C

1 Answers will vary.

2 Answers will vary. Sample answers: 1. Es una sala. En la sala pasen la aspiradora y limpien la mesa. 2. Es un dormitorio. En el dormitorio hagan la cama y arreglen el armario. 3. Es una cocina. En la cocina laven los platos y laven el suelo.

3 1. Lo más importante al diseñar el dormitorio son las necesidades de los estudiantes. 2. Las habitaciones de las chicas van a estar en el segundo piso. 3. Es necesario que haya lavadoras y secadoras en el sótano para lavar la ropa por la noche (para no molestar a los estudiantes que duermen). 4. El rector piensa que los estudiantes prefieren comer comida rápida. 5. Es necesario que la luz sea automática porque los estudiantes nunca recuerdan que cuesta mucho dinero.

4 Answers will vary.

Test D

1 Answers will vary.

2 Answers will vary. Sample answers: 1. Es un baño. En el baño barran el suelo y laven las toallas. 2. Es una sala. En la sala sacudan los muebles y ordenen los libros. 3. Es un dormitorio. En el dormitorio hagan la cama y arreglen el armario.

3 1. Se describen apartamentos para alquilar o para comprar. 2. Hay una entrada privada para cada apartamento. 3. El anuncio recomienda que no traiga/lleve sus muebles. 4. Para una familia grande lo que se recomienda son los apartamentos *deluxe*. 5. La luz es parte del alquiler del apartamento.

4 Answers will vary.

Answers to Tests

Test E

1. 1. Falso. 2. Falso. 3. Cierto. 4. Cierto. 5. Cierto.

2. 1. polvo 2. sacar 3. lavaplatos 4. habitación 5. planchar

3. 1. que 2. quienes 3. lo que 4. que 5. Lo que 6. quien

4. 1. hagan 2. compren 3. saque 4. almuerce 5. pongan 6. ensucie

5. 1. c 2. a 3. c 4. b 5. b 6. a

6. 1. volvamos 2. recojan 3. hagas 4. terminemos 5. conduzcas

7. 1. vayan 2. se pongan 3. cierre 4. siéntese 5. sean

8. 1. volvamos 2. hagan 3. pases 4. quite 5. se lastimen

9. 1. lo que 2. quehaceres 3. haga 4. quien 5. aspiradora 6. seamos 7. limpien

10. 1. a 2. c 3. a 4. b 5. c 6. b

Test F

1. 1. Falso. 2. Cierto. 3. Falso. 4. Falso. 5. Cierto.

2. 1. lavaplatos 2. sacar 3. quitar 4. planchar 5. ruego

3. 1. Lo que 2. que 3. quienes 4. lo que 5. que 6. quien

4. 1. saquen 2. hagan 3. quite 4. ensucien 5. ponga 6. barran

5. 1. a 2. c 3. b 4. c 5. a 6. b

6. 1. pienses 2. conduzcan 3. vayas 4. terminen 5. volvamos

7. 1. levántese 2. sean 3. vayan 4. abra 5. se quiten

8. 1. regresemos 2. limpien 3. pases 4. sacuda 5. llames

9. 1. Lo que 2. pase 3. haga 4. quien 5. trabajen 6. importante 7. aceptemos

10. 1. b 2. a 3. b 4. c 5. c 6. b

Lección 4

Test A

1. Answers may vary. 1. Colombia 2. excursiones por el valle y paseos por el río 3. tienes que llamar al 930-29-38 4. visitando su página web antes del 31 de mayo 5. durante el verano/de junio a septiembre

2. 1. ave/pájaro 2. luna 3. vaca 4. volcán 5. flor 6. nubes 7. sobrepoblación 8. desierto 9. peces 10. energía 11. sendero 12. árboles

3. 1. sepas 2. sea 3. haya 4. encuentren/tengan 5. tengan/encuentren 6. viven 7. destruya 8. quieren 9. hables 10. se preocupen

4. Answers will vary.

5. Answers may vary. 1. El objetivo es informar a la gente sobre la importancia de ayudar a conservar el medio ambiente. 2. El cartel pide que todos hagamos algo/que trabajemos con nuestros parientes y amigos. 3. Algunas de las recomendaciones que se incluyen son: no usar más agua de la que necesitas y no tirar basura en los parques, ríos o playas. 4. Se recomienda reciclar el vidrio, el plástico y el aluminio. 5. Se aconseja organizar grupos de reciclaje en la comunidad. 6. Si no colaboramos, es probable que en el futuro nuestros hijos no puedan jugar al aire libre ni conocer muchos animales.

6. Answers will vary.

Test B

1. Answers may vary. 1. la ecología y los bosques 2. que podamos respirar aire puro 3. están en peligro de extinción 4. están muy afectadas por la contaminación 5. debemos reciclar

2. 1. lago 2. deforestación 3. desierto 4. cielo 5. estrellas 6. vaca 7. pez 8. ecoturismo 9. fábricas 10. cráter 11. ambiente 12. reciclar

3. 1. cambie 2. usemos 3. protejamos 4. desarrollemos 5. resolvamos 6. reciclamos 7. reduzcamos 8. controla 9. contaminen 10. destruyan

4. Answers will vary.

5. Answers may vary. 1. El mensaje principal del artículo es que todos somos responsables de conservar nuestro planeta. 2. Las personas dicen que a menos que otros países dejen de contaminar/con tal de que el gobierno escriba leyes para resolver este problema, no pueden hacer nada. 3. Podemos hacer muchas cosas específicas, como reciclar y no usar productos contaminantes. 4. Debemos examinar las cosas antes de ponerlas en la basura para ver si hay alguna parte de ellas que se pueda reciclar. 5. Se recomienda usar las dos caras del papel. 6. Es posible que nuestros hijos no tengan lugares para jugar en el futuro.

6. Answers will vary.

Test C

1 Answers will vary.

2 Answers will vary. Sample answers: 1. A menos que reduzcamos la contaminación del aire, no vamos a poder respirar. Ojalá que tengamos aire puro en el futuro. 2. Es terrible que haya tantos animales en peligro de extinción. Debemos proteger a los animales para que tengan dónde vivir. 3. Es ridículo que el agua y el aire estén contaminados. Debemos preocuparnos por el medio ambiente para que nuestros hijos puedan respirar aire puro en el futuro.

3 Answers may vary. 1. El tema central de la carta de Luisa es la situación del parque. 2. Ella no cree que sus hijos puedan jugar en el parque en el futuro porque hay mucha contaminación. 3. Luisa cree que es necesario organizar un programa para desarrollar el ecoturismo. 4. Es importante que todos conozcan la situación del parque para que ayuden a mejorar su estado. 5. Luisa espera que sus ideas ayuden a resolver el problema.

4 Answers will vary.

Test D

1 Answers will vary.

2 Answers will vary. Sample answers: 1. Es terrible que el agua esté contaminada. Ojalá que los pájaros encuentren un lugar mejor para vivir. 2. Es terrible que haya tanto peligro por la energía nuclear. Espero que encontremos otras formas de energía en el futuro. 3. Las vacas no van a poder comer a menos que vayan a vivir a otro lugar. Ojalá que las vacas encuentren un valle con aire puro y agua limpia.

3 Answers may vary. 1. Carlos le escribe a Sergio para que sepa lo que está haciendo con Greenpeace. 2. Los de Greenpeace le explicaron al gobierno el problema de las aguas para que haga algo. 3. Es necesario que todas las personas sepan cuál es la situación para que se reduzca la basura en las playas y las costas. 4. Si Sergio quiere participar, debe decirle a Carlos cuáles son las dos semanas en que puede ir a trabajar con ellos. 5. Las personas de Greenpeace trabajan para proteger la naturaleza y los animales.

4 Answers will vary.

Test E

1 1. Falso. 2. Falso. 3. Cierto. 4. Cierto. 5. Falso.

2 1. a 2. c 3. c 4. b 5. b

3 1. tenga 2. estén 3. se tomen 4. haya 5. recicles 6. usemos

4 1. vayan 2. se puede 3. está 4. recicle 5. niegan 6. haya 7. existe 8. contamine 9. reduzca 10. evitan 11. destruyas 12. conservamos

5 1. b 2. c 3. b 4. a 5. a

6 1. sea 2. plástico 3. molesta 4. recicle 5. estés

7 1. sea 2. recicles 3. quieran 4. podamos 5. haya

8 1. peligro 2. ecologistas 3. deforestación

9 1. c 2. a 3. c 4. b 5. a 6. b

Test F

1 1. Falso. 2. Cierto. 3. Falso. 4. Cierto. 5. Cierto.

2 1. c 2. b 3. b 4. c 5. a

3 1. se usen 2. haya 3. hagan 4. estén 5. reciclemos 6. tenga

4 1. recicle 2. conservamos 3. se puede 4. reduzca 5. vayan 6. destruyas 7. está 8. haya 9. evitan 10. contamine 11. existe 12. niegan

5 1. a 2. b 3. c 4. b 5. c

6 1. medio ambiente 2. reciclar 3. aluminio 4. recicle 5. estés

7 1. haya 2. puedas 3. reciclemos 4. conserve 5. sea

8 1. ave 2. extinción 3. ecologistas 4. deforestación 5. protege 6. sea 7. extinción

9 1. b 2. c 3. b 4. a 5. c 6. a

Answers to Tests

Lección 5

Test A

1 1. I 2. I 3. L 4. L 5. I

2 Answers may vary. 1. Caminemos derecho por la calle El Matadero. Doblemos a la derecha en la calle Sucre y sigamos derecho dos cuadras hasta la esquina con la calle Escalona. Allí está el café Primavera. 2. Caminemos hacia el este por la calle 2 de Mayo y doblemos a la derecha en la calle Bella Vista. El estacionamiento está antes de llegar a la terminal. 3. Caminemos hacia el este por la calle Sta. Rosalía. Doblemos a la derecha en la calle Bella Vista. La terminal está allí.

3 Answers will vary.

4 1. escrito 2. perdido 3. confundido 4. muerto 5. abierto

5 Answers will vary.

6 Answers may vary. 1. El objetivo del mensaje del Banco CAPITAL es describir sus servicios. 2. Pueden abrirse cuentas de ahorros y cuentas corrientes. 3. La información sobre cómo abrir una cuenta está muy bien explicada en su sitio web. 4. Este banco es para personas que tienen mucho trabajo y poco tiempo. 5. El banco les tiene preparado un café a sus clientes.

7 Answers will vary.

Test B

1 1. L 2. I 3. I 4. L 5. L

2 Answers may vary. 1. Caminemos tres cuadras hacia el norte por la calle Bolívar hasta la calle 2 de Mayo. Allí está la farmacia. 2. Doblemos a la derecha en la calle Bella Vista. Sigamos derecho hasta llegar a la calle 2 de Mayo. Doblemos a la izquierda y caminemos tres cuadras hasta llegar a la calle Miranda. El estacionamiento está allí. 3. Caminemos dos cuadras hacia el este por la calle Escalona y doblemos a la derecha en la calle Sucre. Caminemos dos cuadras y doblemos a la izquierda en la calle Comercio. Allí está la plaza.

3 Answers will vary.

4 1. confundida 2. perdida 3. abierto 4. cerrados 5. roto

5 Answers will vary.

6 Answers may vary. 1. No hay otro servicio como el de COUR porque es el mejor. 2. Una persona que desea enviar un paquete debe llamar por teléfono o visitar el sitio web de COUR. 3. No es necesario escribir etiquetas porque ya están preparadas. 4. Las oficinas centrales de COUR están en la calle Murcia (enfrente del Banco SOL), a dos pasos del centro. 5. Es fácil ver el letrero de COUR porque está iluminado.

7 Answers will vary.

Test C

1 Answers will vary.

2 Answers will vary. Sample answers: 1. la panadería: Compremos algo para el desayuno. Escojamos un rico pan francés. 2. el banco: Cobremos el cheque y usemos el cajero automático. 3. el supermercado: Compremos comida para la semana y paguemos en efectivo. 4. la lavandería: Lavemos nuestra ropa y sequemos las mantas. 5. el correo: Compremos estampillas y enviemos un paquete.

3 Answers will vary. Sample answers:
1. Abramos una cuenta ahora mismo.
2. Lavemos la ropa esta tarde en la lavandería.
3. Enviemos el paquete el lunes por la mañana.
4. Paguemos el alquiler esta noche.
5. Busquemos tu chaqueta.

4 Answers will vary.

Test D

1 Answers will vary.

2 Answers will vary. Sample answers: 1. la pescadería: Compremos pescado y escojamos mariscos. 2. el supermercado: Caminemos por todos los pasillos y compremos comida. 3. la zapatería: Compremos unos zapatos para ti y busquemos unas botas para mí. 4. el buzón: Abramos esta carta de tío Ernesto y leamos la revista que recibimos. 5. el cajero automático: Depositemos dinero en la cuenta corriente de mamá y saquemos dinero de mi cuenta de ahorros.

3 Answers will vary. Sample answers:
1. Busquemos un estacionamiento cerca de la universidad. 2. Escribamos una composición ahora mismo y enviémosla. 3. Vamos a la lavandería y lavemos la ropa. 4. Vamos al banco y pidamos un préstamo. 5. Compremos comida en el supermercado.

4 Answers will vary.

Test E

1 1. Falso. 2. Falso. 3. Cierto. 4. Cierto.
5. Falso.

2 1. cartero 2. carta 3. sellos 4. cruzar
5. paquete

3 1. Crucemos 2. llamemos 3. Corramos
4. paguemos 5. Juguemos 6. Pidamos

4 1. tenga 2. es 3. sea 4. tiene 5. esté 6. haya

5 1. abiertas 2. descubierto 3. rotos 4. decidido
5. hechas 6. puesta

6 1. vámonos 2. no nos vayamos 3. leamos
4. levantémonos 5. no le escribamos

7 1. b 2. b 3. a 4. c 5. c

8 1. hecha 2. resuelto 3. prendidas 4. escrito
5. cerradas

9 1. tiene 2. sea 3. tenga 4. corriente
5. préstamo 6. quiere 7. contado

10 1. b 2. b 3. a 4. b 5. a 6. c

Test F

1 1. Cierto. 2. Cierto. 3. Falso. 4. Cierto.
5. Cierto.

2 1. carta 2. cartero 3. paquete 4. cruzar
5. sellos

3 1. paguemos 2. Pidamos 3. Firmemos
4. Juguemos 5. crucemos 6. Comamos

4 1. es 2. tiene 3. pueda 4. acepten 5. sean
6. esté

5 1. cerradas 2. puestos 3. decidido 4. roto
5. caídos 6. abierta

6 1. no digamos 2. vámonos 3. no nos vayamos
4. describámosla 5. no nos acostemos

7 1. c 2. c 3. b 4. b 5. a

8 1. escritos 2. cerrada 3. prendidas 4. abiertos
5. visitadas

9 1. sea 2. tiene 3. ahorros 4. préstamo 5. tenga
6. busca 7. efectivo

10 1. b 2. a 3. b 4. c 5. a 6. a

Lección 6

Test A

1 Answers may vary. 1. todo lo necesario 2. han
sido preparados por los mejores profesores
3. el club tiene la solución perfecta 4. para
hacerte la vida más fácil 5. cinco personas
6. no tienes que pagar nada

2 Answers will vary. Sample answers:
1. Gabriela había hecho ejercicios de
estiramiento por quince minutos. El año pasado
había adelgazado. Había llevado una vida sana

este año. 2. Nicolás había estado sentado por
cinco horas. No había hecho ejercicio ese día.
Había aumentado de peso en los últimos
meses. 3. Gustavo había levantado pesas
antes de recibir un masaje. Había sufrido
muchas presiones. 4. Alicia y sus amigos
habían hecho ejercicios aeróbicos por una
hora. Antes habían jugado baloncesto.
Habían levantado pesas algunos días.

3 1. hayas adelgazado 2. he tomado 3. he
decidido 4. hayas comenzado 5. He trabajado
6. He hecho 7. he aceptado 8. has ido 9. he
tenido 10. hayamos visto

4 Answers will vary.

5 Answers may vary. 1. Este artículo habla de la
salud y los problemas de peso de la gente en
nuestro país. 2. La salud de una de cada tres
personas se puede afectar gravemente porque
necesita adelgazar/porque tiene sobrepeso.
3. Es importante visitar a un nutricionista para
que le sugiera una dieta con más proteínas y
menos colesterol. 4. Se aconseja que consiga
una y la ponga en la puerta de su refrigerador.
5. Alguien que nunca haya practicado ningún
deporte con frecuencia puede asistir a algún
gimnasio. 6. Antes de acostarse, es importante
que cada persona haya hecho algo por mejorar
su salud/ para estar en forma.

6 Answers will vary.

Test B

1 Answers may vary. 1. son gimnasios 2. cerca
del bosque o cerca del mar 3. puedes escuchar
el viento entre los árboles 4. escuchas música a
cualquier hora 5. puedes visitar la sauna o el
jacuzzi 6. descansar o ir al cine

2 Answers will vary. Sample answers: 1. María
Eugenia había hecho ejercicio en la cinta
caminadora por media hora. Había estado a
dieta y nunca había sudado tanto en toda su
vida. 2. Francisco y sus amigas habían hecho
ejercicios de estiramiento y ejercicios
aeróbicos. Habían estado activos por mucho
tiempo. No habían estado comiendo mucho.
3. Armando había levantado pesas por diez
minutos. No había estado mirando la televisión.
Había entrenado con un entrenador. 4. Óscar se
había entrenado y había hecho mucho ejercicio.
No había llevado una vida sedentaria.

3 1. he conocido 2. Has terminado 3. nos hemos
graduado 4. hayas estudiado 5. he tratado
6. haya olvidado 7. hayas pasado 8. te has
casado 9. Has tenido 10. hemos decidido

4   Answers will vary.

5   Answers may vary. Suggested answers: 1. Este artículo habla de las personas que fuman. 2. Éste es el momento./Nunca es tarde para empezar a hacer algo por la salud. 3. Cada vez que una persona ha fumado, ha contaminado el aire que todos respiramos. 4. No importa por cuánto tiempo una persona ha sido adicta a la nicotina. 5. Si ha tratado de no fumar y ha fracasado, la persona debe pedir consejos. 6. El artículo dice que la persona se va a sentir mejor y su salud va a mejorar.

6   Answers will vary.

Test C

1   Answers will vary.

2   Answers will vary. Sample answers: 1. Roger ha recibido un masaje. No creo que haya consumido alcohol esta mañana. 2. Sandra y sus amigas han hecho ejercicios aeróbicos. Dudo que hayan aumentado de peso. 3. Mercedes ha corrido por una hora. No es posible que haya llevado una vida sedentaria. 4. Sebastián ha levantado pesas. No es probable que haya fumado antes de ir al gimnasio. 5. Raquel ha hecho ejercicios de estiramiento. No creo que haya sufrido muchas presiones.

3   Answers may vary. 1. Había ido porque estaba muy preocupado por su salud. 2. Ramiro dice que fuma porque había intentado no fumar y no pudo. 3. Es probable que Ramiro haya llevado una vida sedentaria antes de ir al consultorio. No ha ido al gimnasio. 4. Es probable que el doctor Mira se haya enojado con Ramiro porque no se preocupa por su salud. 5. El doctor Mira le dice que regrese cuando haya decidido cuidar su salud.

4   Answers will vary.

Test D

1   Answers will vary.

2   Answers will vary. Sample answers: 1. Javier ha levantado pesas. Dudo que haya llevado una vida sedentaria. 2. Rosa ha adelgazado mucho. Dudo que haya fumado. 3. Roberto ha engordado. No es probable que haya hecho ejercicio. 4. Mariela ha tratado de hacer ejercicio. No creo que haya hecho ejercicios de estiramiento. 5. Lorena ha estado a dieta. No creo que haya consumido alcohol.

3   Answers may vary. 1. Samuel no ha comido porque quiere adelgazar. 2. Samuel ha hecho mucho ejercicio y sólo ha comido naranjas.

3. Antes de ahora Samuel había hecho mucho ejercicio. 4. No es probable que haya hablado con un nutricionista porque no come bien. 5. Cuando haya hablado con la nutricionista y el psicólogo, Samuel quiere ir a una reunión con su entrenador.

4   Answers will vary.

Test E

1   1. Cierto. 2. Falso. 3. Falso. 4. Falso. 5. Cierto.

2   1. teleadicto 2. estiramiento 3. músculos 4. forma 5. equilibrada

3   1. ha hecho 2. he bebido 3. te has lastimado 4. hemos comido 5. te has tomado 6. han corrido

4   1. a 2. b 3. c 4. a 5. c 6. b

5   1. haya 2. había 3. habíamos 4. Había 5. hayan 6. hemos

6   1. e 2. d 3. a 4. c 5. b

7   1. calorías 2. engordar 3. sedentaria 4. pesas 5. aeróbicos

8   1. habíamos corrido 2. hayan dicho 3. haya lavado 4. habías visto 5. haya traído

9   1. me entrenaba 2. ha dicho 3. haya hecho 4. estaba 5. había jugado 6. ha sido 7. ha recomendado

10   1. b 2. a 3. b 4. b 5. c 6. a

Test F

1   1. Falso. 2. Cierto. 3. Falso. 4. Cierto. 5. Falso.

2   1. dieta 2. pesas 3. aeróbicos 4. ejercicios 5. teleadicto

3   1. me he bebido 2. te has lastimado 3. han llevado 4. te has tomado 5. ha hecho 6. hemos comido

4   1. b 2. c 3. a 4. b 5. c 6. c

5   1. había 2. haya 3. habías 4. hemos 5. han 6. hayan

6   1. d 2. b 3. e 4. c 5. a

7   1. peso 2. consumes 3. adelgazar 4. activa 5. ejercicio

8   1. habíamos corrido 2. hayan dicho 3. haya planchado 4. habías visto 5. haya traído

9   1. Me he lastimado 2. me he torcido 3. haya hecho 4. estaba 5. había jugado 6. me ha dolido 7. ha recetado

10   1. a 2. a 3. c 4. b 5. b 6. a

Lección 7

Test A

1 1. c 2. c 3. c 4. b 5. a

2 Answers will vary. Sample answers: 1. Juan será científico. Estudiará ciencias y tendrá mucho éxito. 2. Laura será arqueóloga. Estudiará el pasado y viajará por todo el mundo. 3. Manolo y Pepe serán peluqueros. Trabajarán en un salón de belleza y tendrán muchos clientes famosos: actrices, diseñadores, reporteros, etc.

3 1. habrás hecho 2. iré 3. seré 4. ayudaré 5. ofreceré 6. tendrás 7. seremos 8. Trabajaré 9. necesitarás 10. aceptarán 11. prepararé 12. pasará 13. dejarás 14. pensaré 15. habré tomado.

4 Answers will vary.

5 Answers may vary. 1. Cuando Lucas vaya, Amparo habrá terminado de hacer las cosas más importantes. 2. Habrá llevado su currículum a la agencia de trabajo. 3. Ya habrán hecho la instalación/habrán instalado la televisión por cable. 4. Amparo piensa que conseguirá un teletrabajo. 5. Quiere saberlo para ver si podrán dar una fiesta./Quiere saber para ver si podrán celebrarlo con una fiesta. 6. Cree que la llamará o le escribirá cuando tenga tiempo.

6 Answers will vary.

Test B

1 1. a 2. b 3. b 4. c 5. b

2 Answers will vary. Sample answers: 1. Juan será pintor. Será invitado a muchos museos y tendrá su propio cocinero. 2. Manola será abogada. Trabajará con muchos políticos y ganará mucho dinero. 3. Artu y Dani serán médicos. Tendrán puestos en un hospital muy moderno y recibirán buenos beneficios.

3 1. tendrás 2. habré encontrado 3. me casaré 4. disfrutaré 5. estarás 6. gustará 7. habré ayudado 8. habré cuidado 9. faltarás 10. vivirás 11. pagarás 12. apoyaremos 13. nos habremos ido 14. viajaré 15. enviaré

4 Answers will vary.

5 Answers may vary. 1. El objetivo del memo es organizar lo que harán para la feria de trabajo. 2. Si no habla con el personal de tecnología, no habrán llegado las computadoras cuando vengan los técnicos. 3. Jorge irá al centro y alquilará las mesas y las sillas. 4. Es necesario que lo haga esta noche porque después todos estarán ocupados con otras cosas. 5. El director les regalará unos refrescos y dulces. 6. Es importante que lo hagan para que cuando lleguen ya hayan decidido dónde estará cada compañía.

6 Answers will vary.

Test C

1 Answers will vary.

2 Answers will vary. Sample answers: 1. La familia de Carlos quería que él fuera científico. Carlos será pintor y hará muchos cuadros. 2. La familia de Sara prefería que ella estudiara para ser arqueóloga. Ella estudiará para ser abogada y será muy famosa. 3. La familia de Tomás y Daniel esperaba que ellos fueran peluqueros, pero trabajarán como médicos porque les gustan mucho las ciencias.

3 Answers may vary. 1. El aspirante no pensaba que fuera un trabajo de (tanta) responsabilidad. 2. El aspirante quería hacer algunas preguntas sobre el trabajo. 3. El aspirante habló con su jefe, pero el jefe le dijo que buscara otro trabajo. 4. Lucía le sugirió que enviara una solicitud porque el trabajo era muy fácil y se ganaba mucho dinero. 5. No es posible que el aspirante tuviera éxito en la entrevista porque le dijo al entrevistador que no le gustaba trabajar.

4 Answers will vary.

Test D

1 Answers will vary.

2 Answers will vary. Sample answers: 1. La familia de Marla quería que ella fuera secretaria. Marla será gerente de una compañía internacional. 2. La familia de Sara quería que ella estudiara para ser abogada. Sara será arqueóloga y viajará por el mundo. 3. La familia de Tomás y Daniel quería que ellos fueran médicos, pero serán peluqueros.

3 Answers may vary. 1. Hace tres semanas que Andrea está buscando empleo. 2. Quiere dejar su currículum (en la agencia). 3. Le pidieron que renunciara porque ya no podían pagar su sueldo (ni el de otros empleados). 4. El consejero está seguro de que mañana Andrea ya habrá recibido por lo menos un mensaje. 5. Le sorprendió que fuera gratis. Sí, lo usará.

4 Answers will vary.

Answers to Tests

Test E

1 1. b 2. a 3. c 4. c 5. b

2 1. bomberos 2. cocinero 3. de negocios
4. compañía 5. actor

3 1. dará 2. llegaremos 3. serán 4. invertirán
5. leeré 6. diré

4 1. contadores 2. deberán 3. ofreceremos
4. salario 5. beneficios

5 1. invirtiera 2. dejara 3. despidieran
4. Quisiera 5. pudieran 6. fuéramos

6 1. habrá cumplido 2. habrán regresado 3. habré
obtenido 4. habremos contratado 5. habrán
aprendido 6. habrás preparado

7 1. ahorraré 2. llegaras 3. terminarán
4. tendremos 5. fuera

8 1. b 2. b 3. c 4. c 5. c

9 1. empleo 2. negocios 3. actor 4. peluquera
5. abogada 6. habrás decidido 7. seguiremos

10 1. Cierto. 2. Cierto. 3. Cierto. 4. Falso.
5. Falso. 6. Cierto.

Test F

1 1. c 2. b 3. a 4. b 5. a

2 1. empresa 2. actriz 3. corredor de bolsa
4. bomberos 5. reunión

3 1. serás 2. diremos 3. correrá 4. habrá
5. invertirán 6. querrá

4 1. gerentes 2. sueldo 3. podrá 4. beneficios
5. deberán

5 1. quisiéramos 2. dieran 3. fueras
4. creyéramos 5. invirtiera 6. viniera

6 1. habré terminado 2. habrán conseguido
3. habrás renunciado 4. habrá preparado
5. habremos regresado 6. habrán mandado

7 1. terminaré 2. ahorraremos 3. llegáramos
4. fueras 5. pasará

8 1. a 2. b 3. b 4. b 5. b

9 1. ocupación 2. bolsa 3. actriz 4. psicóloga
5. diseñadora 6. seguiremos 7. habrás decidido

10 1. Cierto. 2. Falso. 3. Falso. 4. Cierto.
5. Cierto. 6. Falso.

Lección 8

Test A

1 1. varios premios 2. los actores principales/los
actores que hacen los papeles de los personajes
principales/dos actores poco conocidos
3. director 4. escultor; bailarina 5. apreció y
aplaudió el buen trabajo de todos

2 Answers will vary.

3 Answers will vary. Sample answers: 1. Yo
aprendería todas las canciones y practicaría
mucho. 2. Bueno, podría tratar de hacerlo
porque también me gusta. 3. Yo necesitaría
tener mi propio cuarto, no querría compartirlo
con nadie. 4. Pues seguiría cantando porque el
público es lo más importante. 5. Pues podría
empezar esta tarde.

4 1. hubieras venido 2. Habría ido 3. hubiera
llegado 4. habría preferido 5. habría querido
6. hubieras sido 7. nos hubiéramos divertido
8. se hubiera sentado 9. te hubieras dado cuenta
10. hubiera conocido

5 Answers will vary.

6 Answers may vary. 1. No, después de tener éxito
en Hollywood, Ronaldo no habría escrito esta
carta. 2. Si hubiera seguido los consejos de su
madre. 3. Sí, porque al no estar casada con su
esposo, Ronaldo la visitaría. 4. Probablemente la
madre de Ronaldo no tiene mucho dinero, porque
Ronaldo dice que le habría enviado dinero para
ayudarla. 5. No, su apartamento no tiene teléfono.
Él dice que tendría que salir a la calle para llamar
su madre.

7 Answers will vary.

Test B

1 1. baile 2. compositor de la música
3. bailarines (principales) 4. un
problema/problemas 5. que se queden en casa

2 Answers will vary.

3 Answers will vary. Sample answers:
1. Trabajaría mucho para tener éxito. 2. En ese
caso, creo que le habría pedido dinero a mi
padre. 3. Creo que sin ser el hijo de un actor
famoso tendría las mismas oportunidades.
4. Estudiaría y practicaría cada fin de semana.
5. Claro, yo estaría encantado de presentarte a
mi padre.

4   1. hubieras venido 2. Habría ido 3. habría querido 4. hubieras llamado 5. Habríamos ido 6. hubiera asistido 7. hubieras estado 8. habría preferido 9. te hubieras divertido 10. hubiéramos hablado

5   Answers will vary.

6   1. Según los profesores, Alberto habría necesitado tener más ganas de aprender y menos dinero para ser más feliz. 2. Alberto habría tenido menos problemas. 3. El tío Carlos le dijo a Alberto que vendría/iría a visitarlo y que lo ayudaría. 4. Alberto quería que su padre le mandara dinero porque los cheques de su madre ya no llegaban tan frecuentemente. 5. Alberto nunca trabajaría como camarero.

7   Answers will vary.

Test C

1   Answers will vary.

2   Answers will vary.

3   1. Axil no cambiaría nada de su vida profesional porque tuvo mucho éxito. 2. En los primeros años de su carrera artística Axil trabajó como bailarina. Fue muy famosa. 3. Axil habría trabajado menos y habría pasado más tiempo con sus amigos y con su familia. 4. No, Axil no tenía una buena relación con su familia; siempre estaba lejos en los momentos importantes. 5. Según el final de la carta, Axil pasaría su próxima fiesta de cumpleaños con sus perritos porque ellos le dan alegría.

4   Answers will vary.

Test D

1   Answers will vary.

2   Answers will vary.

3   1. La madre de Isidro no le habría dado dinero sin que lo supiera su padre porque ella siempre decía la verdad. 2. El padre de Isidro no creía que su hijo tuviera éxito como pintor porque su maestro no le había dicho nada. 3. Si hubiera escuchado a su profesor, Isidro habría hecho copias de los pintores famosos. 4. Isidro no le recomendaría a Sandra tratar de ser una persona diferente. 5. Isidro en su lugar buscaría la pasión de su vida y no descansaría hasta encontrarla.

4   Answers will vary.

Test E

1   1. Cierto. 2. Falso. 3. Cierto. 4. Falso. 5. Cierto.

2   1. obra maestra 2. comedias 3. toca 4. bailarina 5. cantante

3   1. pondría 2. acompañaríamos 3. harían 4. obtendrías 5. se casarían 6. querría

4   1. diría 2. diríamos 3. haría 4. cantaríamos 5. podría

5   1. hubiera querido 2. hubiera aprendido 3. hubieran llegado 4. hubiéramos escrito 5. hubieras visto 6. nos hubiéramos arreglado

6   1. habría ido 2. habría esculpido 3. habrían dicho 4. habrías hecho 5. nos habríamos aburrido 6. habrían sabido

7   1. te hubieras despertado 2. hubieran dormido 3. hubiera podido 4. nos hubiéramos quedado 5. me hubiera hecho

8   1. folclórica 2. habría ido 3. habría perdido 4. cantantes 5. conciertos

9   1. bellas artes 2. pintor 3. obras maestras 4. habría trabajado 5. cultura 6. música 7. habría sido

10   1. b 2. a 3. a 4. c 5. b 6. b

Test F

1   1. Cierto. 2. Falso. 3. Cierto. 4. Cierto. 5. Falso.

2   1. director 2. tocas 3. comedias 4. obra maestra 5. escritor

3   1. acompañaría 2. darían 3. harías 4. debería 5. querría 6. se irían

4   1. diríamos 2. pintarías 3. pondrías 4. pondríamos 5. haríamos

5   1. hubieras visto 2. hubieran llegado 3. hubiera tocado 4. hubiéramos apreciado 5. hubiera escrito 6. nos hubiéramos arreglado

6   1. habría sabido 2. habría hecho 3. habrías publicado 4. habríamos ido 5. habrían aplaudido 6. se habrían aburrido

7   1. hubiera podido 2. hubiera encantado 3. hubieran terminado 4. me hubiera vestido 5. hubieran regresado

8   1. moderna 2. habría apreciado 3. habríamos perdido 4. músicos 5. tocaron

9   1. bellas artes 2. pintor 3. obras maestras 4. desarrollaría 5. cultura 6. música 7. habría sido

10   1. c 2. b 3. b 4. a 5. c 6. c

Lección 9

Test A

1 Answers may vary. 1. decidir si debe haber elecciones locales el próximo mes 2. ha causado muchas víctimas 3. será a las 10 de la noche 4. le ganó (ayer) al equipo de los Estados Unidos 5. transmitidos/emitidos a las 10:30

2 Answers will vary.

3 Answers will vary. Sample answers: 1. Juan está perdido en una tormenta. Si yo estuviera perdido en una tormenta, buscaría una casa. Si estuviera en esta situación, yo no caminaría cerca de los árboles. 2. Juan está en un incendio. Si yo estuviera en un incendio, llamaría a los bomberos y saldría de la casa con mi gato. No me quedaría en la casa si estuviera en esta situación.

4 1. noticias 2. acontecimiento 3. artículo 4. candidata 5. elecciones 6. desigualdad/discriminación 7. desigualdad/discriminación 8. desempleo 9. comunicado 10. transmitir

5 Answers will vary.

6 1. El objetivo de la carta es informar a los padres sobre la huelga de profesores. 2. Si la huelga tiene éxito, los profesores van a conseguir mejores salarios, terminar con el racismo y el sexismo y luchar por la igualdad. 3. Si los padres quieren más información sobre la huelga, pueden leer el periódico de mañana o escuchar/ver el noticiero de esta noche. 4. La situación está mal: hay mucho desempleo y la economía no está bien. 5. Hacen la huelga ahora porque no pueden esperar a que la economía mejore. 6. Los padres pueden saber si cambian las actividades escuchando la radio o la televisión.

7 Answers will vary.

Test B

1 Answers may vary. 1. ha anunciado que luchará contra el desempleo 2. ha causado muchas víctimas 3. pueden ver/escuchar el informe de las 10 de la noche 4. le ganó ayer al equipo de Uruguay 5. se presentarán/transmitirán a las 3:30

2 Answers will vary.

3 Answers will vary. Sample answers: 1. Gabriela ve un tornado. Si yo viera un tornado, buscaría un lugar para protegerme. No me quedaría en la calle. 2. Gabriela acaba de ver un crimen. Si yo viera un crimen, buscaría a la policía inmediatamente. No me quedaría en una situación peligrosa.

4 1. noticias 2. acontecimiento 3. huelga 4. anunció 5. ciudadanos 6. luchar 7. racismo 8. igualdad 9. derechos 10. durar

5 Answers will vary.

6 1. El objetivo de la carta es informar a los padres del reportaje escrito por dos estudiantes/invitar a los padres a la celebración para felicitar a los estudiantes que escribieron el reportaje. 2. Quiere informar al público para que se pueda hacer de las escuelas un lugar de igualdad para todos. 3. Para participar en la celebración, los padres pueden comunicarse con el jefe de acontecimientos especiales. 4. La noticia es importante porque nos recuerda que debemos continuar la lucha contra la discriminación. 5. La igualdad es un derecho de todos los ciudadanos (sin importar los orígenes étnicos o las religiones). 6. La escuela va a hacer una encuesta para saber qué piensan los padres.

7 Answers will vary.

Test C

1 Answers will vary.

2 Answers will vary. Sample answers: 1. Felipe está perdido en una tormenta. Si yo estuviera perdido/a en una tormenta, buscaría una casa. Si yo estuviera en esta situación, no caminaría cerca de los árboles. 2. Felipe está en un incendio. Si yo estuviera en un incendio, llamaría a los bomberos y saldría de la casa con mi gato. No me quedaría en la casa si estuviera en esta situación. 3. Los reporteros están esperando a Felipe. Si los reporteros estuvieran esperándome a mí, creo que saldría y permitiría que ellos me sacaran fotos. No saldría sin arreglar mi ropa.

3 1. La noticia principal de este informe son las inundaciones producidas por el huracán Alejandro. 2. Las víctimas de las inundaciones deben salir de la casa y no tratar de arreglar nada. 3. No habrá electricidad hasta la próxima semana. 4. Alguien que necesite ayuda inmediatamente debe esperar a que lo visiten los voluntarios de la Cruz Roja. 5. La persona que quiera saber qué pasa durante el resto del día puede escuchar los informes en la radio.

4 Answers will vary.

Test D

1 Answers will vary.

2 Answers will vary. Sample answers: 1. Isadora está luchando por la paz. Si a las otras personas no les gustaran mis acciones, continuaría luchando todos los días. No dejaría de luchar si estuviera en esta situación. 2. Isadora maneja muy mal y choca con otro carro. Ahora vienen los reporteros. Si yo estuviera en un choque, obedecería a la policía. No permitiría que la prensa me sacara fotos. 3. Isadora acaba de ver un crimen. Si yo viera un crimen, buscaría a la policía inmediatamente. No me quedaría en una situación peligrosa.

3 1. El objetivo de este artículo es informar sobre el incendio que ocurrió en Hipercor. 2. No se sabe la causa del incendio porque la policía no la ha confirmado/porque la policía no ha terminado de investigar. 3. Una persona que tuviera un(a) amigo/a en ese supermercado podría comunicarse con los bomberos. 4. La radio, la televisión y el periódico van a informar a los ciudadanos. 5. En las noticias internacionales ha habido otro reportaje sobre un incendio en otro supermercado Hipercor en Rusia.

4 Answers will vary.

Test E

1 1. Falso. 2. Cierto. 3. Cierto. 4. Falso. 5. Cierto.

2 1. obedecieron 2. declaró 3. actualidades 4. político 5. soldado

3 1. puedo 2. promete 3. hacía 4. ven 5. votan 6. teníamos

4 1. vinieran 2. hubieras cumplido 3. tuviera 4. nos hubiera escuchado 5. eligiéramos 6. nos hubieran ayudado 7. lea 8. hable 9. hayamos luchado 10. celebraran 11. ofreciera 12. hubiera terminado

5 1. c 2. e 3. a 4. b 5. d

6 1. terremoto 2. hayan 3. diario 4. soldados 5. vayan

7 1. b 2. a 3. b 4. c 5. b

8 1. espera 2. obedezca 3. consiga 4. encuestas 5. ciudadanos 6. habría podido 7. elecciones

9 1. a 2. a 3. c 4. b 5. b 6. b

Test F

1 1. Cierto. 2. Cierto. 3. Cierto. 4. Falso. 5. Cierto.

2 1. medios 2. actualidades 3. obedecieron 4. soldado 5. político

3 1. ayuda 2. tenían 3. votamos 4. estaba 5. pasa 6. pueden

4 1. eligiéramos 2. me hubieran llevado 3. estuviera 4. viniera 5. te hubieras casado 6. nos hubiera escuchado 7. hablen 8. haya luchado 9. celebraran 10. leamos 11. hubiera anunciado 12. ofreciera

5 1. e 2. d 3. c 4. a 5. b

6 1. tornado 2. pueda 3. diarios 4. soldados 5. desastre

7 1. c 2. b 3. a 4. b 5. c

8 1. dictador 2. consiga 3. encuestas 4. ciudadanos 5. hubiera podido 6. prensa 7. elecciones

9 1. c 2. a 3. c 4. a 5. c 6. b

Answers to Tests

ANSWERS TO EXAMS

Lecciones 1– 9

Exam A

1   1. c 2. a 3. b 4. b 5. c

2   Answers will vary. Sample answer: Por la mañana, Manuel hizo unos quehaceres en casa. Planchaba, cocinaba y lavaba la ropa en su cocina cuando alguien lo llamó por teléfono. Por la tarde, fue al parque con su novia. Reían, hablaban y comían cuando pasó un tornado.

3   Answers will vary. Sample answers: 1. Es importante que hagas ejercicio frecuentemente para mantenerte en forma. 2. Te aconsejo que descanses por lo menos ocho horas cada noche, para que te sientas bien por las mañanas. 3. Es necesario que comas muchas frutas y verduras y que bebas mucha agua cada día para adelgazar. 4. Te sugiero que no tomes mucha cafeína para que duermas bien. 5. Es bueno que busques tiempo para salir con tus amigos porque eso alivia el estrés.

4   1. por 2. para 3. para 4. por 5. por

5   Answers will vary. Sample answers: 1. Miremos los documentos y borremos los que no necesitemos. 2. No conduzcan tan rápido por la carretera. 3. Ponte una inyección contra la gripe o ve a ver a tu médico. 4. Reciclen el vidrio y el plástico de la casa. 5. Aprende a cantar flamenco y cántale tú también.

6   Answers will vary.

7   1. Felipe y Rosi habrán comprado recuerdos para otros amigos. 2. Juan habrá escrito cartas a su/la familia. 3. Ustedes habrán visitado los museos de la ciudad. 4. Nosotros/Jaime y yo habremos aprendido un baile típico de la ciudad. 5. Todos habremos pagado la cuenta del hotel.

8   1. fui 2. me divertí 3. quería 4. tenía 5. tomábamos 6. hablábamos 7. entró 8. nos miramos 9. fuera 10. conocimos

9   Answers will vary. Sample answers: 1. El objetivo de esta carta es aconsejar a los estudiantes nuevos sobre la ciudad. 2. Es importante que los estudiantes sepan que algunos bancos ofrecen cuentas especiales para ellos. 3. Para ir desde el edificio principal hasta la Plaza Mayor, es necesario que caminen dos cuadras. 4. Es necesario llenar el formulario 327 para poder estacionar el carro en el garaje público. 5. Los estudiantes que necesiten llamar a la policía en una emergencia pueden consultar la sección de información del periódico de la universidad para encontrar el número.

10   Answers will vary.

Exam B

1   1. b 2. c 3. c 4. a 5. b

2   Answers will vary. Sample answers: Era la una de la tarde cuando Angélica hablaba por teléfono mientras conducía y pasó una luz roja. Casi causó un choque. Dos horas después, Angélica manejaba muy rápido cuando su carro paró. Se quedó con el carro descompuesto en la carretera.

3   Answers will vary. Sample answers: 1. Es bueno que organicen su tiempo para poder descansar, trabajar y divertirse, para aliviar el estrés. 2. Es mejor que duerman bien todos los días para no sufrir presiones. 3. Es urgente que eviten los hábitos malos para la salud para mantenerse en forma. 4. Les recomiendo que participen en actividades físicas para adelgazar. 5. Es malo que coman muchos dulces porque van a engordar.

4   1. para 2. por 3. para 4. para 5. Por

5   Answers will vary. Sample answers: 1. Compra algunos discos de Pavarotti. 2. Llama a un(a) compañero/a de clase y pídele sus libros. 3. Reciclen la basura de su edificio. 4. Compremos otra computadora con tus ahorros. 5. Hagan la cama y los quehaceres domésticos.

6   Answers will vary.

7 1. Mariam y Robert habrán enviado el equipaje al hotel. 2. Daniel habrá confirmado las reservaciones para el viaje. 3. Andrés y yo habremos practicado el español y habremos aprendido expresiones típicas de Costa Rica. 4. Margarita habrá alquilado un auto por Internet. 5. Sergio y Arancha habrán descargado nuestra música favorita para llevarla en un reproductor de MP3.

8 1. ocurrió 2. caminaba 3. vi 4. era 5. hablamos 6. me pareció 7. diera 8. llamara 9. seguimos 10. leí

9 Answers will vary. Sample answers: 1. El objetivo principal de esta carta es aconsejar a los residentes nuevos sobre la vida en el edificio. 2. Los estudiantes que no encuentren el libro del residente en sus dormitorios pueden pedirle una copia del libro a la recepcionista. 3. Una de las cosas que no (se) deben olvidar en el gimnasio es apagar las luces al salir. 4. Para encontrar los números de teléfono de emergencia, los residentes pueden leer los carteles que están junto al ascensor de cada piso. 5. Es importante no usar el cajero automático por las noches para prevenir el crimen.

10 Answers will vary.

Answers to Exams

Answers to Exams

ANSWERS TO OPTIONAL TEST SECTIONS

Lección 1

Fotonovela Video Test Items
1   Answers will vary.

Panorama Textbook Section Test Items
1   1. Cierto. 2. Falso. Los (eco)turistas sí pueden ir a los parques naturales. 3. Cierto. 4. Falso. Inglaterra fue el primer país que compró el café costarricense. 5. Falso. Costa Rica no tiene ejército. 6. Cierto.

Panorama cultural Video Test Items
1   Check marks: 1, 2, 5, 6, 7, 8

Flash cultura Video Test Items
1   Answers will vary.

Lección 2

Fotonovela Video Test Items
1   Answers will vary.

Panorama Textbook Section Test Items
1   1. Cierto. 2. Cierto. 3. Cierto. 4. Falso. La mayoría de los inmigrantes llegó a Argentina desde Europa. 5. Falso. Las cataratas del Iguazú están en el Parque Nacional Iguazú. 6. Cierto.

Panorama cultural Video Test Items
1   Answers will vary.

Flash cultura Video Test Items
1   Answers will vary.

Lección 3

Fotonovela Video Test Items
1   Answers will vary.

Panorama Textbook Section Test Items
1   1. el inglés 2. el dólar estadounidense y la balboa 3. la mola 4. el Canal de Panamá 5. las islas San Blas 6. "lugar de muchos peces"

Panorama cultural Video Test Items
1   Corrections appear in bold type.
¡Hola, prima!
Estoy de vacaciones en Panamá, un país **centroamericano** muy bonito. Ahora estamos en el archipiélago de Las Perlas. **En este lugar siempre hace mucho calor.** Nuestro hotel está en la isla Contadora, la isla **más grande** del archipiélago.
La semana pasada fuimos de paseo a las islas de San Blas, donde viven los indígenas **kuna.** Es un lugar muy lindo.
La próxima semana vamos a ir a **la playa** Santa Catarina. Nos dijeron que los mejores deportistas de *surfing* van allí. Luego te cuento cómo nos fue.
Saludos, Margarita

Flash cultura Video Test Items
1   Answers will vary.

Lección 4

Fotonovela Video Test Items
1   Answers will vary.

Panorama Textbook Section Test Items
1   1. 55% 2. el peso colombiano 3. Gabriel García Márquez 4. precolombina 5. Bogotá y Cali/Medellín/Barranquilla/Cartagena 6. Carnaval de Barranquilla

Panorama cultural Video Test Items
1   1. d 2. b 3. f 4. e 5. a 6. c

Flash cultura Video Test Items
1   Answers will vary.

Lección 5

Fotonovela Video Test Items
1 Answers will vary.

Panorama Textbook Section Test Items
1 1. Cierto. 2. Falso. Esta catarata es mucho más alta que las cataratas del Niágara. 3. Cierto. 4. Cierto. 5. Falso. El 70% de las exportaciones del país son de petróleo. 6. Cierto.

Panorama cultural Video Test Items
1 Answers will vary.

Flash cultura Video Test Items
1 Answers will vary.

Lección 6

Fotonovela Video Test Items
1 Answers will vary.

Panorama Textbook Section Test Items
1 1. Cierto. 2. Falso. El lago Titicaca es el lago navegable más alto del mundo. 3. Cierto. 4. Falso. La Puerta del Sol pesa mucho/pesa unas 10 toneladas. 5. Falso. La capital administrativa del país es La Paz./Santa Cruz de la Sierra es la ciudad más grande del país. 6. Cierto.

Panorama cultural Video Test Items
1 Answers will vary. Possible answers: 1. El Salar de Uyuni es el lago de sal más grande del mundo. 2. Este gran salar está en el sur de Bolivia. 3. Los hoteles que están en el Salar de Uyuni son muy particulares. 4. Se cree que la sal, sin exceso, ayuda a las personas que sufren de enfermedades de los huesos. 5. Los hoteles tienen piscinas con mucha sal. 6. En los hoteles ofrecen a sus huéspedes tratamientos para aliviar el estrés.

Flash cultura Video Test Items
1 Answers will vary.

Lección 7

Fotonovela Video Test Items
1 Answers will vary.

Panorama Textbook Section Test Items
1 1. Cierto. 2. Falso. El español, las lenguas indígenas y criollas, y el inglés son los idiomas de Nicaragua. 3. Cierto. 4. Cierto. 5. Falso. El béisbol es un deporte muy practicado en la República Dominicana. 6. Cierto.

Panorama cultural Video Test Items
1 1. g 2. e 3. a 4. h 5. b 6. c 7. d 8. f

Flash cultura Video Test Items
1 Answers will vary.

Lección 8

Fotonovela Video Test Items
1 Answers will vary.

Panorama Textbook Section Test Items
1 1. b 2. c 3. a 4. b 5. a 6. c

Panorama cultural Video Test Items
1 Answers will vary. Possible answers: 1. Las pupusas son una comida y un elemento importante de la cultura salvadoreña. 2. Las pupusas se comen con frijoles, pescado, camarones, carne de cerdo, queso, cebolla y salsa de tomate. 3. Las pupusas se venden en los mercados centrales, en las plazas municipales y en todos los pueblos salvadoreños. 4. El arqueólogo hondureño Ricardo Agurcia descubrió un templo con la decoración exterior completa en 1989. 5. Dentro del Parque Arqueológico de Copán está el Museo de Escultura Maya. 6. Algunos de los símbolos más importantes de la cultura maya son el Sol, la Luna, el maíz y animales como el quetzal y la serpiente.

Flash cultura Video Test Items
1 Answers will vary.

Lección 9

Fotonovela Video Test Items
1   Answers will vary.

Panorama Textbook Section Test Items
1   1. periódicos 2. ciudadanos 3. escritor 4. carne (de res) 5. el fútbol 6. bailarines

Panorama cultural Video Test Items
1   Check marks: 2, 4, 5, 7, 8, 9, 11

Flash cultura Video Test Items
1   Answers will vary.

Lecciones 1–9

Fotonovela Video Test Items
1   Answers will vary.

Panorama Textbook Section Test Items
1   1. Cierto. 2. Falso. 3. Cierto. 4. Falso.
5. Cierto. 6. Falso. 7. Cierto. 8. Falso. 9. Cierto.
10. Cierto. 11. Falso. 12. Cierto.

Panorama cultural Video Test Items
1   1. c 2. b 3. c 4. b 5. b 6. c 7. b 8. c

Flash cultura Video Test Items
1   Answers will vary.

Answers to Optional Test Sections

Answers to Optional Test Sections

Credits

Every effort has been made to trace the copyright holders of the works published herein. If proper copyright acknowledgment has not been made, please contact the publisher and we will correct the information in future printings.

Photography and Art Credits

All images © Vista Higher Learning unless otherwise noted.

Testing Program: 217: (all) Martín Bernetti.